CARE MANAGER'S TRIAL EXAMINATIONS

ケアマネジャー
実戦予想問題'24

直前総仕上げ／実戦形式問題集

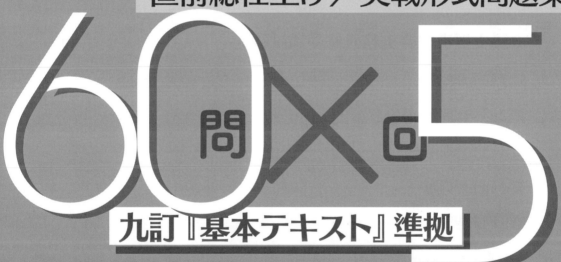

60問×5回

九訂『基本テキスト』準拠

介護支援研究会 監修

晶文社

2024年度
法改正対応！

JN064430

目　次

介護支援専門員実務研修受講試験

は じ め に

　介護保険制度が施行されて、はや二十数年が経過し、介護支援専門員（ケアマネジャー）実務研修受講試験も、今年度で27回目を迎えることとなりました。

　介護支援研究会は、1999年の『ケアマネジャー標準問題集』以来、晶文社の問題集の編纂に携わってまいりました。幸い同書は、受験者の方々にご好評をいただいて、版を重ね、現在の『ケアマネジャー基本問題集'24』として結実しています。

　これまで、読者の皆様からは、数多くの読者カードやファックスが寄せられました。その多くは、合格の喜びを伝えるものでしたが、出版社への要望として目立ったのは、「予想問題集があればよかった」「模擬試験問題集を出して欲しい」という声でした。

　本書は、そのような読者の皆様の声を後ろ楯にし、関係者各位の熱心な慫慂によって2001年に誕生しました。その後、介護保険制度の変遷、試験の内容・難易度の変化に対応して、改訂を重ねてまいりました。

　本書の模擬試験問題は、出題範囲、出題数、出題形式のいずれにおいても、厚生労働省の介護支援専門員実務研修受講試験実施要領に則って作成されています。また、出題内容については、基本的に『介護支援専門員基本テキスト』（一般財団法人長寿社会開発センター刊）の内容に最新の制度改正の内容を加えて作成しています。

　介護保険制度の制度改革とそれに伴う状況の変化につれて、顕著な変化がみられます。

　本書は、このように、過去の出題傾向の基調を踏まえながら、その後の新しい動向にも十分に配慮して、編纂されたものです。『ケアマネジャー基本問題集'24』、『ケアマネジャー合格テキスト'24』で学習された方はもちろん、そうでない方にも、最後の総仕上げに打ってつけの1冊となるものと自負しております。

　読者の皆様には、本書を存分に活用されて、みごとに念願を達成されることを心底より祈念する次第です。

2023年12月

介護支援研究会代表

中島　健一

1 問題を解く前に

① 本書は、介護支援専門員実務研修受講試験の予想問題集です。問題を解く前に、本書の姉妹編である『ケアマネジャー基本問題集'24』(上・下巻、弊社刊)、『ケアマネジャー合格テキスト'24』(弊社刊) あるいは『介護支援専門員基本テキスト』(一般財団法人長寿社会開発センター刊) を通じて基礎的な学習が修了していることが前提となります。

② 予想問題は、実戦を想定した**模擬試験形式**で、**5回分**が収録されています。都道府県介護支援専門員実務研修受講試験実施要領に則って、1回の試験の問題数は**60問**としました。

③ 介護支援分野、保健医療サービス分野、福祉サービス分野の区分は、本試験に沿っています。

2 問題の解き方

① 出題の形式は、厚生労働省の試験実施要領に則って、**五肢複択方式**を採用しています。各問題の指示に従って、5つの選択肢の中から、正しいものを2つ、ないし3つお選びください。

② 本番を想定し、時間を決めて問題を解くようにすると、実力の見当がつけやすく、実戦の感覚をつかむのにも役立ちます。試験実施要領では、試験時間は、**120分**とされています。問題を解くときの**時間配分**は、**1問につき2分以内**を目安にするとよいでしょう。

③ 解答には、**解答・解説集の巻末のマークシート式解答用紙を切り離して**、ご利用ください。マークシート式解答用紙は、コピーをとれば、何回でも使うことができます。また、晶文社ホームページからダウンロードすることもできます。

3　問題を解き終わったら

① 問題を解き終わったら、別冊の解答・解説集の「**正解**」と照合し、正誤をお確かめください。

② 解答・解説集では、問題のすべての選択肢について、正誤の根拠や関連事項を懇切に解説しています。解説の内容を確認することにより、学習効果がいっそう高まります。

③ 解説の末尾には、「**ポイント**」の欄が適宜設けられています。重要ポイントの確認と問題点の整理に有効です。

④ 解答用紙の裏面には、「**分野別自己診断表**」が掲載されています。各分野ごとの正答数（正答の選択肢の数）を計算し、正答率を算出するだけで、簡単に実力の自己診断を行うことができます。今後の学習の指針として、お役立てください。

⑤ 予想問題は、できれば**繰り返し解いてみましょう**。誤答を少なくしていくことで、実力は確実にアップします。

◆**問題内容**は、第1回〜第5回を通じて出題可能性のある内容をカバーできるように配慮しました。
◆**難易度**は、回を追うごとに高くなるように配慮しました。

> サービス・施設等の基準は条例に委任されていますが、本書では、特に記述のないものは厚生労働省令に沿って出題しています。

「介護支援研究会」

高齢者介護分野の調査・研究・出版を行う目的で設立された研究会。事務所を㈱福祉総研内におく。

本書は、下記の委員の監修によった。

研究会代表

中島　健一（なかしま けんいち）

九州大学大学院教育学研究科博士後期課程教育心理学専攻を修了。日本社会事業大学社会事業研究所専任講師、厚生省老人保健福祉局老人福祉専門官を経て、前日本社会事業大学・大学院教授、認知症介護研究研修東京センター副所長、学校法人日本社会事業大学常務理事：学部長・研究所長・通信教育科長等を歴任。著書に『ケアワーカーを育てる「生活支援」実践法』（中央法規出版）『高齢者動作法』（誠信書房）ほか。

研究委員・監修担当

竹田真規子（たけだ まきこ）

九州大学文学部卒。日本社会事業大学大学院社会福祉学研究科修了。社会福祉士、管理栄養士、介護支援専門員。社会福祉法人若竹大寿会介護老人保健施設リハリゾートわかたけ副施設長。法人本部副本部長。

大牟田佳織（おおむた かおり）

看護師、介護支援専門員。看護と介護の現場の経験を経て、読売理工医療福祉専門学校介護福祉学科専任教員。国際医療福祉大学大学院医療福祉学研究科。

研究幹事

島田　肇（しまだ はじめ）

中部学院大学大学院人間福祉学研究科博士課程修了。社会福祉学博士。東海学園大学スポーツ健康科学部教授。著書に『福祉オンブズパーソンの研究』（福村出版）『社会福祉の情（こころ）』（福村出版）ほか。

介護支援専門員実務研修受講試験

第1回予想問題

介護支援分野　　　　　　　　　問題1〜25

問題 1　社会保障制度と介護保険について正しいものはどれか。**2つ選べ。**

1　わが国の社会保障制度は、租税を財源とする社会扶助方式を中心に、医療や年金の制度を構築してきた。

2　介護保険制度における保険事故には、保険料の滞納や保険給付の不正受給などが含まれる。

3　介護保険の保険給付における利用者負担は、応益負担が原則であるが、2014年改正以降は、一部に応能負担の仕組みも導入されている。

4　介護保険制度では、利用者が自由にサービスを選択することを基本に、適切なサービスが総合的・効率的に提供されるように、ケアマネジメントの仕組みが導入されている。

5　介護保険は、市町村の区域内の住民を被保険者とする「地域保険」であり、長期にわたる保障を行う「長期保険」である。

問題 2 介護保険制度における国の事務として正しいものはどれか。**3つ**選べ。

1 介護報酬の算定基準、区分支給限度基準額の設定
2 地方公共団体が条例に定めるサービス事業者等の人員・設備・運営に関する基準のもととなる基準の設定
3 事業者・施設の指定・許可
4 財政安定化基金の設置・運営
5 保険給付や地域支援事業に対する定率の財政負担

問題 3 市町村介護保険事業計画について正しいものはどれか。**3つ**選べ。

1 市町村は、都道府県介護保険事業支援計画に基づいて、市町村介護保険事業計画を定める。
2 市町村は、市町村介護保険事業計画を、5年を1期として定める。
3 市町村介護保険事業計画には、各年度における保険給付の対象となる介護サービスの種類ごとの量の見込みを定める。
4 市町村は、市町村介護保険事業計画を定めるに際しては、被保険者の意見を反映させるために必要な方策を講じなければならない。
5 市町村介護保険事業計画は、その市町村における第1号保険料を算定する基礎となる。

問題 4　介護保険の被保険者について正しいものはどれか。**3つ**選べ。

1　被保険者には、保険料を納付する義務があり、保険事故が発生した場合には保険給付を受ける権利がある。

2　介護保険では、届出によって保険加入の意思を明らかにしなければ、被保険者とならない。

3　介護保険制度では、住所地の市町村の被保険者となるのが原則である。

4　適用除外施設の入所者・入院患者は、介護保険の被保険者とならない。

5　日本国籍を有しない者が介護保険の被保険者となることはない。

問題 5　介護保険の被保険者について正しいものはどれか。**3つ**選べ。

1　65歳以上の被保険者を第1号被保険者といい、40歳以上65歳未満の被保険者を第2号被保険者という。

2　第1号被保険者、第2号被保険者ともに、市町村の区域内に住所を有することが必要である。

3　生活保護の被保護者で40歳以降に医療保険に加入していない者は、65歳になると初めて被保険者資格を取得する。

4　すべての被保険者に被保険者証が交付される。

5　被保険者は、要介護認定等の認定調査に際して、調査員に被保険者証を提示しなければならない。

問題 6 介護保険の保険給付について正しいものはどれか。**2つ**選べ。

1 介護保険の保険給付を大別すると、介護給付と予防給付の2種類になる。

2 介護給付を大別すると、都道府県知事が事業者の指定・監督を行う居宅サービス・施設サービスと、市町村長が事業者の指定・監督を行う地域密着型サービス・居宅介護支援になる。

3 予防給付には、市町村長が指定・監督を行うサービスはない。

4 施設に関する給付は、介護給付にも予防給付にもある。

5 補足給付の性格をもつものに、高額介護サービス費、特定入所者介護サービス費等がある。

問題 7 介護保険の保険給付について正しいものはどれか。**3つ**選べ。

1 介護予防サービス費および地域密着型介護予防サービス費の給付は、在宅の要支援者に行われる介護予防のサービスを対象とする。

2 予防給付には、高額サービス費や特定入所者サービス費の給付はない。

3 市町村は、法定の介護給付・予防給付以外のサービスを対象とした保険給付を行うことはできない。

4 要介護者対象の福祉用具貸与は居宅介護サービス費の給付対象であり、特定福祉用具販売は居宅介護福祉用具購入費の給付対象である。

5 特例サービス費は、保険給付の要件を完全には満たしていないサービス利用について、市町村が保険給付を認めた場合に給付されるものである。

問題 8　介護保険の保険給付について正しいものはどれか。**2つ選べ。**

1　市町村は、介護保険サービスを利用した要介護者等からの請求に基づいて、金銭給付によって保険給付を行うのが原則であり、保険給付のほとんどはこの方式で行われる。

2　介護保険サービスを提供した事業者・施設は、要介護者等を代理して、市町村からサービス提供に要した費用の支払いを受ける。

3　指定居宅サービス事業者から受けたサービスについては、何らの手続きも要せず現物給付の扱いとなる。

4　施設サービスについては、施設サービス計画が作成されていることを要件に、現物給付の扱いとなる。

5　福祉用具貸与は現物給付で行われるが、福祉用具購入費は償還払いである。

問題 9　介護報酬について正しいものはどれか。**3つ選べ。**

1　介護報酬とは、事業者・施設が提供したサービスの対価である。

2　介護報酬は、介護給付費単位数表に定められた単位数に、地域ごとの1単位の単価を乗じて算定する。

3　地域差の反映は、すべてのサービスについて行われる。

4　現物給付の場合、事業者・施設は介護報酬の額の原則1割を利用者に請求し、9割を国民健康保険団体連合会（国保連）に請求するのが原則である。

5　現にサービスの提供に要した費用の額が、介護報酬の算定基準に定められた額を下回る場合であっても、事業者・施設は基準額を請求できる。

問題 10 利用者負担について正しいものはどれか。**3つ選べ。**

1 介護保険のすべてのサービスについて、利用者負担は原則として1割と定められている。

2 介護保険施設における食費・居住費は、原則として利用者負担である。

3 理美容代などの日常生活費は、全額利用者負担である。

4 おむつ代は、日常生活費に含まれるので、保険給付の対象にはならない。

5 通所サービスにおける送迎の費用は保険給付に含まれるので、原則として別途利用者負担は生じない。

問題 11 支給限度基準額について正しいものはどれか。**2つ選べ。**

1 居宅サービスおよび地域密着型サービスのすべてについて、個々のサービスの保険給付の限度額が種類支給限度基準額として定められている。

2 在宅の利用者については、要介護等状態区分ごとに1か月の保険給付の限度額が定められている。

3 区分支給限度基準額は、居宅サービス等区分として、居宅サービスと地域密着型サービスの利用合計額について設定されている。

4 居宅サービスおよび地域密着型サービスのすべてについて、区分支給限度基準額管理が行われる。

5 月の途中で認定の効力が発生した場合には、区分支給限度基準額は日割りで算定される。

問題 12　介護保険の財政構造について正しいものはどれか。**3つ**選べ。

1　介護給付費の2分の1を公費で賄い、残りの2分の1を保険料で賄うという基本的な仕組みとなっている。

2　居宅給付費と施設等給付費とでは、国・都道府県・市町村の負担割合が異なる。

3　国の負担の一部は、調整交付金として交付され、市町村間の介護保険財政における格差を調整する。

4　地域支援事業の費用には保険料負担はなく、国・都道府県・市町村がそれぞれ3分の1ずつを負担する。

5　介護保険事業に係る事務費については、その2分の1相当額の国の交付金と保険料で賄われる。

問題 13　介護サービス情報の公表について正しいものはどれか。**3つ**選べ。

1　介護サービス情報の公表は、要介護者等が適切かつ円滑に介護サービスを利用できる機会を確保するために行われるものである。

2　介護サービス事業者は、地域密着型サービス事業者も含めて、介護サービス情報を都道府県知事に報告しなければならない。

3　介護サービス情報には基本情報と運営情報があり、運営情報については事実かどうかの調査が行われるが、基本情報については調査は行われない。

4　事業所の運営方針、サービス従事者に関する情報、利用料等に関する事項などは、運営情報に含まれる。

5　都道府県知事は、介護サービス情報の調査と情報公表の事務を、それぞれ指定調査機関と指定情報公表センターに行わせることができる。

問題 14 要介護認定等について正しいものはどれか。**3つ選べ。**

1　要介護認定・要支援認定は、被保険者からの申請に基づいて、市町村が行う。

2　被保険者から認定の申請を受けた市町村は、認定調査を行い被保険者の主治の医師に対して主治医意見書を求める。

3　介護認定審査会は、認定調査の結果をコンピュータに入力して一次判定を行い、市町村に通知する。

4　一次判定の結果は最終判定ではなく、介護認定審査会で行われる二次判定の原案となる。

5　認定の決定と被保険者への認定結果の通知は、介護認定審査会が行う。

問題 15 認定調査について正しいものはどれか。**2つ選べ。**

1　市町村は、認定調査を居宅介護支援事業者または介護予防支援事業者に委託して行う。

2　認定調査に用いる認定調査票は、市町村ごとに独自の書式が定められている。

3　認定調査票は、概況調査、基本調査、特記事項の3つから構成される。

4　認定調査員は、被保険者および介護者の日常生活状況の調査も行う。

5　認定調査員は、必ず被保険者に面接して認定調査を行わなければならない。

問題 16 居宅サービス事業者の指定について正しいものはどれか。**3つ選べ。**

1　指定居宅サービス事業者の指定は、事業を行う者の申請により、サービスの種類ごとに、かつ事業所ごとに、都道府県知事によって行われる。

2　指定居宅サービス事業者は、すべて法人格を有する必要がある。

3　指定の有効期間は5年であり、更新を受けなければ指定の効力を失う。

4　介護老人保健施設と介護医療院は、短期入所療養介護および通所リハビリテーションの指定があったものとみなされる。

5　保険医療機関の指定を受けた病院・診療所は、居宅療養管理指導、訪問看護、通所リハビリテーション、訪問リハビリテーションに係る指定があったものとみなされる。

問題 17 介護保険施設について正しいものはどれか。**3つ選べ。**

1　指定介護老人福祉施設、介護老人保健施設、介護医療院、指定地域密着型介護老人福祉施設の4つを介護保険施設と呼ぶ。

2　指定介護老人福祉施設、介護医療院は老人福祉法の適用を受け、その事業規制の対象となる。

3　介護老人保健施設は、介護保険法に基づいて、都道府県知事の開設の許可を受けたものである。

4　介護保険施設の指定や開設の申請者が、申請前5年以内に居宅サービス等に関し、不正な行為をした者であるときは、指定・許可はされない。

5　都道府県知事は、都道府県老人福祉計画や都道府県介護保険事業支援計画の達成に支障を生ずるおそれがあるときは、設置の認可・開設許可・指定を行わないことができる。

問題 18 厚生労働省令に定める介護保険施設の基準上の共通事項について正しいものはどれか。**2つ選べ。**

1 介護職員・看護職員は、入所者4人に対して1人以上を配置しなければならない。

2 入所を待っている申込者がいる場合には、申込順に入所させなければならない。

3 入所者の選定による特別な食事や個室などを提供する場合には、あらかじめサービスの内容と費用について説明し、同意を得なければならない。

4 管理者は、施設サービス計画の作成に関する業務の主要な過程を、介護支援専門員に担当させなければならない。

5 入所者の入浴または清拭(せいしき)は、1週間に1回以上行わなければならないと定められている。

問題 19 指定居宅介護支援事業者について正しいものはどれか。**2つ選べ。**

1 指定居宅介護支援事業者は、要介護者に対してケアマネジメントを提供するが、要支援者のケアマネジメントにかかわることはない。

2 居宅介護支援事業者の指定を受けるためには、必ずしも法人である必要はない。

3 事業所ごとに、必ず1人以上の介護支援専門員を常勤で配置しなければならない。

4 事業所の管理者は、主任介護支援専門員でなければならないとする人員基準の改正が行われた。

5 居宅介護支援には、基準該当サービスは認められていない。

問題 20　地域包括支援センターについて正しいものはどれか。**3つ**選べ。

1　市町村は、自ら、または老人介護支援センターの設置者などに委託して、地域包括支援センターを設置する。

2　地域包括支援センターは、各市町村に1つずつ設置される。

3　地域包括支援センターは、介護予防支援事業者の指定を受けて、要支援者のケアマネジメントを行うことができる。

4　地域支援事業のうち包括的支援事業は、地域包括支援センターが行う主な業務の1つである。

5　地域包括支援センターには、介護支援専門員、介護福祉士、看護師を必ず置かなければならない。

問題 21　厚生労働省令に定める指定居宅サービス事業の基準上の共通事項について正しいものはどれか。**3つ**選べ。

1　事業者は、自ら適切なサービスを提供することが困難な場合であっても、サービスの提供を拒むことはできない。

2　事業者は、利用申込者が要介護認定等を受けておらず、申請も行われていないことを知った場合には、速やかに申請の代行を行わなければならない。

3　訪問系の居宅サービスの従業者は、身分を証する書類を携行し、初回訪問時等に利用者やその家族に提示しなければならない。

4　居宅サービス計画が作成されている場合には、事業者はその計画に沿ってサービスを提供しなければならない。

5　通所・短期入所系の居宅サービスについては、災害その他のやむを得ない事情がある場合を除いて、定員を遵守しなければならない。

問題 22 介護支援専門員の基本姿勢について正しいものはどれか。**3つ**選べ。

1 介護保険制度においては、利用者（要介護者等）自身による自己決定が尊重されなければならない。

2 利用者の意向と介護者の意向が違う場合には、介護支援専門員は介護者の意向を尊重する。

3 介護支援専門員は、利用者の生活観や価値観をよく知り、それを尊重して支援にあたらなければならない。

4 ケアマネジメントは介護保険制度のなかで行われるので、利用者の家族への支援は含まれない。

5 介護支援専門員は、支援者チームのコーディネーターとしての役割を担う。

問題 23 居宅介護支援の過程について正しいものはどれか。**2つ**選べ。

1 居宅介護支援の開始にあたっては、あらかじめ利用申込者やその家族に対し、重要事項を記した文書を交付して説明を行い、居宅介護支援を提供することについての利用申込者の同意を得なければならない。

2 課題分析は、要介護者とその家族の希望を明らかにし、社会環境的状況をとらえることを主な目的として行うものである。

3 サービス担当者会議の目的は、介護支援専門員が作成した居宅サービス計画の最終案をサービス担当者に伝達することにある。

4 介護支援専門員は、モニタリングによって、提供されたサービスの内容が適切であるか、要介護者のニーズは充足しているかなどを明らかにする。

5 居宅サービス計画は、認定の有効期間を通じて同一の内容のものが使用され、変更は行われないのが原則である。

問題 24 居宅サービス計画について正しいものはどれか。**3つ選べ。**

1 居宅サービス計画の作成は、ケース（支援）目標を明らかにすることから始まる。

2 援助目標は、長期目標と短期目標に分けて記載するが、提供するサービスの内容は、長期目標を基本として決定する。

3 居宅サービス計画が作成されることにより、サービス提供者主導アプローチが実現される。

4 居宅サービス計画が作成されることにより、役割分担が明確になり、サービスを提供する側がチームとして統合される。

5 提供されたサービスの内容が、居宅サービス計画に示された役割を担い得たかを検討することにより、提供されたサービスの評価が容易になる。

問題 25 妻（76歳）と二人暮らしのＡさん（82歳）は、軽い認知症症状（認知症高齢者の日常生活自立度はランクⅡb）と下肢の拘縮があり、要支援認定を受けたところ要支援2と判定された。屋内での生活はおおむね自立している。地域包括支援センターから委託された居宅介護支援事業所の介護支援専門員の対応として、より適切なものはどれか。**3つ選べ。**

1 妻の介護負担を軽減するため、地域支援事業で行われる第1号訪問事業による炊事や掃除、洗濯の導入を提案した。

2 室内での移動に転倒の危険があるので、福祉用具貸与で車いすを導入することを提案した。

3 室内の通路に段差が多く便所も旧式なので、住宅改修の制度があることを説明した。

4 介護予防通所リハビリテーションを利用して、下肢の拘縮の改善と筋力の維持・向上をめざすことを提案した。

5 妻が介護老人福祉施設へ入所させることを強く希望したが、制度的にむりであることを説明した。

問題 26　高齢者の身体的・生理的特徴について正しいものはどれか。**2つ選べ。**

1　高齢者は複数の疾患を併せもっていることが多いが、疾患の症状は定型的である。

2　運動器官の機能は加齢によって低下するが、感覚器官の機能はほとんど変わらない。

3　加齢に伴う筋量の減少、筋力・身体機能の低下をサルコペニアといい、予防するには運動、リハビリテーション、たんぱく質の摂取などの栄養管理が必要である。

4　体重減少、筋力低下、疲労感、歩行速度、身体活動という5つの項目のうち評価基準の3つ以上に該当する状態を、フレイルという。

5　フレイルは、加齢による不可逆性の状態であり、ほとんどの場合要介護状態に移行する。

問題 27　高齢者に多い疾患について正しいものはどれか。**2つ選べ。**

1　心筋梗塞は、冠動脈の動脈硬化による粥腫（じゅくしゅ）が破綻して血管を閉塞することにより、心筋が壊死（えし）して心臓のポンプ機能が低下する病態である。

2　狭心症が心筋梗塞に移行することはほとんどない。

3　高血圧症では、二次性高血圧のほうが本態性高血圧より多くみられる。

4　慢性硬膜下血腫は、脳動脈瘤（りゅう）の破裂によって起こり、激しい頭痛が生じることが多い。

5　閉塞性動脈硬化症では、歩行時に下肢が痛み、立ち止まって休むと痛みが軽減する症状が特徴的である。

問題 28　高齢者に多い疾患について正しいものはどれか。**2つ選べ。**

1　パーキンソン病の初発症状の多くは、安静時振戦である。

2　筋萎縮性側索硬化症では、早期に眼球運動や肛門括約筋、知能に障害が生じる。

3　慢性閉塞性肺疾患には、肺気腫、慢性気管支炎、肺結核が含まれる。

4　糖尿病性神経障害、糖尿病性網膜症、糖尿病性腎症を、糖尿病の3大合併症といい、いずれも介護保険の特定疾病に指定されている。

5　前立腺肥大症は、進行すると前立腺がんになる。

問題 29 食事の介護について正しいものはどれか。**3つ選べ。**

1 摂食・嚥下プロセスの口腔期は、食塊が舌と上顎に挟まれ、咽頭に運ばれる時期で、口唇を閉じ、口の奥に食塊を送り込むために、舌を口蓋に押しつける。

2 食事の摂取量は個人差が大きいので、それほど気にしなくてよい。

3 食欲不振は、主に味覚の低下によって起こり、視覚や嗅覚の低下は関係しない。

4 誤嚥は、神経が支配する嚥下反射の低下により起こる。

5 嚥下困難があるときの食事は、液状のものやスポンジ状のものなどを避け、プリン状やゼリー状、マッシュ状のものなどにする。

問題 30 排泄の介護について正しいものはどれか。**3つ選べ。**

1 溢流性尿失禁は女性に多く、腹圧性尿失禁は男性に多い。

2 機能性尿失禁は、膀胱括約筋の弛緩や排尿神経の鈍化によって起こる。

3 尿意のサインが察知できない場合は、排尿チェックから排尿間隔を把握し、排尿時間に合わせてトイレ誘導を行う。

4 おむつの安易な着用は、尿意の後退をもたらす。

5 1日1回の便通があっても、硬く乾燥した便で排便が困難な場合は、便秘とみなして対応するほうがよい。

問題 31　清潔の介護について正しいものはどれか。**3つ**選べ。

1　利用者の居宅の浴室で入浴の介助を行う場合は、居室から脱衣室への移動、脱衣方法、入浴方法についてのアセスメントが必要である。

2　入浴や清拭、更衣の介助の際に、利用者の身体状況を観察したりしてはならない。

3　脱水を防ぐために、入浴後は水分の補給を十分に行う。

4　清拭には、皮膚炎やかぶれを予防するためにアルコールを用いる。

5　毛髪は短いほうが清潔を保ちやすく手入れもしやすいが、髪型は高齢者の好みを尊重して決める。

問題 32　口腔のケアについて正しいものはどれか。**2つ**選べ。

1　口腔には、咀嚼、嚥下、消化、呼吸という4つの大きな機能がある。

2　口腔ケアは、口腔細菌を除去するだけでなく、咳反射の改善にも役立つので、誤嚥性肺炎を予防する効果が期待できる。

3　経管栄養を行っている場合には、口腔内は唾液により清潔に保たれるので、口腔清掃の必要性は低い。

4　化学的清掃法のほうが、機械的清掃法より効果が高い。

5　部分入れ歯や総入れ歯を使用している場合は、取り外して口腔ケアと入れ歯の手入れを行う。

問題 33 障害とリハビリテーションについて正しいものはどれか。**2つ**選べ。

1　介護保険給付の対象となるのは、治療的なリハビリテーションではなく、自立生活を支援することを主な目的とする維持的なリハビリテーションである。

2　人が社会生活を営む上で必要な行為を、手段的日常生活動作（IADL）という。

3　失語症は、脳卒中の左片麻痺に合併することが多く、舌や口唇などの構音器官の麻痺や運動失調などが原因である。

4　片麻痺の場合の歩行介助は、健側のやや後方から行う。

5　関節可動域訓練は、自動運動より他動運動で行うほうが効果が高い。

問題 34 高齢者の認知症について正しいものはどれか。**3つ**選べ。

1　血管性認知症とアルツハイマー型認知症とで、高齢者の認知症のかなりの部分を占める。

2　血管性認知症の多くは大脳白質病変によるもので、認知スピードが遅くなって反応に時間がかかり、動きが鈍いという特徴がある。

3　アルツハイマー型認知症では人格は比較的よく保たれるが、血管性認知症では早期に人格障害が起こる。

4　前頭側頭型認知症やレビー小体型認知症は、神経変性疾患に分類される。

5　記憶障害や見当識障害、遂行機能障害は、認知症のBPSDである。

問題 35　高齢者の精神障害について正しいものはどれか。**2つ**選べ。

1　老年期うつ病では、めまい、しびれ、排尿障害、便秘などの自律神経症状についての心気的な訴えが多い。

2　老年期のうつ病では、たとえ重症化しても自殺に至る可能性は少ない。

3　遅発パラフレニーは妄想性障害の一種で、独居の高齢男性に多くみられる精神障害である。

4　老年期の統合失調症では、薬物治療は行われない。

5　老年期になって初発するアルコール依存症は、身体的老化と喪失体験や社会的孤立などの環境変化が原因となる。

問題 36　高齢者の服薬について正しいものはどれか。**3つ**選べ。

1　服用時間の「食間」とは、食事中に飲むことである。

2　高齢者では、加齢による生理状態の変化により、一般に薬剤の効果や副作用は増大する傾向がある。

3　薬を処方する際は、あらかじめ予想される副作用の症状を、服薬する本人に伝えておく。

4　血圧を下げるカルシウム拮抗薬と、グレープフルーツジュースを一緒に飲むと、相互作用により薬剤の作用が弱められる可能性がある。

5　薬を飲み忘れた場合、次の服薬時間まで時間が空いているときは、飲み忘れに気づいたときにすぐ飲むのが原則である。

問題 37 在宅での医療管理について正しいものはどれか。**3つ選べ。**

1　インスリンの自己注射を行っていれば、高血糖や低血糖になることはない。

2　人工透析には血液透析と腹膜透析があり、在宅で本人または家族が行うのは腹膜透析である。

3　悪性腫瘍の疼痛管理に麻薬を使うことがあるが、麻薬の副作用には吐き気・嘔吐、眠気、便秘などがある。

4　胃ろうなどによって経腸摂取が可能な患者には、中心静脈栄養法が行われる。

5　経管栄養法で栄養剤を注入する際には、患者の上半身を30度以上起こした状態で行う。

問題 38 高齢者の感染症について正しいものはどれか。**3つ選べ。**

1　高齢者の場合、O157などによる食中毒やノロウイルスの感染が死をもたらすことがある。

2　尿路感染症には膀胱炎や腎盂炎などがあり、主な症状は頻尿、排尿時痛、発熱、尿閉などである。

3　麻疹や水痘の感染経路は、飛沫感染である。

4　高齢者介護施設で何らかの感染症が発生した場合は、直ちに標準予防策の実施を開始する。

5　高齢者介護施設でおむつ交換のケアをする際は手袋を着用し、続けて別の入所者のおむつ交換をする場合は手袋を取り替える。

問題 39　急変時の対応について正しいものはどれか。**2つ**選べ。

1　胸痛を訴える場合のほとんどは心筋梗塞であり、緊急の対応が必要である。

2　誤嚥や嘔吐による窒息では、背部叩打法やハイムリック法などにより気道内の異物を除去する。

3　刺激しても覚醒しない意識障害は、JCSで1桁の数字で表現される。

4　顔や手の麻痺、ろれつが回らない、言葉が出てこないなどは、脳卒中の徴候であり、発症時刻を確認して救急対応を行う。

5　下血は大腸など下部消化管の疾患で起こり、胃や十二指腸など上部消化管の疾患では起こらない。

問題 40　介護保険の訪問看護について正しいものはどれか。**2つ**選べ。

1　訪問看護を提供できるのは、看護師または准看護師に限られる。

2　訪問看護は、訪問看護事業所である病院・診療所、訪問看護ステーションにより提供される。

3　主治の医師の指示がなければ、訪問看護を居宅サービス計画に位置づけることはできない。

4　訪問看護で、リハビリテーションが提供されることはない。

5　訪問看護師は、訪問看護報告書を作成し、担当の介護支援専門員に提出しなければならない。

問題 41 短期入所療養介護について正しいものはどれか。**3つ**選べ。

1 短期入所療養介護は、看護、医学的管理のもとにおける介護および機能訓練その他必要な医療ならびに日常生活上の世話を行うものである。

2 短期入所療養介護は、医学的なケアを目的とするものであり、介護家族の負担軽減のために利用することは認められない。

3 気管カニューレなど、装着された医療器具の調整・交換などのためにも利用される。

4 食費・滞在費、おむつ代は、原則として全額利用者負担である。

5 介護保険では、連続して30日を超える利用はできない。

問題 42 介護保険の通所リハビリテーションについて正しいものはどれか。**2つ**選べ。

1 通所リハビリテーションは、通所サービスの1つであり、デイケアとも呼ばれる。

2 医師は、常勤で1人以上を配置しなければならない。

3 理学療法士、作業療法士、言語聴覚士は、それぞれ1人以上を配置しなければならない。

4 通所リハビリテーションと訪問リハビリテーションの指定を併せて受けている事業所であっても、同一の利用者の通所リハビリテーション計画と訪問リハビリテーション計画を一本化することはできない。

5 食費は利用者負担であるが、サービス提供時間内で使用するおむつ代は保険給付に含まれる。

問題 43　居宅療養管理指導について正しいものはどれか。**3つ**選べ。

1　居宅療養管理指導は、通院が困難な居宅の利用者に対して提供される。

2　居宅療養管理指導を提供できるのは、医師・歯科医師、薬剤師、歯科衛生士、管理栄養士、理学療法士・作業療法士・言語聴覚士である。

3　薬局の薬剤師は、医師・歯科医師の指示を受けて薬剤師が策定した薬学的管理指導計画に基づいて、薬学的管理および指導を行う。

4　歯科衛生士は、自ら訪問指導計画を作成し、口腔内の清掃や有床義歯の清掃に関する指導を行う。

5　管理栄養士は、特別食を必要とする利用者や低栄養状態にある者に対して、栄養指導を行う。

問題 44　介護老人保健施設について正しいものはどれか。**3つ**選べ。

1　介護老人保健施設は、医療サービスと福祉サービスを統合したサービスを提供して、在宅復帰機能を重視する施設である。

2　介護老人保健施設は長期の入所施設であり、居宅サービスである短期入所療養介護や通所リハビリテーションは行わない。

3　介護老人保健施設を開設できるのは、医療法人に限られる。

4　医師を置かなければならないが、入所者の急変等に備えて協力病院は必ず定めておかなければならない。

5　入所者の平均要介護度は、介護老人福祉施設や介護医療院より低い。

問題 45 介護医療院について正しいものはどれか。**3つ**選べ。

1　主として長期にわたり療養が必要な要介護者であって、病状が比較的安定期にあり、重篤な身体疾患を有する者、身体合併症を有する認知症高齢者等は、介護医療院サービスの対象者である。

2　Ⅰ型療養床とⅡ型療養床では、異なる人員基準や介護報酬の額が定められている。

3　重度者が多いため、機能訓練は行われない。

4　身体的拘束等の適正化のための対策を検討する委員会を、3か月に1回以上開催しなければならない。

5　入所者に対して、検査、投薬、注射、処置等を行ってはならない。

福祉サービス分野　　　　　　　　問題46〜60

問題 46　ソーシャルワークについて正しいものはどれか。**3つ選べ。**

1　ソーシャルワークは、すべての人々の健康で文化的な最低限度の生活を営む権利を実現し、ウェルビーイングを増進する取組みである。

2　ソーシャルワークによる働きかけは、人々と環境とその相互に作用する接点に対して行う。

3　制度や政策により生活の保障を行うことは、ソーシャルワークには含まれない。

4　ソーシャルワークは、支援の対象範囲や方法論によって、ミクロ・レベル、メゾ・レベル、マクロ・レベルに分けることができる。

5　市町村に設置される地域ケア会議は、ソーシャルワークの機能のうち、マクロ・レベルの課題の解決のみを担っている。

問題 47 相談面接における実践原則について正しいものはどれか。**2つ選べ。**

1 個別化の原則とは、クライエントと援助者が1対1で、相談面接を行うことである。

2 援助者は、クライエントの言動や認識を受容し共感することが必要であるが、相談に関する専門家としての立場を保持することも大切である。

3 援助者が意図的に感情をあらわにして、クライエントの反応を引き出すことを、意図的な感情表出の原則という。

4 非審判的態度の原則とは、クライエントの言動や認識が、専門家の立場からみてまちがっていても、一方的に評価したりそのことを表明したりしてはならないということである。

5 相談面接においては、情緒的レベルで関与するよりは、理性的レベルで関与したほうがよい。

問題 48 コミュニケーションの技術について正しいものはどれか。**2つ選べ。**

1 コミュニケーションにおいては、言語が果たす役割だけでなく、非言語的コミュニケーションの果たす役割も重要である。

2 クライエントに対して先入観をもつことになるので、面接を始める前に事前に得られた情報に目を通すことは避けたほうがよい。

3 クライエントが、援助者に合わせて、自分の感情や意見を変えていくことを、波長合わせという。

4 クライエントの述べたことを単純に反復して返すことは、コミュニケーションにとって有効ではない。

5 傾聴のためには、クローズドクエスチョンよりオープンクエスチョンのほうが有効である。

問題 49　訪問介護について正しいものはどれか。**3つ選べ。**

1　訪問介護の介護報酬は、「身体介護が中心である場合」、「生活援助が中心である場合」、「通院等のための乗車または降車の介助が中心である場合」の3つに分けられている。

2　身体介護には、日常生活動作の介助のほか、通院の介助や特段の専門的配慮をもって行う調理などが含まれる。

3　生活援助は、手段的日常生活動作の援助が中心であり、買い物や薬の受け取りも含まれる。

4　体温測定や血圧測定は医行為であり、訪問介護員が行うことは認められていない。

5　文化的生活を援助する観点から、庭の草むしりや花木の水やりは、生活援助として認められている。

問題 50　通所介護について正しいものはどれか。**2つ選べ。**

1　家に閉じこもりがちな高齢者を外出させ、社会的孤立感を解消させる効果がある。

2　通所介護事業所では、機能訓練は行われない。

3　通所介護事業所には、基準該当サービスは認められていない。

4　認知症の要介護者は、通所介護を利用できない。

5　要支援者対象の通所介護は、予防給付ではなく、地域支援事業として行われる。

問題 51 短期入所生活介護について正しいものはどれか。**2つ**選べ。

1 短期入所生活介護は、施設サービスの1つに位置づけられる。

2 家族の介護負担の軽減も、短期入所生活介護の目的の1つである。

3 家族の病気や、冠婚葬祭・出張などの社会的理由により利用することはできない。

4 利用日数に制限はない。

5 おおむね4日以上連続して利用する場合には、事業所の管理者は、短期入所生活介護計画を作成しなければならない。

問題 52 地域密着型サービスについて正しいものはどれか。**3つ**選べ。

1 地域密着型特定施設入居者生活介護は、要支援者も利用することができる。

2 認知症対応型通所介護は、事業所の形態により単独型・併設型、共用型に分けられる。

3 介護予防認知症対応型共同生活介護の利用者は、要支援2に限られる。

4 小規模多機能型居宅介護の利用者の居宅サービス計画は、その事業所に所属する介護支援専門員が作成する。

5 小規模多機能型居宅介護の介護報酬は、訪問・通い・宿泊の個々のサービスごとに1日当たりで設定されている。

問題 53　夜間対応型訪問介護について正しいものはどれか。**2つ選べ。**

1　要支援者が利用できる介護予防夜間対応型訪問介護もある。

2　夜間対応型訪問介護で提供するサービスは、夜間に行う定期巡回サービスによる排泄その他の身体介護に限定されている。

3　訪問介護員等が通報を受けてオペレーションセンターサービスを実施できる場合は、オペレーションセンターを設置しないことも可能である。

4　オペレーションセンターには、利用者からの通報を受ける通信機器が備えられ、利用者には端末機器が配布される。

5　区分支給限度基準額管理の対象外である。

問題 54　認知症対応型共同生活介護について正しいものはどれか。**2つ選べ。**

1　認知症対応型共同生活介護は、認知症高齢者を小規模な共同生活住居に入居させて、日常生活上の世話や機能訓練を行うものである。

2　利用者には、掃除・洗濯・調理などの家事を行わせてはならない。

3　認知症の原因となる疾病が急性の状態にある場合は、共同生活に支障があるので、利用対象者からは除かれる。

4　認知症対応型共同生活介護計画の作成は、共同生活住居ごとに1人ずつ配置された計画作成担当者が行う。

5　あらかじめ、協力医療機関と協力歯科医療機関を定めておかなければならない。

問題 55 福祉用具について正しいものはどれか。**3つ**選べ。

1 福祉用具の利用は介護負担の軽減には効果があるが、要介護者等の自立の促進には効果が期待できない。

2 福祉用具貸与は、指定居宅サービス事業者または基準該当サービス事業者もしくは相当サービス事業者により行われるものでなければ、保険給付の対象とならない。

3 福祉用具貸与で利用できる種目は、要介護等状態区分による制限はない。

4 貸与や販売が認められた福祉用具には、さまざまな機能や品質の商品があるので、品目ごとの価格は自由価格である。

5 福祉用具貸与事業所に配置する福祉用具専門相談員は、居宅サービス計画に沿って個別サービス計画を作成し、利用者および担当の介護支援専門員に交付する。

問題 56 住宅改修について正しいものはどれか。**2つ**選べ。

1 住宅改修は、都道府県知事の指定を受けた事業者に依頼しなければならない。

2 保険給付の対象となる住宅改修の種類は、厚生省（現厚生労働省）告示に定められている。

3 住宅改修費支給限度基準額は、要介護等状態区分に関係なく、一律に20万円である。

4 住宅改修費の支給を受けた後に利用者が転居して、再び住宅改修を行った場合には、再度の支給は認められない。

5 住宅改修費の支給は、現物給付で行われるのが原則である。

問題 57 介護老人福祉施設について正しいものはどれか。**3つ**選べ。

1　入所定員30人以上の特別養護老人ホームは、都道府県知事の指定を受けて介護老人福祉施設となり、入所定員29人以下の特別養護老人ホームは、市町村長の指定を受けて地域密着型介護老人福祉施設となる。

2　入所者の多くが後期高齢者であり、そのほとんどになんらかの認知症の症状がある。

3　常勤の医師を1人以上置かなければならない。

4　入所者の心身の状況や環境などから、その人が居宅で日常生活を営むことができるかどうかを、定期的に検討しなければならない。

5　入所者が病院へ入院した場合には、退所の扱いとなり、再入所はできない。

問題 58 社会資源について正しいものはどれか。**3つ**選べ。

1　ケアにおける社会資源とは、人々を取り巻く人的・物的・制度的なもののうち、連携することが可能なすべてのものをいう。

2　フォーマルな分野の社会資源には、公的な制度によるものや、指定や許可を受けた事業者・団体などによるものがあるが、範囲を超えたかかわり方ができるかが課題である。

3　上乗せサービスや横出しサービスは、インフォーマルな社会資源である。

4　インフォーマルなサポートには、それを供給する幅広い分野からの専門性の高い対応が期待できる。

5　介護支援専門員には、フォーマルな分野にあって、フォーマルな分野の社会資源とインフォーマルな分野の社会資源を組み合わせて提供する役割がある。

問題 59 障害者の日常生活及び社会生活を総合的に支援するための法律（障害者総合支援法）について正しいものはどれか。**3つ選べ。**

1 障害者総合支援法が対象とする障害者は、身体障害者・知的障害者・精神障害者・難病等の患者であり、発達障害者は含まれない。

2 障害者総合支援法に基づく障害福祉サービスには、介護給付、訓練等給付がある。

3 訓練等給付では、障害者が自立した生活を送ったり、企業などに就職したりするために必要な訓練などを行う。

4 障害福祉サービスの利用を希望する障害者等は、都道府県に対して支給申請を行う。

5 障害支援区分は、障害の多様な特性その他の心身の状態に応じて必要とされる標準的な支援の度合を総合的に示すものであり、1～6の区分がある。

問題 60 高齢者虐待について正しいものはどれか。**3つ選べ。**

1 男性より女性高齢者のほうが虐待の被害が多く、高齢で心身上の障害を有する高齢者の被害が多い。

2 重度の認知症高齢者の場合、認められる傷やあざが他者による虐待か、自傷自害行為によるものかを慎重に見分けることが必要である。

3 高齢者虐待は、身体的虐待・心理的虐待・性的虐待・経済的虐待の4つに分類される。

4 高齢者虐待防止法では、養護者に対する支援は規定されていない。

5 高齢者虐待防止法には、虐待を受けたと思われる高齢者を発見した者に対して、市町村への通報の義務あるいは努力義務が規定されている。

介護支援専門員
実務研修受講試験

第2回
予想問題

介護支援分野　　　　　　　　　　問題1〜25

問題1　高齢者の状況と介護の問題について正しいものはどれか。**3つ選べ。**

1　2025年には、65歳以上の高齢者は、総人口の30%になるものと予測されている。

2　要支援認定・要介護認定を受けた高齢者は、高齢者人口の25%に達している。

3　要介護高齢者の発生率は加齢に伴い上昇し、85歳以上ではおよそ4人に1人が、なんらかの支援を必要とする状態になっている。

4　2025年には、20〜64歳の稼働年齢層の3人で、75歳以上の人1人を支える状況になると予測されている。

5　介護保険制度創設以来、第1号被保険者数・要介護（要支援）認定者数ともに、増加し続けている。

問題 2　介護保険制度における市町村の事務として正しいものはどれか。**2つ**選べ。

　1　被保険者証の発行

　2　第1号被保険者に対する保険料率の算定

　3　第2号被保険者負担率の設定

　4　市町村事務受託法人の指定

　5　介護保険審査会の設置・運営

問題 3　介護保険事業計画について正しいものはどれか。**3つ**選べ。

　1　市町村計画には、計画期間内各年度におけるサービスの種類ごとの量や地域支援事業の量の見込みを定めるが、その中長期的な見通しを定めるのは都道府県計画である。

　2　市町村計画は市町村老人福祉計画と、都道府県計画は都道府県老人福祉計画と、それぞれ一体のものとして作成されなければならない。

　3　市町村は、市町村計画に定める認知症対応型共同生活介護等の必要利用定員総数等の量の見込みについて、あらかじめ都道府県の意見を聴かなければならない。

　4　市町村は、市町村計画に介護保険施設等における生活環境の改善を図るための事業に関する事項を定めるよう努めなければならない。

　5　市町村長は、訪問介護、通所介護が市町村計画に定める見込量にすでに達している場合は、都道府県知事に協議を求めることができ、都道府県知事は協議の結果に基づき、事業者の指定をしないことができる。

問題 4　介護保険の被保険者の資格要件について正しいものはどれか。**3つ選べ。**

1　市町村の区域内に住所を有する40歳以上の者は、誰でも被保険者となる。

2　日本国籍をもっていても、海外に長期滞在していて日本国内に住民登録をしていない者は、被保険者とならない。

3　在日外国人の場合、一定の要件を満たせば、被保険者となる。

4　措置により養護老人ホームに入所している者は、原則として被保険者から除外される。

5　障害者総合支援法などに規定する指定障害者支援施設に入所している者は、被保険者となる他の要件に該当する者であっても、被保険者から除外される。

問題 5　第1号保険料の徴収について正しいものはどれか。**3つ選べ。**

1　保険料の徴収には、普通徴収と特別徴収があり、原則は普通徴収であるが、被保険者は納入方式を選択することができる。

2　年金から天引きの形で徴収する方式を普通徴収といい、被保険者に直接納入の通知をして徴収する方式を特別徴収という。

3　年度前半の月割り保険料は仮徴収として行われ、年度後半の本徴収によって調整が行われる。

4　年金からの天引きによらない方式で徴収する場合の収納事務は、コンビニエンスストアなどの私人に委託することができる。

5　市町村は、特別の理由がある者については、条例に定めることにより保険料の減免や徴収猶予をすることができる。

問題 6 保険給付の種類について正しいものはどれか。**2つ**選べ。

1 市町村特別給付は、市町村が条例に定めるところにより行う、その市町村独自の給付である。

2 予防給付では、住宅改修費は支給されない。

3 福祉用具貸与や特定福祉用具販売についての給付は、介護給付にも予防給付にもある。

4 地域密着型サービスに対する給付には、施設に関する給付はなく、すべて在宅に関する給付である。

5 高額介護サービス費は、居宅サービスや地域密着型サービスの合計額に対して支給されるもので、施設サービスを利用したときには支給されない。

問題 7 地域支援事業について正しいものはどれか。**2つ**選べ。

1 地域支援事業として行われる事業は、介護予防・日常生活支援総合事業、包括的支援事業、任意事業の3つに大別される。

2 予防給付から移行した訪問介護、通所介護は、介護予防・日常生活支援総合事業で行う介護予防・生活支援サービス事業（第1号事業）として行われる。

3 介護予防・日常生活支援総合事業で行う訪問事業や通所事業等の利用者は、要支援認定を受けた者に限られる。

4 必須事業として行われていた介護予防事業は、2014年改正によって廃止された。

5 家族介護支援事業や介護給付等費用適正化事業は、包括的支援事業として、すべての市町村で行われる。

問題 8　介護保険の保険給付について正しいものはどれか。**3つ**選べ。

1　介護保険と医療保険とで給付が重なるものについては、介護保険の給付が優先する。

2　歯の治療等、介護保険施設では提供することが困難な治療については、医療保険から給付が行われる。

3　介護医療院の入所者が、急性期治療を受ける場合には、介護保険から給付が行われる。

4　障害者施策による居宅介護等の在宅介護サービスは、介護保険の訪問介護等に係る保険給付に優先する。

5　労働者災害補償保険法等の規定による労働災害に対する補償の給付は、介護保険による給付に優先する。

問題 9　支給限度基準額について正しいものはどれか。**2つ**選べ。

1　区分支給限度基準額は、要介護等状態区分別に1か月当たりで設定されている。

2　福祉用具購入費の支給限度基準額は、毎年4月1日からの12か月について設定され、要介護者については20万円、要支援者については10万円となっている。

3　住宅改修費支給限度基準額は同一住宅について20万円とされ、一度に20万円を超える住宅改修を行う場合には、住宅改修費を申請することはできない。

4　施設サービスには支給限度基準額が設定されない。

5　福祉用具購入費について支給限度基準額まで保険給付が行われた場合には、区分支給限度基準額が減額される。

問題 10　第1号被保険者の保険料について正しいものはどれか。**2つ**選べ。

1　第1号被保険者の保険料率は、市町村が、毎年設定する。

2　第1号被保険者の保険料は、所得段階別に定額で算定される。

3　市町村は、標準9段階で示された所得段階をさらに細分化することができる。

4　保険料の基準額は、どの市町村でも同一となる。

5　保険料の賦課総額は、保険料収納率100％を前提として算出される。

問題 11　国民健康保険団体連合会（国保連）について正しいものはどれか。**3つ**選べ。

1　市町村の委託を受けて、事業者・施設からの介護報酬の請求を審査し、支払いを行う。

2　支給限度基準額管理の行われる居宅サービスや地域密着型サービスについては、基準額の範囲内であるか否かの審査を行う。

3　償還払いの場合、利用者は、国保連に対して償還払いの申請を行う。

4　市町村の委託を受けて、介護予防・日常生活支援総合事業に要する費用の審査・支払いを行う。

5　国保連の職員をもって介護給付費等審査委員会を組織して、請求書の審査を行う。

問題 12　要介護認定の手続きについて正しいものはどれか。**3つ選べ。**

1　認定の申請は、被保険者またはその家族が行うことになっていて、事業者や施設が代行することはできない。

2　被保険者から認定の申請を受けた市町村は、原則として30日以内に認定を行わなければならない。

3　被保険者が認定調査に応じない場合、申請は却下される。

4　新規認定が行われた場合、その効力は、原則として認定の決定があった日から発生する。

5　認定の申請前に利用したサービスについても、保険給付の対象となることがある。

問題 13　介護保険における特定疾病として正しいものはどれか。**2つ選べ。**

1　初老期における認知症

2　糖尿病

3　骨粗鬆症

4　重症筋無力症

5　脳血管疾患

問題 14 要介護認定等基準時間について正しいものはどれか。**3つ選べ。**

1　一次判定は、基本調査で得られた介助等にかかる手間を、コンピュータに入力し、要介護認定等基準時間を算定することにより行われる。

2　要介護認定等基準時間を算定するもとになる介助等に係る行為には、直接生活介助は含まれるが、間接生活介助は含まれない。

3　要介護認定等基準時間は、実際に行われている介護に要する時間と、ほぼ合致する。

4　要支援状態区分・要介護状態区分は、要介護認定等基準時間で定義される。

5　要支援2と要介護1は、要介護認定等基準時間が同じ段階に属する。

問題 15 介護認定審査会について正しいものはどれか。**2つ選べ。**

1　介護認定審査会は、一次判定および二次判定を行う。

2　介護認定審査会は、市町村が設置し、委員の任命は市町村長が行うのが原則であるが、都道府県が設置する場合もある。

3　介護認定審査会の委員は、保険者を代表する委員と保健・医療・福祉の学識経験者によって構成され、委員の任期は2年である。

4　審査・判定は、5人を標準とする合議体で行われる。

5　審査・判定にあたり、被保険者や家族、主治医等から意見を聴くことはない。

問題 16　主治医意見書について正しいものはどれか。**2つ選べ。**

1　被保険者から認定の申請を受けた市町村は、必要に応じて主治医から意見を求める。

2　市町村から意見を求められた医師は、「主治医意見書記入の手引き」に従って、主治医意見書を書く。

3　特別な医療の欄では、過去1か月間に受けた医療のすべてにチェックを行う。

4　生活機能低下の直接の原因となっている傷病名または特定疾病名を記入することになっており、第2号被保険者については特に重要である。

5　認定の申請者に主治医がいない場合は、主治医意見書は作成されない。

問題 17　介護予防サービスと地域密着型介護予防サービスについて正しいものはどれか。**3つ選べ。**

1　どちらも要支援者対象のサービスで、サービス費用は予防給付の給付対象となる。

2　個々のサービスそれぞれについて、「介護予防のための効果的な支援の方法に関する基準」が定められている。

3　利用した介護予防サービスと地域密着型介護予防サービスの合計額について、区分支給限度基準額管理が行われる。

4　特定入所者に関する給付は、いずれのサービスにもない。

5　要介護者対象の居宅サービスと介護予防サービス、要介護者対象の地域密着型サービスと地域密着型介護予防サービスを、同一事業所で一体的に提供することはできない。

問題 18 厚生労働省令に定める介護保険施設の基準上の共通事項について正しいものはどれか。**3つ選べ。**

1 サービス提供の開始に際しては、運営規程の概要等の重要事項について文書を交付して説明を行い、入所申込者の同意を得なければならず、同意は文書によることが望ましいとされる。

2 介護支援専門員は、いずれの施設においても、入所者100人につき1人以上を配置するものとされ、定員50人の場合は置かないこともできる。

3 入所者が自立した日常生活を営むことができるよう、入所者の状態に応じた栄養管理および口腔衛生の管理を計画的に行わなければならない。

4 看護職員の人員基準は施設によって異なるが、介護職員の人員基準は、いずれの施設においても同じである。

5 入所者およびその家族からの苦情に対応するために、苦情を受け付ける窓口を設ける等の必要な措置を講じなければならない。

問題 19 指定地域密着型サービス事業者について正しいものはどれか。**3つ選べ。**

1 指定を申請した事業所がその市町村の区域外にあり、事業所所在地の市町村長の同意を得ていないときは、指定をしてはならない。

2 事業者・施設の人員・設備・運営に関する基準は、市町村の条例で定める。

3 事業者に対して報告を求めたり立入検査を行ったりする権限は、市町村長および都道府県知事にある。

4 市町村長は、小規模多機能型居宅介護その他の地域密着型サービス事業者の指定を、指定期間・指定区域を定めて、公募による選定で行うことができる。

5 指定の有効期間は5年間で、5年ごとに更新しなければならない。

問題 20　厚生労働省令に定める指定居宅介護支援事業の人員基準について正しいものはどれか。**3つ**選べ。

1　介護支援専門員の配置は、利用者50人に対して1人以上を基準とする。

2　配置する介護支援専門員の1人以上は、常勤でなければならない。

3　介護支援専門員は、その職務に専従する者でなければならない。

4　指定居宅介護支援事業所の管理者は、原則としてその職務に専従する常勤の者でなければならない。

5　指定居宅介護支援事業所の管理者は、その事業所の介護支援専門員の職務に従事することができる。

問題 21　介護支援専門員の欠格事由、登録の消除について、正しいものはどれか。**2つ**選べ。

1　登録の申請前5年以内に、居宅サービス等に関して不正または著しく不当な行為をした者は、登録を受けることができない。

2　都道府県知事により登録消除の処分を受け、その処分の日から5年を経過していない者は、登録を受けることができない。

3　罰金以上の刑を受けた介護支援専門員は、登録を消除される。

4　介護支援専門員の義務違反等で都道府県知事から業務禁止処分を受けると、登録を消除される。

5　介護支援専門員の業務について都道府県知事から報告を求められ、報告をしなかったり虚偽の報告をしたりすると、登録を消除される。

問題 22 居宅サービス計画作成のための課題分析について正しいものはどれか。**3つ**選べ。

1 課題分析にあたっては、利用者の居宅を訪問し、利用者およびその家族に面接して行わなければならない。

2 全国一律に定められた書式の課題分析表を用いて行われる。

3 課題分析では、個々の要介護者の生活課題の内容やその程度を明らかにする必要がある。

4 要介護者は、身体機能的状況、精神心理的状況、社会環境的状況から、全人的にとらえることが重要である。

5 課題分析表を用いれば、要介護者の生活状況がすべて把握できる。

問題 23 居宅介護支援におけるサービス調整の方法について正しいものはどれか。**2つ**選べ。

1 居宅サービス計画の作成にあたっては、保険給付の対象となる居宅サービス・地域密着型サービス以外のサービスを考慮に入れてはならない。

2 サービス担当者会議は、居宅サービス計画の原案を検討し、最終決定する場である。

3 居宅サービス計画の原案は、それぞれのサービス担当者が作成して、提出する。

4 要介護者やその家族は、サービス担当者会議に出席できない。

5 要介護者の要介護状態区分に変更があった場合には、介護支援専門員は、居宅サービス計画の変更の必要性について、サービス担当者から意見を求めなければならない。

問題 24　介護予防支援について正しいものはどれか。**3つ**選べ。

1　指定介護予防支援事業者は、地域包括支援センターの設置者または指定居宅介護支援事業者の申請により、市町村長が指定する。

2　地域包括支援センターにおける介護予防支援の業務は、介護予防支援事業所に配置された主任介護支援専門員が行う。

3　介護予防支援の職務を担当する職員は、地域包括支援センターの職務を兼務することはできない。

4　地域包括包括支援センターの設置者である指定介護予防支援事業者は、その業務の一部を、指定居宅介護支援事業者に委託することができる。

5　人員・運営に関する基準のほかに、介護予防のための効果的な支援の方法に関する基準が定められている。

問題 25　次のそれぞれのケースにおける介護支援専門員の対応として、より適切なものはどれか。**3つ**選べ。

1　家族もなく一人暮らしの要介護1のAさんについて、記銘力や見当識に衰えがみられるので、日常生活自立支援事業や成年後見制度について説明した。

2　介護者である妻が病弱であるため介護老人福祉施設への入所を希望している要介護3のBさんについて、当分は施設に空きがないため1か月のうち25日程度は短期入所生活介護を利用することを提案した。

3　下肢の筋力の衰えが目立つ一人暮らしで要介護1のCさんは、入浴に不安を感じるというので、訪問入浴介護の利用を強く勧めた。

4　新規認定を申請中のDさんから居宅介護支援の依頼があったが、別の居宅介護支援事業者にも依頼していることが判明したので、依頼を断った。

5　要介護3に認定されているEさんについて、介護の必要度は明らかに要介護3よりは低く、認定に際してなんらかの不正行為があったと思われるので、その旨を市町村に通報した。

問題 26　老年症候群と高齢者の心理的・社会的変化について正しいものはどれか。**3つ**選べ。

1　意識障害の一種であるせん妄は、夜間に発症することが多い。

2　高齢者は体内の水分貯蔵量が少ないので、脱水を起こしやすい。

3　高齢者の聴力の低下の多くは、治療によって改善される。

4　職業からの引退は、すべての高齢者にとって役割の喪失という否定的な意味合いをもつ。

5　身近な人との死別による悲嘆から立ち直るためには、悲嘆のプロセスにおいて十分に悲しみ、自己と向き合う必要がある。

問題 27　高齢者に多い疾患について正しいものはどれか。**2つ選べ。**

1　高齢者が心筋梗塞を起こした場合、治療による回復は望めない。

2　ラクナ梗塞は、脳の太い血管が詰まることで起きる脳梗塞である。

3　心原性脳塞栓症は、心房細動が原因となることが多い。

4　がんの臓器別頻度では、肺がんの割合が減少し、胃がんの増加が目立つ。

5　糖尿病の薬物療法を受けている場合は、低血糖時やシックデイにおける対応に気をつけなければならない。

問題 28　パーキンソン病について正しいものはどれか。**3つ選べ。**

1　パーキンソン病は、振戦、固縮、無動、姿勢・歩行障害を四大運動症状とする神経変性疾患である。

2　多くは60〜70歳代に発症して、急激に進行し、3〜5年で自立困難となる。

3　ホーエン＆ヤールのステージⅢ以上、かつ、生活機能障害度Ⅱ度以上の重症度になると、特定医療費助成制度の対象となる。

4　有効な治療薬が開発されており、完治が期待できる。

5　運動療法や音楽療法などの非薬物療法も大切である。

問題 29 バイタルサインについて正しいものはどれか。**2つ選べ。**

1　低体温は、感染症のほか、悪性腫瘍や膠原病（こうげん）、甲状腺機能亢進症（こうしん）、熱中症、脱水などでみられる。

2　頻脈とは1分間の脈拍数が120以上、徐脈とは50未満になることである。

3　心室性期外収縮や上室性期外収縮が原因の不整脈は、頻度が高くなければ通常は問題とならない。

4　クスマウル呼吸は、髄膜炎や脳腫瘍などでみられる。

5　チェーンストークス呼吸は、脳血管障害、心不全などでみられる。

問題 30 尿失禁とその原因の組み合わせとして正しいものはどれか。**2つ選べ。**

1　反射性尿失禁————笑いや咳、くしゃみ

2　切迫性尿失禁————膀胱の急な収縮

3　腹圧性尿失禁————肥満

4　溢流性尿失禁（いつりゅう）————前立腺肥大

5　機能性尿失禁————脊髄損傷

問題 31 褥瘡の予防について正しいものはどれか。**2つ**選べ。

1　褥瘡は、主に体重による圧迫が原因となって起こるが、他の要因が発生を促進するので、注意しなければならない。

2　褥瘡を予防するためには、入浴や清拭は避けなければならない。

3　体位変換は、原則として6時間ごとに行う。

4　低栄養は、褥瘡の発生を促すので、高たんぱく、高カロリー、高ビタミンの食事をとる。

5　仰臥位を長く続けると、仙骨部や大転子部に褥瘡が発生しやすい。

問題 32 転倒や骨折について正しいものはどれか。**3つ**選べ。

1　転倒の原因としては、筋力や視力の低下、薬の服用などが考えられる。

2　高齢者の骨折では、大腿骨頸部骨折や胸腰椎圧迫骨折が多い。

3　転倒の防止のためには、身体拘束もやむを得ない。

4　ヒップ・プロテクターは、転倒時の創傷や脱臼を予防する目的で用いられる。

5　手すりの設置は、転倒の防止に有効である。

問題 33 認知症について正しいものはどれか。**3つ選べ。**

1 高齢者の認知症の有病率は、年齢が5歳上昇すると、およそ2倍になる。

2 血管性認知症では、脳がダメージを受けた部位によって、症状が異なる。

3 アルツハイマー型認知症や正常圧水頭症、慢性硬膜下血腫が原因の認知症は、治療による治癒は望めない。

4 徘徊は、BPSDのうち、知覚認識障害に分類される。

5 認知症の有無やその程度を判定する簡易検査法として、改訂長谷川式認知症スケール（HDS-R）やMini-Mental State Examination（MMSE）が用いられる。

問題 34 介護技術の基本について正しいものはどれか。**3つ選べ。**

1 移動や移乗の介助では、ボディメカニクスの活用が重要である。

2 片麻痺がある場合、ベッドから車いすへの移乗の際には、車いすを本人の患側につける。

3 介助は必要なときだけ行い、見守りを中心に介護することが自立支援につながる。

4 ADLや残存能力のアセスメントは、機能訓練やリハビリテーションの場で行うほうが正確な結果が得られる。

5 服薬の状況など、ふだんの体調の管理が大切である。

問題 35　精神に障害のある高齢者の介護について正しいものはどれか。**3つ選べ。**

1　うつ病では、できるだけ刺激を避け、精神的な安静を保てるようにする。

2　双極性障害の躁状態にあるときは、大声を出したり攻撃的になったりするので、すぐに精神病院に入院させる対応が必要である。

3　神経症では、環境を整え、患者の訴えに耳を傾けるようにするのがよい。

4　アルコール依存症では、禁酒を勧めるのは飲酒中が効果的である。

5　統合失調症の患者は、自分流の生活の仕方をかたくなに保持して自分を守っていることが多いので、対応に気をつける。

問題 36　高齢者の栄養・食生活について正しいものはどれか。**3つ選べ。**

1　体重は栄養状態を表す重要な指標であり、簡便に測定できるため、高齢者は月1回を目安に測定するとよい。

2　高齢者の低栄養状態には、臓器不全や口腔の問題などの疾病要因や加齢が関与するが、社会的要因や精神心理的要因が関与することは少ない。

3　低栄養（体重減少）は、フレイルの診断基準の1つである。

4　食事摂取量が減少すると、水分摂取量も不足することがある。

5　高齢者は、1日に3回の食事摂取を規則正しく行い、食事の回数を増やしたり間食を摂ったりしないようにすることが必要である。

問題 37 在宅での医療管理とその対象となる疾患の組み合わせとして正しいものはどれか。**3つ選べ。**

1 腹膜透析────糖尿病性腎症

2 消化管ストーマ────膀胱がん

3 在宅経管栄養法────嚥下障害

4 ネブライザー────慢性閉塞性肺疾患

5 侵襲的陽圧換気法────肺結核

問題 38 高齢者の感染症について正しいものはどれか。**2つ選べ。**

1 高齢者の肺炎は、発熱や呼吸器症状などの典型的症状を示す。

2 口腔ケアは、呼吸器感染症の予防に重要である。

3 疥癬は白癬菌の感染によって起こり、集団発生はほとんどない。

4 施設入所者の嘔吐物を処理する際は、手袋、マスク、ガウンやエプロンを着用し、汚染場所とその周囲を0.5%エタノール消毒液でふき取って消毒する。

5 高齢者介護施設に出入りする委託業者やボランティアには、手指衛生や咳エチケットの励行を求める。

問題 39 ターミナルケアについて正しいものはどれか。**3つ**選べ。

1 がん患者の終末期では身体機能はある程度保たれているが、認知症や老衰では長い経過のなかで徐々に身体機能が低下していく。

2 看取り介護を行う介護老人福祉施設や入居施設では、入所・入居の際に、看取りについて定めた指針の説明を行い、本人や家族の同意を得ることが行われる。

3 本人のリビングウィルの確認は、ターミナルケアの開始の直前に行う。

4 臨死期の「死の教育」とは、穏やかな死を迎えられるように本人に対して行われるケアのことである。

5 下顎呼吸は、呼吸が止まる間際にみられるものである。

問題 40 介護保険の訪問看護について正しいものはどれか。**3つ**選べ。

1 認知症対応型共同生活介護や特定施設入居者生活介護（地域密着型を含む）を利用している間は、訪問看護費は算定されない。

2 看護職員は自ら必要と判断する場合には、医師の指示書にない医療処置も行うことができる。

3 看護職員は、療養上の世話を行いながら身体のアセスメントをし、必要な医療処置を行う。

4 訪問看護で提供する「療養上の世話」には、清潔や排泄の援助は含まれない。

5 家族への支援や介護方法・医療処置の方法等の指導も、訪問看護の役割の1つである。

問題 41 定期巡回・随時対応型訪問介護看護について正しいものはどれか。**2つ**選べ。

1 定期巡回・随時対応型訪問介護看護は、居宅介護サービス費の給付対象であり、都道府県知事が事業所の指定・監督を行う。

2 事業所の行う随時対応サービスとは、利用者からの通報に対応して随時訪問サービスや訪問看護サービスの要否を判断するものである。

3 事業所の形態には、一体型と連携型がある。

4 事業所は、通常の訪問介護や訪問看護の指定を併せて受けることはできない。

5 計画作成責任者は、介護支援専門員でなければならない。

問題 42 短期入所療養介護について正しいものはどれか。**3つ**選べ。

1 介護老人保健施設には、短期入所療養介護事業所のみなし指定が行われる。

2 短期入所療養介護には、ユニット型はない。

3 おおむね4日以上継続して入所する利用者については、短期入所療養介護計画を作成しなければならない。

4 利用者の状態や家族等の事情により、緊急の利用が必要と居宅介護支援事業所の介護支援専門員が認めた利用者に対し、居宅サービス計画で計画的に行うこととなっていない短期入所を受け入れた場合は、加算が行われる。

5 特定短期入所療養介護は、日帰りのサービスで、低所得者である利用者を対象としている。

問題 43 訪問リハビリテーションについて正しいものはどれか。**3つ**選べ。

1 訪問リハビリテーションは、看護師または理学療法士、作業療法士、言語聴覚士が医師の指示のもとに実施する。

2 実際の生活の場である居宅において、基本動作能力、ADL、IADLの維持・改善を図ることに訪問リハビリテーションの意義がある。

3 訪問リハビリテーション計画は、診療を行った医師が作成する。

4 障害の評価にあたっては、利用者の状態が維持期リハビリテーションの時期に該当するかどうかが重要である。

5 要介護3以上の利用者では、介護負担軽減型リハビリテーションが主体となる。

問題 44 居宅療養管理指導について正しいものはどれか。**3つ**選べ。

1 居宅療養管理指導事業者の指定を受けることができるのは、病院・診療所、介護老人保健施設、指定訪問看護ステーションである。

2 医師、歯科医師、薬剤師は、居宅介護支援事業者等に対し、居宅サービス計画の作成等に必要な情報提供を行う。

3 医師、歯科医師、薬剤師が行う居宅介護支援事業者や居宅サービス事業者への情報提供は、原則として、サービス担当者会議に参加することにより行わなければならない。

4 指定居宅療養管理指導事業者は、サービスの提供にあたって、個別サービス計画を作成しなければならない。

5 介護保険施設の入所者は対象にならないが、特定施設や認知症対応型グループホームの入居者には、サービスを提供することができる。

問題 45 介護老人保健施設について正しいものはどれか。**3つ**選べ。

1 介護老人保健施設では、急性期と生活期（維持期）の中間である回復期のリハビリテーションを行う。

2 介護療養型老人保健施設は、療養病床から介護老人保健施設に転換したもので、医療体制が従来の介護老人保健施設よりも整っている。

3 病院や診療所への入院治療の必要がある場合は、入所申込みを断ることができる。

4 感染症・食中毒の予防およびまん延の防止のための対策を検討する委員会を、おおむね2か月に1回以上開催しなければならない。

5 ユニット型介護老人保健施設では、ユニットごとに常勤のユニットリーダーを配置しなければならない。

福祉サービス分野　　　　　問題46～60

問題 46　ソーシャルワークについて正しいものはどれか。**2つ選べ。**

1　一般に行われるミクロ・レベルのソーシャルワークは、介護支援専門員が居宅介護支援で実施するプロセスとは異なるところが多い。

2　ミクロ・レベルのソーシャルワークでは、チームアプローチが必要とされる場面は少ない。

3　メゾ・レベルのソーシャルワークは、グループを対象として働きかけを行うものであり、個人の生活課題の解決を図るものではない。

4　制度・政策や社会規範に働きかけるアプローチは、マクロ・レベルのソーシャルワークに含まれる。

5　医療機関における医療ソーシャルワーカーによる入院中のクライエントへの相談支援は、ミクロ・レベルのソーシャルワークである。

問題 47 支援困難事例への対応について正しいものはどれか。**3つ選べ。**

1 支援困難事例の発生には、本人の性格など個人的要因とサービス提供者側の要因が深くかかわり、社会的な要因がかかわることはまれである。

2 支援困難事例とは、支援する側の職種や能力にかかわらず、誰もが客観的に困難と感じる事例である。

3 本人の個人的要因には、心理的要因と身体的・精神的要因がある。

4 身体的・精神的要因は、疾病、障害、認知症などにそれ以外の生活課題が複合して、支援を困難にすることが多い。

5 支援拒否のケースでは、その背景に何があるかを明らかにすることが、支援に向けての手がかりになる。

問題 48 コミュニケーションの技術について正しいものはどれか。**2つ選べ。**

1 傾聴には、クライエントのペースを乱さず、それと波長を合わせる努力を保持し続ける姿勢が大切である。

2 面接前に得られるいくつかの情報から、クライエントの立場に立った見方を予想し、共感的な姿勢を準備して面接にのぞむことを、予備的共感という。

3 言葉のやり取り以外の観察で得られた情報は、重視しないほうがよい。

4 イエスかノーかで答えられる質問を、オープンクエスチョンという。

5 面接の最中や最後に、コミュニケーションの内容を要約して話すことは避けたほうがよい。

問題 49　訪問介護について正しいものはどれか。**3つ選べ。**

1　通院や買い物のための外出介助は身体介護に含まれ、利用者に代わってする買い物は生活援助に含まれる。

2　生活援助には、巡回型のサービスの提供形態が適している。

3　訪問介護員は、訪問介護の内容として適切でないサービスを求められた場合には、サービスの提供を拒むことができる。

4　訪問介護の担い手を確保するため、生活援助従事者研修が創設され、研修修了者は生活援助に限って従事することができる。

5　利用者40人につき1人以上を配置するものとされるサービス提供責任者は、介護福祉士の資格を有する者でなければならない。

問題 50　訪問入浴介護について正しいものはどれか。**2つ選べ。**

1　利用者は、他の入浴サービスの利用者よりも入浴が困難な人なので、より安全なサービスの提供に努めなければならない。

2　事前訪問の際に、看護職員は、主治の医師の指示等を確認し、ADL、全身状態、健康状態を観察しておく。

3　サービスの提供は、1回の訪問につき、必ず看護職員1人、介護職員2人で行う。

4　利用者が感染症に罹患している場合には利用できない。

5　訪問時の利用者の心身の状況等により全身入浴が困難なために、利用者の希望で部分浴を行った場合は、全身入浴の場合と同じ単位数が算定される。

問題 51 通所介護について正しいものはどれか。**2つ**選べ。

1　利用者本人の自立支援とともに、家族の介護負担の軽減を図ることを目的としている。

2　通所リハビリテーションを利用している人は、通所介護を利用できない。

3　要介護3以上の虚弱高齢者には、療養通所介護というサービス類型が用意されている。

4　通所介護計画を作成する際には、利用者に関する情報が重要であり、家族に関する情報は必要ない。

5　8時間以上9時間未満の利用時間を超えてサービスを提供した場合には、延長加算が行われる。

問題 52 短期入所生活介護について正しいものはどれか。**3つ**選べ。

1　短期入所生活介護事業所には、単独型、併設型、空床利用型があり、それぞれにユニット型がある。

2　単独型の事業所の利用定員は、20人以上でなければならない。

3　介護保険施設への入所を拒否している要介護者には、短期入所生活介護の利用は勧めないほうがよい。

4　短期入所を終えた後の在宅生活との連続性を視野に入れて、個別サービス計画をつくり、サービスを活用することが大切である。

5　おむつ代と理美容代は、保険給付に含まれる。

問題 53 小規模多機能型居宅介護について正しいものはどれか。**2つ**選べ。

1　1つの事業所が1人の利用者に対して、訪問、通い、宿泊を組み合わせて提供する形態のサービスである。

2　介護支援専門員の配置は義務づけられていない。

3　利用者は、複数の小規模多機能型居宅介護事業所に利用者登録をすることが可能である。

4　指定事業所は、自然に恵まれた郊外に立地していることが望ましい。

5　通常の事業所のほか、本体事業所との連携を密接にとりながら運営するサテライト事業所という形態がある。

問題 54 地域密着型サービスについて正しいものはどれか。**2つ**選べ。

1　認知症対応型共同生活介護では、居住費や食費は保険給付に含まれる。

2　夜間対応型訪問介護のうち、オペレーションセンター等からの随時の連絡に対応して居宅を訪問するものを、オペレーションセンターサービスという。

3　認知症の原因疾患が急性の状態にある者は、認知症対応型通所介護の対象者から除かれる。

4　小規模多機能型居宅介護では、登録定員を29人以下で定め、通いサービスの利用定員は登録定員の2分の1から18人までの間で定める。

5　地域密着型特定施設とは、介護専用型特定施設のうち入居定員が29人以下のものであり、入居の際に要介護者であったが現在は要介護者でない人は、退居しなければならない。

問題 55 福祉用具について正しいものはどれか。**2つ選べ。**

1 入浴や排泄に使う福祉用具は、福祉用具貸与の対象となる。

2 福祉用具貸与の介護報酬については、福祉用具の種類ごとに所定の単位数が定められている。

3 福祉用具貸与は、区分支給限度基準額管理の対象にならない。

4 福祉用具購入費は、償還払いの方式で支給される。

5 居宅サービス計画に福祉用具貸与を位置づける場合には、介護支援専門員は、必要に応じて随時その必要性を検討し、必要な理由を居宅サービス計画に記載する。

問題 56 住宅改修について正しいものはどれか。**2つ選べ。**

1 非水洗式和式便器を水洗式洋式便器に取り替える場合は、水洗化工事の費用も住宅改修費の対象となる。

2 取り付けに工事の必要がないスロープによる段差の解消は、住宅改修費の対象となる。

3 住宅改修が何度かにわたる場合には、支給限度基準額に達するまで、住宅改修費の支給を受けることができる。

4 介護の必要の程度を測る目安が3段階以上上がった場合は、それまでに支給された住宅改修費の額にかかわらず、同一の住宅で、再度、支給限度基準額の20万円までの支給を申請できる。

5 住宅改修費の支給の申請に必要な理由書は、原則として利用者本人が作成する。

問題 57　介護老人福祉施設について正しいものはどれか。**3つ**選べ。

1　要介護１または要介護２の特例的な入所については、施設に設置する入所判定委員会における検討を経て行い、市町村は関与しない。

2　介護職員・看護職員は、常勤換算方法で、入所者３人当たり１人以上を配置するものとされ、そのうちの看護職員は、入所者の数に応じて配置基準が定められている。

3　１人以上を配置することとされる機能訓練指導員は、理学療法士、作業療法士または言語聴覚士のいずれかでなければならない。

4　基本報酬は、入所定員の規模、居室の形態、従来型とユニット型の別などに応じて、要介護度別に１日につき設定されている。

5　感染症や非常災害の発生により、施設が甚大な被害を受けた際においても、サービスを継続するために業務継続計画を策定しなければならない。

問題 58　生活保護法について正しいものはどれか。**2つ**選べ。

1　生活保護による扶助には、生活扶助、住宅扶助、医療扶助、介護扶助等の８種がある。

2　生活保護の給付は、すべて金銭給付が原則である。

3　生活保護の介護扶助には、介護保険の給付にはない移送がある。

4　介護保険の被保険者でない被保護者には、介護扶助は行われない。

5　介護保険の被保険者が生活保護の被保護者になると、介護保険料は免除される。

問題 59　成年後見制度について正しいものはどれか。**3つ選べ。**

　1　法定後見制度では、本人または四親等内の親族等の申し立てに基づいて、家庭裁判所が後見人等を選任する。

　2　成年後見人は、本人の財産に関する法律行為を、本人に代わって包括的に行うことができる。

　3　保佐人は法令上同意権をもっているが、補助人に同意権が与えられることはない。

　4　任意後見制度では、本人と任意後見人が、公正証書で任意後見契約を交わさなければならない。

　5　任意後見は、任意後見人の判断により開始される。

問題 60　後期高齢者医療制度について正しいものはどれか。**3つ選べ。**

　1　運営主体は、都道府県ごとにすべての市町村が加入する後期高齢者医療広域連合である。

　2　75歳になったとき、後期高齢者医療制度に加入するか、これまで加入していた医療保険に引き続き加入するかを選択できる。

　3　75歳未満の者も、後期高齢者医療制度の被保険者となる場合がある。

　4　年額18万円以上の年金を受給している者の保険料は、特別徴収されるのが原則だが、申し出により口座振替による普通徴収に切り替えることができる。

　5　後期高齢者医療制度に要する費用のうち、患者負担を除いた部分については、1割を被保険者の保険料で賄い、9割を公費負担により賄う。

介護支援専門員
実務研修·受講試験

第3回
予想問題

介護支援分野　　　　　　　　　　問題1～25

問題 1　介護保険制度の改正の経緯について正しいものはどれか。**3つ選べ。**

1　介護保険制度発足5年目の2005年改正で、それまで1段階であった要支援認定が、要支援1と要支援2の2段階となった。

2　施設入所者の食費・居住費は、制度創設当初から利用者負担であったが、低所得者にとって負担が重くなっていたため、2005年改正で特定入所者介護サービス費が導入された。

3　市町村の機能・権限を強化し、地域の独自性や創意工夫を生かせるシステムを取り入れたのは、2005年改正に始まる。

4　地域包括ケアシステムの構築が目標に掲げられたのは、2014年改正が端緒である。

5　介護保険制度の持続可能性を確保するため、2014年改正以降、具体的な改正が行われた。

問題 2 地域包括ケアシステムについて正しいものはどれか。**3つ選べ。**

1 基本の理念では、住み慣れた地域の自宅に住み続けることができるように自立生活の支援を行うことを目的としている。

2 医療においては、「病院完結型」の医療から「地域完結型」の医療への転換をめざす。

3 地域包括ケアシステムは、医療・介護・生活支援・介護予防の必要なサービスが、おおむね30分以内に提供される日常生活圏域を想定して構築する。

4 市町村介護保険事業計画では、地域包括ケアシステム構築のために重点的に取り組むべき事項について定めるように努めることとされており、一方都道府県にはこのような規定はないが、市町村に対し助言を行う。

5 地域支援事業で行われる第1号事業や包括的支援事業は、地域包括ケアシステム構築の重要なキーポイントである。

問題 3 地域包括ケアシステムの内容を示す「植木鉢」の図について正しいものはどれか。**3つ選べ。**

1 植木鉢は、地域包括ケアシステムの5つの構成要素が、相互に関係しながら一体的に提供されることを表現している。

2 「本人の選択と本人・家族の心構え」は、植木鉢の置かれる皿として描かれている。

3 植木鉢の中の土は、生活の基盤となる「住まいと住まい方」を表現している。

4 「介護予防・生活支援」は、養分を蓄えた土として表現されている。

5 専門的なサービスである「医療」と「福祉」が、土の上の2枚の葉として描かれている。

問題 4 被保険者の資格取得の時期として適切なものはどれか。**3つ選べ。**

1 その市町村の区域内に住所を有する医療保険加入者が、40歳に達したとき。

2 その市町村の区域内に住所を有する医療保険加入者が、65歳に達したとき。

3 40歳以上65歳未満の医療保険加入者、または65歳以上の者が、その市町村の区域内に住所を有するに至ったとき。

4 その市町村の区域内に住所を有する40歳以上65歳未満の者が、医療保険加入者となったとき。

5 その市町村の区域内に住所を有する40歳以上65歳未満の医療保険加入者、または65歳以上の者が、適用除外者となったとき。

問題 5 介護保険の届出について正しいものはどれか。**2つ選べ。**

1 第1号被保険者は、住所地特例の被保険者でなくなったことにより被保険者資格を取得した場合には、保険者である市町村に届け出なければならない。

2 第2号被保険者は、住所移転により住所を有する市町村に変更がある場合には、被保険者資格の変動を移転先の市町村に届け出なければならない。

3 市町村に住所を有する40歳以上65歳未満の者が医療保険加入者となった場合には、被保険者資格の変動に関する市町村への届出は不要である。

4 何らかの理由で被保険者資格の取得の届出がなされなかった場合は、その後、届出が行われた日から資格を取得することになる。

5 被保険者資格の得喪の届出は、必ず被保険者本人がしなければならない。

問題 6 現物給付と償還払いについて正しいものはどれか。**3つ**選べ。

1 代理受領による現物給付の方式では、利用者は、サービス利用時に原則1割の定率負担等の利用者負担分だけを支払えばよい。

2 現物給付が認められているサービスであっても、条件によっては償還払いとなる場合がある。

3 居宅介護サービス計画費は、何らの手続きも要せず現物給付の扱いとなる。

4 基準該当サービスについては、現物給付されることはない。

5 特定入所者介護サービス費は現物給付の扱いとなる。

問題 7 保険給付の種類について正しいものはどれか。**3つ**選べ。

1 特例居宅介護サービス費は、緊急その他やむを得ない理由により、要介護認定の申請前に指定居宅サービスを利用した場合に支給される。

2 特例施設介護サービス費は、指定を受けていない福祉施設に入所し、介護保険施設と同等のサービスを受けた場合に支給される。

3 特例居宅介護サービス計画費は、緊急その他やむを得ない理由により、被保険者証を提示しないで指定居宅介護支援を受けた場合に支給される。

4 特例居宅介護サービス費は、代理受領による現物給付の方式で支給される。

5 高額介護サービス費は、償還払いの方式で支給される。

問題 8　介護報酬について正しいものはどれか。**2つ**選べ。

1　介護報酬の1単位の単価は、地域の人件費の高低を反映して設定され、上乗せが行われる地域では、すべてのサービスについて同率の上乗せが行われる。

2　現物給付の場合、事業者・施設は、各月分の介護給付費請求書を、サービス提供月の翌月10日までに国民健康保険団体連合会（国保連）に提出する。

3　国保連は請求内容について審査を行い結果を市町村に通知し、市町村は事業者・施設に直接、介護報酬の支払いを行う。

4　介護報酬の支払いは、サービス提供月の翌月末に行われる。

5　償還払いの場合、利用者は、利用者負担を除いた費用の請求を市町村に対して行う。

問題 9　予防給付と介護予防サービスについて正しいものはどれか。**2つ**選べ。

1　予防給付の対象となるサービスを提供する事業者には、指定介護予防サービス事業者、指定地域密着型介護予防サービス事業者、指定介護予防支援事業者がある。

2　介護予防サービス事業者と介護予防支援事業者の指定は都道府県知事が行い、地域密着型介護予防サービス事業者の指定は市町村長が行う。

3　介護予防サービス・地域密着型介護予防サービスに対する予防給付には、区分支給限度基準額は設定されていない。

4　要支援者対象の福祉用具購入費・住宅改修費の支給限度基準額は、要介護者の場合と同額である。

5　要介護者を対象とする地域密着型サービスのうち、認知症対応型通所介護、小規模多機能型居宅介護、地域密着型特定施設入居者生活介護については、要支援者にも同様のサービスが認められている。

問題 10 第2号被保険者の保険料について正しいものはどれか。**3つ**選べ。

1 第2号被保険者の保険料は、医療保険者が医療保険料の一部として徴収し、各市町村に納付する。

2 健康保険の場合、介護保険料については一般保険料と異なり、事業主負担はない。

3 健康保険組合の被保険者で、第2号被保険者である被扶養者がある場合は、40歳未満であっても介護保険料額の算定が可能である。

4 国民健康保険の賦課は世帯単位で行われ、世帯主は、その世帯に属する被保険者の保険料をまとめて納付する。

5 国民健康保険に加入している第2号被保険者が、医療保険料を滞納している場合、市町村は介護保険給付の一時差し止めを行うことができる。

問題 11 財政安定化基金について正しいものはどれか。**2つ**選べ。

1 介護保険の財政単位を広域化して財政運営を安定させ、複数の市町村の間の保険料水準を均衡させるための事業である。

2 財源は、国、都道府県、市町村が、それぞれ3分の1ずつ負担する。

3 市町村からの拠出金には、第1号被保険者の保険料が充てられる。

4 保険料収納率の悪化により、保険料収納額が予定よりも不足した場合、必要な資金が貸与される。

5 見込みを上回る給付費の増大により、介護保険財政に不足が生じた場合、交付金が交付される。

問題 12　地域ケア会議について正しいものはどれか。**3つ選べ。**

1　地域ケア会議は、2014年改正によって初めて介護保険法上に位置づけられたが、それ以前から行われていた。

2　地域包括ケアシステム構築のための政策の策定が主な目的である。

3　会議では、居宅介護支援事業者や介護保険施設から居宅サービス計画や施設サービス計画の提供を求め、介護給付等の費用が適正に使われているかの検討を行う。

4　居宅介護支援事業者は、地域ケア会議から、支援困難事例などの個別事例に関する資料等の提供を求められたら、これに協力するように努めなければならない。

5　会議は、介護支援専門員、保健医療・福祉の有識者、民生委員等の関係者、関係機関・関係団体により構成される。

問題 13　要介護認定等の手続きについて正しいものはどれか。**3つ選べ。**

1　認定の申請を、社会保険労務士や民生委員などに代行させることはできない。

2　市町村は、都道府県知事の指定する市町村事務受託法人に認定調査を委託することができる。

3　介護認定審査会は、審査判定にあたって、申請者の主治医の出席を求める。

4　更新認定の場合、介護認定審査会の合議体を構成する委員の定数を3人とすることもできる。

5　市町村は、認定の通知にあたり、被保険者証に要支援状態区分や要介護状態区分を記載する。

問題 14 要介護認定等における審査判定について正しいものはどれか。**3つ選べ。**

1 一次判定は、認定調査のうち基本調査の結果をもとに、要介護認定等基準時間を推計することを主体にして行われる。

2 要介護認定等基準時間は、要支援度・要介護度を判定するもとになる。

3 要介護認定等基準時間は、在宅で受けることのできる介護サービスの時間の上限を表す。

4 基本調査の内容に不備等があると認められる場合には、再調査を実施するか、調査結果の一部修正を行う。

5 二次判定は、一次判定の結果を適宜参照して行う。

問題 15 指定居宅サービス事業者について正しいものはどれか。**2つ選べ。**

1 指定居宅サービス事業者でなければ、介護保険の給付対象となる居宅サービスを提供することはできない。

2 指定を受けるためには、人員基準を満たしていること、設備・運営基準に従い適正な運営ができることが必要である。

3 人員・設備・運営基準を満たしていないとして都道府県知事の勧告を受け、それに従わなかった場合は、直ちに指定が取り消される。

4 事業者に報告や帳簿の提示を求め、立入検査を行うことができるのは、都道府県知事だけである。

5 指定居宅サービス事業者の指定や指定の取り消しを行った場合には、その旨が公示される。

問題 16　基準該当サービス等について正しいものはどれか。**2つ**選べ。

　1　事業者を基準該当と認めるかどうかは、都道府県知事が判断する。

　2　法人格は、基準該当サービスの事業者には不可欠であるが、離島等における相当サービスの事業者には不要である。

　3　すべての居宅サービスについて、基準該当サービスが認められている。

　4　施設サービスについては、基準該当サービスは認められていない。

　5　基準該当サービスや離島等における相当サービスを受けた場合、特例居宅介護サービス費・特例介護予防サービス費等が支給される。

問題 17　厚生労働省令に定める介護保険施設の基準上の共通事項について正しいものはどれか。**3つ**選べ。

　1　入所定員や居室の定員を超えて入所させてはならないが、やむを得ない場合には、定員を超えて入所させることができる。

　2　食費・居住費についての入所者の同意は、文書によらなければならない。

　3　おむつ代や理美容代の支払いを、入所者から、別途受けることができる。

　4　居宅介護支援事業者およびその従業者に対し、要介護被保険者にその施設を紹介することの対償として、金品その他の利益を供与してはならない。

　5　認知症による行動・心理症状がある入所者については、適宜に身体拘束を行うことができる。

問題 18 指定地域密着型サービス事業者に対する勧告・命令・指定の取り消しについて、正しいものはどれか。**3つ選べ。**

1 市町村長は、事業者に対して報告徴収、帳簿の提示などを求める権限をもち、立入検査を行うこともできる。

2 市町村長は、事業者が指定の際の条件を満たしていないとして改善を勧告したときは、そのことを公表しなければならない。

3 市町村長は、事業者が勧告に係る措置をとらなかった場合、勧告に従うよう命令することができ、この命令に従わなかったときは指定を取り消すことができる。

4 市町村長は、地域密着型介護老人福祉施設が更新認定の調査を委託され、虚偽の報告をしたときは、その指定を取り消すことができる。

5 市町村長は、事業者やその役員が指定を取り消されたことがあり、取り消しの処分から6年が経過していないときは、その指定を取り消すことができる。

問題 19 指定居宅介護支援事業者の指定の取り消し事由として適切なものはどれか。**2つ選べ。**

1 利用者が介護保険施設への入所を希望した場合に、施設への紹介その他の便宜の提供を行ったとき。

2 居宅介護サービス計画費の請求に不正があったとき。

3 新規認定の認定調査の委託を受けた場合に、虚偽の結果報告をしたとき。

4 利用者が、国民健康保険団体連合会（国保連）に、指定居宅介護支援事業者の提供したサービスに関し、苦情を申し立てたとき。

5 代表者や役員が禁錮以上の刑や保健医療・福祉・労働関係の罰金刑に処せられたとき。

問題 20　厚生労働省令に定める指定居宅介護支援に関する基準について正しいものはどれか。**2つ選べ。**

1　居宅介護支援事業所の介護支援専門員が、併設の訪問介護事業所の訪問介護員を兼務することは認められない。

2　居宅介護支援事業所の管理者は、管理業務に支障がない限り、同一敷地内にある他の事業所の業務に従事することができる。

3　居宅介護支援事業者は、要介護認定の更新の申請が遅くとも有効期間満了日の30日前には行われるよう、必要な援助を行わなければならない。

4　介護支援専門員は、居宅サービス計画に福祉用具貸与を位置づける場合、必要な理由を記載しなければならないが、特定福祉用具販売についてはこの限りではない。

5　居宅介護支援事業者が介護予防支援の業務の委託を受ける場合、居宅介護支援の業務に影響を及ぼさないよう、受託できる件数に上限が定められている。

問題 21　介護支援専門員の基本姿勢について正しいものはどれか。**3つ選べ。**

1　利用者は介護支援専門員の提供する情報の範囲から介護サービスを選択するので、介護支援専門員自身の価値基準やサービス提供の都合によって最適と思われる情報に絞って提供する。

2　介護支援専門員は、要介護者等にとってよき隣人、よき友人である相談相手とならなければならない。

3　疾病や機能低下を防止したり、健康増進や生きがいを高めたりする活動は、自立支援にあたる。

4　介護支援専門員は、高齢者の残存能力に着目するだけでなく、生涯発達の視点をもつことが大切である。

5　ノーマライゼーションとクオリティ・オブ・ライフ（QOL）の理念を大切にしなければならない。

問題 22　居宅サービス計画作成のための課題分析について正しいものはどれか。**3つ選べ。**

1　課題分析表は、要介護者の生活課題を把握するための道具（tool）である。

2　課題分析では、要介護者の生活課題に対応する要介護者の能力やインフォーマルサポートの力量、フォーマルなサービスの必要性と内容を明らかにする必要がある。

3　居宅サービス計画は、要介護者のために作成するものなので、介護者である家族に関する評価は必要とされていない。

4　居宅介護支援においては、個々の要介護者を個別化して、生活課題やそれらの充足方法をとらえる必要がある。

5　課題分析のための面接時間は長いほどよく、課題分析表も詳しいものほどよい。

問題 23　居宅介護支援におけるモニタリングについて正しいものはどれか。**3つ選べ。**

1　介護支援専門員が、居宅サービス事業者等と連携を図りながら、要介護者の生活課題が変わりそうなときに集中して行うことが望ましい。

2　定期的に行うことが必要だが、頻度はあまり高くないほうがよいので、2か月に1回程度行う。

3　介護支援専門員が主体的に行うが、サービス提供者からの情報提供等によって行われることもある。

4　モニタリングの目的の1つとして、居宅サービス計画が適切に実施されているかどうかを明らかにすることが挙げられる。

5　モニタリングにおいて、生活課題に変化がみられる場合には、再課題分析を行う。

問題 24　施設介護支援について正しいものはどれか。**3つ選べ。**

1　施設介護支援は、施設に必置の介護支援専門員を中心に行われる。

2　認知症などで利用者に施設サービス計画に対する同意の能力がない場合は、家族の同意を文書で得ればよい。

3　計画担当介護支援専門員は、利用者や家族に面接して課題分析を行い、それに基づいて施設サービス計画を作成する。

4　施設における介護計画・栄養計画・機能訓練計画などは、施設サービス計画に沿って作成される。

5　利用者や家族の希望がある場合には、退所の可能性を検討しなければならない。

問題 25　Aさん（85歳）は、脳梗塞の後遺症で半身不随となり、高血圧症や心疾患にも悩まされている。食事が自力でできるほかは、すべて介助が必要で、要介護4と認定されている。同居している息子夫婦から、「本人は在宅生活の継続を希望しているが、家族の介護負担が大きいので、介護保険施設に入れるかどうか悩んでいる」という相談を受けた。介護支援専門員の対応として適切なものはどれか。**3つ選べ。**

1　家族の介護負担の軽減を図るために、福祉用具貸与の移動用リフトを導入することを勧めた。

2　家族の介護負担の軽減を図るために、定期的に短期入所療養介護を利用することを提案した。

3　もっぱら息子夫婦と話し合いをもち、居宅サービス計画の見直し内容を決定し、手続きを進めた。

4　近くにある介護保険施設の状況を調べ、Aさんと息子夫婦に情報を提供した。

5　息子夫婦の状況をAさんに説明し、介護保険施設に入るべきだと説得した。

問題 26　高齢者に多い疾患について正しいものはどれか。**3つ**選べ。

1　加齢性難聴は左右どちらかの耳に生じることが多く、高い音が聞こえにくくなる。

2　高齢者の肝硬変は進行が遅いが、肝不全の予防や肝がんの合併には注意が必要である。

3　緑内障では点眼薬の使用やレーザー治療が行われ、効果が得られない場合は手術療法も行われる。

4　間欠性跛行があっても、座位や前屈位をとると症状が軽快する場合は、脊柱管狭窄症が疑われる。

5　筋萎縮性側索硬化症は、下肢の骨格筋が萎縮するのが特徴である。

問題 27 高齢者に多い疾患について正しいものはどれか。**2つ**選べ。

1　階段を上ったときなどに心拍数の増加とともに前胸部に圧迫感を起こすものを、異型狭心症という。

2　高齢者の心不全では、症状が活動性の低下や失見当識、認知症症状などとして現れることもある。

3　急性の気道閉塞を主症状とする気管支喘息は、慢性閉塞性肺疾患に含まれ、特定疾病に指定されている。

4　前立腺が肥大している患者では、風邪薬として使われる抗ヒスタミン剤が尿閉を起こすことが多い。

5　帯状疱疹は、水痘ウイルスの再活性化によって起こるウイルス性の疾患であり、施設内感染に対策が必要である。

問題 28 高齢者の急性症状とその原因の組み合わせとして正しいものはどれか。**3つ**選べ。

1　発　熱———肺炎等の感染症、体温調節異常、膠原病など

2　胸　痛———狭心症、心筋梗塞、肺梗塞、解離性大動脈瘤など

3　黒色便———痔核、大腸憩室炎、大腸がんなど

4　麻　痺———脳卒中など

5　吐　血———結核、肺がんなど

問題 29 バイタルサインについて適切なものはどれか。**3つ**選べ。

1 大動脈疾患や片麻痺がある場合は、血圧に左右差がみられることがある。

2 徐脈は、うっ血性心不全や甲状腺機能亢進症で起こりやすい。

3 回帰熱は、胆道感染症に特徴的な熱型である。

4 悪性症候群では、低体温がみられる。

5 徐呼吸は、脳卒中による昏睡や糖尿病性ケトアシドーシスでみられる。

問題 30 検査値について正しいものはどれか。**3つ**選べ。

1 身長の短縮は、骨粗鬆症の早期発見の指標となる。

2 LDLコレステロールの低値は、虚血性心疾患を引き起こす危険因子である。

3 血清アルブミンは、高齢者の長期にわたる栄養状態をみるための指標として有用で、血清アルブミンの低値は栄養状態の低下を反映する。

4 血中尿素窒素（BUN）の低下は、腎機能の低下を反映する。

5 ホルター心電図は、小型の機器を装着して普段の生活を送りながら、24時間の心電図を記録するものである。

問題 31　食事と嚥下困難への対応について正しいものはどれか。**3つ**選べ。

1　摂食・嚥下プロセスの咽頭期では、咽頭に送り込まれた食塊を嚥下反射により食道の方向に送り込む。

2　食事のアセスメントでは、利用者の状態に加えて、家族介護者の状態、食事に関連する手段・環境についても把握する。

3　嚥下困難がある場合には、一口に食べる量は、できるだけ少量にする。

4　むせが強い場合は、背もたれなどに寄りかかり、あごを少し前に出す姿勢をとる。

5　口の中に付着する、のり、わかめ、葉野菜などは、嚥下困難を引き起こしやすい。

問題 32　褥瘡への対応について正しいものはどれか。**2つ**選べ。

1　褥瘡による発赤を発見したら、医療職に連絡して予防策をとる。

2　褥瘡が発症したら、入浴は避け、清拭を行う。

3　おむつは、時間を決めて交換する。

4　発赤部に温湿布をし、その周辺をマッサージするとよい。

5　褥瘡の処置は医行為にあたらないものとされ、訪問介護員が行うこともできる。

問題 33 認知症について正しいものはどれか。**3つ選べ**。

1 MCI（軽度認知障害）は認知症の前段階と考えられ、健常にもどることは困難である。

2 物忘れを自覚できている場合は、加齢に伴う良性の健忘であり、認知症による悪性健忘とは区別できる。

3 物忘れがあっても、記憶の再認や再生ができれば、認知症とはいえない。

4 尋ねられたことに答えられないときに、変な取り繕いをしたり、同席している家族を振り向いて助けを求めたりする場合は、認知症が疑われる。

5 せん妄は認知症の周辺症状の1つであり、抗認知症薬で治療すると軽快する。

問題 34 認知症高齢者の介護について正しいものはどれか。**2つ選べ**。

1 「ちゃんとして」「しっかりして」などと注意することは、見当識訓練として有効である。

2 ケアの対象は認知症という疾患であり、医学に基礎をおくケアが求められる。

3 パーソン・センタード・ケアでは、「徘徊」は「注意された不満の表れ」ととらえる。

4 レビー小体型認知症は、便秘や立ちくらみ、失神などの自律神経症状を伴うことが特徴である。

5 認知症の予防とは発症を先送りすることであり、活発な身体活動などで、予防と進行の遅延を図ることができる。

問題 35　高齢者の精神障害について正しいものはどれか。**3つ**選べ。

1　老年期うつ病では、自分を責める内容の妄想がみられることがあり、これを心気妄想という。

2　老年期うつ病は、真面目で完璧主義、対人関係で攻撃性を表出できない人に多く発症する。

3　高齢者の妄想性障害の特徴として、妄想のテーマが現実の生活を反映した世俗的な内容が多いことや、妄想の対象が特定の身近な人物であることが多いことが挙げられる。

4　統合失調症の残遺状態では、認知症との鑑別が難しくなるが、道具的な知的機能は保たれる。

5　老年発症型のアルコール依存症では、家族歴や遺伝負因があり、若年発症型に比べて飲酒量が多い傾向がある。

問題 36　清潔の介護について正しいものはどれか。**3つ**選べ。

1　入浴は、温熱刺激による効果が高いが、循環動態への影響も大きいので、入浴の可否を慎重に判断しなければならない。

2　高齢者の入浴は、空腹時を避け、食事の直後に行う。

3　全身清拭は、入浴が許可されない場合に行うが、汚れやすい陰部や手足などは、汚れたつどに部分清拭を行う。

4　陰部の清浄や清拭は、自分でできる人であっても、介助者が行うほうが効果が高い。

5　整容は、利用者と社会のかかわりに大きく影響する。

問題 37 リハビリテーションについて正しいものはどれか。**3つ選べ。**

1 寝返り・起き上がり・座位・立ち上がり・立位・歩行の6つを基本動作という。

2 食事・排泄・更衣・整容・入浴・起居移動のADLの介助は、最低限にとどめる。

3 関節可動域訓練では、徐々に可動域を広げていく。

4 筋力増強のための運動が、廃用症候群を引き起こすことがある。

5 自助具の使用は、自立の妨げになる。

問題 38 高齢者の服薬について正しいものはどれか。**2つ選べ。**

1 相互作用は、薬剤だけでなく、健康食品や一般の食品によって引き起こされる可能性もある。

2 肝機能や腎機能が低下していると、薬剤の作用は弱められる。

3 嚥下障害がある場合には、錠剤はつぶして、食品に混ぜて飲む。

4 食事がきちんととれなかったときは、「食後」と指示された薬剤は使用しない。

5 薬剤を保管する際は、高温・湿気・直射日光を避けるが、一般的には冷蔵庫に入れる必要はない。

問題 39 在宅での医療管理について正しいものはどれか。**2つ選べ。**

1　インスリンの自己注射を行っている場合、食事摂取量が少ないと高血糖を生じることが多い。

2　中心静脈栄養法は、食事の経口摂取や経腸摂取ができない患者に行う。

3　経管栄養法は、点滴栄養剤を血管に点滴投与する方法である。

4　血液透析を行っている場合には、常にシャントのあるほうの腕で血圧測定を行う。

5　在宅酸素療法は、呼吸器疾患や心疾患などで低酸素血症をきたしている患者に行われる。

問題 40 次の記述のうち正しいものはどれか。**2つ選べ。**

1　半側空間無視は失認の一種であり、右側空間の無視が多く、右片麻痺の患者に多くみられる。

2　嚥下反射に障害がある高齢者では、夜間などに不顕性誤嚥によって唾液が気管・気管支に侵入し、誤嚥性肺炎を起こすことがある。

3　ヘリコバクター・ピロリ菌は、肝がんのリスクを高める。

4　胃ろうのカテーテルが抜去してしまったときは、すぐに代用のカテーテルを入れるなどの対応が必要である。

5　患者本人や家族が在宅での看取りを選択した場合には、病院での看取りや一時的な入院も可能だという情報を提供する必要はない。

問題 41 介護保険の訪問看護について正しいものはどれか。**2つ**選べ。

1 訪問看護計画書は、主治の医師が作成する。

2 看護師等の訪問時の病状観察や情報収集によって、訪問看護計画が変更されることもある。

3 末期の悪性腫瘍や神経難病の患者に対する訪問看護は、介護保険の給付の対象になる。

4 指定訪問看護事業者は、看護師等に、その同居の家族である利用者に対する指定訪問看護の提供をさせてはならない。

5 指定訪問看護ステーションの理学療法士等により提供されるリハビリテーションは、訪問リハビリテーションとして、介護保険から給付される。

問題 42 介護保険の通所リハビリテーションについて正しいものはどれか。**3つ**選べ。

1 通所リハビリテーションは、病院・診療所、介護老人保健施設、介護医療院により提供される。

2 通所リハビリテーションでは、生活期（維持期）のリハビリテーションに限らず、必要に応じて急性期や回復期のリハビリテーションも提供される。

3 要介護者を対象とする通所リハビリテーションの介護報酬は、所要時間により、要介護状態区分別に設定されているが、所要時間は現に要した時間により算定される。

4 一定の基準を満たした上で、多職種が共同して、継続的にリハビリテーションの質を管理した場合は、リハビリテーションマネジメント加算が算定される。

5 要支援者を対象とする通所リハビリテーションの介護報酬は、利用回数に関係なく、1か月単位で算定される。

問題 43 短期入所療養介護について正しいものはどれか。**2つ**選べ。

1　短期入所療養介護の最も大切な役割は、医療を集中的に行うことである。

2　認知症高齢者は利用することができない。

3　短期入所療養介護を提供する介護老人保健施設では、介護老人保健施設の入所定員とは別途に、短期入所療養介護の利用定員を定めなければならない。

4　介護報酬は、サービスを提供する施設のタイプによって異なる。

5　短期入所療養介護計画は、在宅復帰後の居宅サービス計画と連動したものでなければならない。

問題 44 定期巡回・随時対応型訪問介護看護について正しいものはどれか。**3つ**選べ。

1　夜間・深夜・早朝は、サービスを提供しない。

2　随時対応サービスは、利用者・家族からの通報を受け、訪問介護や訪問看護の要否を判断するサービスで、そのために提供時間帯を通じて1人以上のオペレーターが配置される。

3　連携型の事業所には、常勤換算方法で2.5人以上の保健師、看護師または准看護師を配置しなければならない。

4　利用者ごとに、具体的な定期巡回サービスおよび随時訪問サービスの内容を記載した定期巡回・随時対応型訪問介護看護計画が作成される。

5　介護報酬は、要介護度別に1か月当たりの定額で設定され、介護・看護の利用者と介護のみの利用者では額が異なる。

問題 45 介護老人保健施設について正しいものはどれか。**3つ**選べ。

1 入所者の食事は、できるだけ療養室で行われるよう努めなければならない。

2 入所者が退所できるかどうかの検討および判断は、管理者である医師が行う。

3 入所中に服用薬剤の総合的な評価を行って入所者の主治医に情報提供したり、入所者に処方する内服薬の種類を入所時より減らすなどした場合には、退所時に加算が行われる。

4 退所後の主治医や、入所者が退所後に利用を希望する居宅介護支援事業者に、診療状況等の提供を行うと加算が行われる。

5 介護老人保健施設の医師は、入所者の退所時に、訪問看護指示書を交付することができる。

福祉サービス分野　　　　　問題46〜60

問題 46　国際生活機能分類（ICF）について正しいものはどれか。**3つ**選べ。

1　専門家と当事者を含めた、すべての関係者の間での相互理解と協力のための「共通言語」として作成された。

2　障害を、機能障害、能力障害、社会的不利の3つのレベルに分類したものである。

3　ICF でいう障害は、心身機能レベルの生活機能が低下した状態を表す。

4　障害に影響する背景因子には、個人因子と環境因子がある。

5　個人の残存機能だけでなく、むしろ潜在的生活機能を見いだす考え方を基礎にしている。

問題 47 インテーク面接について正しいものはどれか。**2つ**選べ。

1 インテーク面接は、必ず1回の面接で終わらなければならない。

2 利用者の主訴は、受容的・非審判的態度をもって傾聴されなければならない。

3 インテーク面接における情報提供は、一方向的なものである。

4 これまで問題に対してどのように対処してきたかを尋ねることは、利用者や家族の力量を推測するのに有効である。

5 インテーク面接の記録を残しておくことは、守秘義務の観点から不適切である。

問題 48 支援困難事例について正しいものはどれか。**2つ**選べ。

1 家族・親族はインフォーマルサポートの中核をなすものであり、家族・親族との関係性が支援困難の要因となることは少ない。

2 地域からの孤立が支援困難事例を生むケースは、家族と同居していない高齢者一人暮らし世帯に特有のものである。

3 老親を家族が介護するのは当然の義務だとする規範の強い地域では、必要な支援を拒否して孤立してしまうこともある。

4 支援困難事例の社会的要因の背景には、今日の地域社会における変化が指摘される。

5 社会資源の不足が原因となっている支援困難事例にあっては、支援する側は、他に方法がないことをていねいに説明して理解してもらう。

問題 49　訪問介護について正しいものはどれか。**2つ選べ。**

1　身体介護には、日常生活動作に関する介助のほか、リハビリテーションが含まれる。

2　身体介護には、排泄介助や移動介助のように利用者の身体に直接接触して行う介助のほか、利用者とともに行う家事など自立支援・重度化防止のためのサービスも含まれる。

3　同居している家族がある場合は、生活援助の提供が認められることはない。

4　生活援助中心型の訪問介護は、1か月の提供回数に上限が設定され、上限を超える利用はすべて利用者負担となる。

5　サービス提供責任者は、訪問介護計画を作成し、その内容を利用者・家族に説明して同意を得たうえで、利用者に交付しなければならない。

問題 50　指定短期入所生活介護事業所について正しいものはどれか。**3つ選べ。**

1　介護・看護職員は、利用者3人に1人以上の割合で配置しなければならない。

2　医師を配置する必要はない。

3　利用者に対し、利用者の負担により、その短期入所生活介護事業所の従業者以外の者による介護を受けさせてはならない。

4　区分支給限度基準額の範囲内であれば、連続して30日を超えて利用することができる。

5　入退所の際には地域を定めて送迎を行うが、その費用は利用者負担である。

問題 51 特定施設入居者生活介護について正しいものはどれか。**3つ**選べ。

1　サービスの対象者は、要介護者に限られる。

2　特定施設入居者生活介護事業者の指定を受けることができるのは、有料老人ホーム、養護老人ホーム、軽費老人ホームである。

3　機能訓練指導員の配置が義務づけられている。

4　施設の計画作成担当者が作成する特定施設サービス計画に基づいて、サービスの提供が行われる。

5　指定特定施設に入居する場合は、その特定施設が提供する特定施設入居者生活介護を利用しなければならない。

問題 52 指定認知症対応型共同生活介護事業所について正しいものはどれか。**3つ**選べ。

1　1つの事業所で有することのできる共同生活住居の数は、3以下とする。

2　居室の定員は1人とされ、1つの共同生活住居の入居定員はおおむね10人以下とされている。

3　すべての介護従業者のうち、1人以上は常勤でなければならない。

4　常勤の看護職員を1人以上配置しなければならない。

5　共同生活住居の管理者は、特別養護老人ホームや介護老人保健施設などで、認知症である者の介護に3年以上従事した経験がある者でなければならない。

問題 53 夜間対応型訪問介護について正しいものはどれか。**2つ**選べ。

1　従業者は身分証を携帯し、利用者やその家族から求められたら、いつでも提示しなければならない。

2　オペレーターは、原則として、社会福祉士または介護支援専門員でなければならない。

3　通報を受けたオペレーターは、直ちに訪問介護員等を派遣する。

4　利用者へ配布するケアコール端末に係る設置料、リース料、保守料等の費用の支払いを、利用者から受けることができる。

5　利用者宅の合鍵を預かることができるが、管理方法や紛失したときの対処方法などを記載した文書を利用者に交付しなければならない。

問題 54 通所介護について正しいものはどれか。**2つ**選べ。

1　集団での介護が中心となるので、個別サービス計画は作成されない。

2　おむつ代は、保険給付の対象外である。

3　送迎を行った場合は、送迎加算が行われる。

4　利用者の居宅を訪問した上で、居宅の浴室の環境等を踏まえて入浴計画を作成し、居宅の状況に近い環境で入浴介助を行うなどした場合には加算が行われる。

5　利用定員29人以下の小規模な通所介護事業所は、居宅サービスから地域密着型サービスへ移行して、市町村長の指定・監督のもとにおかれることになった。

問題 55 小規模多機能型居宅介護について正しいものはどれか。**3つ選べ。**

1 利用者は要介護者に限られ、要支援者対象の同種のサービスはない。

2 サービスの提供にあたる従業者の基準は、サービスの種類ごとに常勤換算方法で定められているが、従業者のうち1人以上の者は常勤とし、1人以上の者は看護師または准看護師でなければならない。

3 登録者が通いサービスを利用していない日は、可能な限り、訪問サービスや電話連絡による見守り等を行わなければならない。

4 1人の登録者について、宿泊サービスは1か月に10日以内と定められている。

5 指定事業者は、おおむね2か月に1回以上、運営推進会議を開き、サービス提供状況などを報告するとともに、評価を受けなければならない。

問題 56 福祉用具について正しいものはどれか。**3つ選べ。**

1 福祉用具貸与においては、事業者は利用者に対して、商品の特徴や価格に加え、その商品の全国平均貸与価格を説明しなければならない。

2 指定福祉用具貸与事業所には、福祉用具専門相談員を1人以上配置しなければならない。

3 福祉用具貸与では個別サービス計画の作成が必須であるが、特定福祉用具販売では個別サービス計画の作成は必要とされない。

4 車いすや特殊寝台は、例外として認められる場合を除いて、要支援1・2、要介護1の人は利用できない。

5 自動排泄処理装置の交換可能部品は、特定福祉用具販売の対象である。

問題 57　ユニット型介護老人福祉施設について正しいものはどれか。**2つ選べ。**

1　少数の居室とそれに近接した食堂により一体的に構成されるユニットを単位に、入居者の日常生活が営まれる。

2　1ユニットの定員は、原則としておおむね10人以下とし、15人を超えないものとしなければならない。

3　入居者は、その心身の状況等に応じて、それぞれの役割をもって日常生活を営む。

4　日中は、2ユニットに1人以上の介護職員または看護職員を常時配置しなければならない。

5　2ユニットに1人の常勤のユニットリーダーを配置しなければならない。

問題 58　高齢者ケアの社会資源について正しいものはどれか。**3つ選べ。**

1　市町村が独自に行う配食サービスやふとん乾燥サービスなどは、インフォーマルなサポートに属する。

2　インフォーマルなサポートの中心をなすのは、家族である。

3　インフォーマルなサポートは、柔軟な対応が可能であり、安定して供給される利点がある。

4　地域の社会資源リスト（マップ）を作成する事業は、包括的支援事業で行われる。

5　介護支援専門員には、地域ケア会議への参加などを通して、地域に不足する社会資源の開発を呼びかける役割がある。

問題 59 介護保険と生活保護の関係について正しいものはどれか。**2つ**選べ。

1 生活保護の介護扶助が給付されている場合は、介護保険の保険給付は行われない。

2 40歳以上65歳未満の介護保険の被保険者でない被保護者については、市町村福祉事務所が要介護認定等の審査判定を行う。

3 介護扶助の対象には、介護予防サービスも含まれる。

4 介護保険施設に入所している被保護者の日常生活費は、介護扶助で賄われる。

5 被保護者の介護保険料は、生活扶助で賄われる。

問題 60 日常生活自立支援事業について正しいものはどれか。**2つ**選べ。

1 日常生活自立支援事業は、判断能力を欠く常況にある人を支援することを目的とする。

2 支援の内容は、福祉サービスの利用援助、日常的金銭管理サービス、書類や印鑑等の預かりサービスである。

3 援助の方法は、相談・助言、情報提供を基本とし、福祉サービスの利用手続きや契約手続きの代行などを行う。

4 要介護認定等に関する手続きの援助や認定調査の立会いなど、介護保険の利用に関する支援は、援助内容に含まれない。

5 利用料は、原則として無料である。

介護支援専門員
実務研修・受講試験

第4回
予想問題

介護支援分野　　　　　　　　　　　問題1～25

問題 1　地域支援事業について正しいものはどれか。**3つ**選べ。

1　支援が必要な第1号被保険者を把握する事業は、介護予防・日常生活支援総合事業のうちの一般介護予防事業として行われる。

2　都道府県知事は、事業者の申請により第1号事業を行う事業者を指定して事業を行わせることができる。

3　第1号事業として行われる介護予防・生活支援サービス事業の利用者は、市町村が定めた利用料を負担する。

4　認知症総合支援事業は、包括的支援事業として行われる。

5　地域支援事業の財源には、第2号保険料は使われない。

問題 2 地域包括支援センターについて正しいものはどれか。**3つ**選べ。

1 市町村は、包括的支援事業や介護予防・日常生活支援総合事業などを行うために、地域包括支援センターを設置する。

2 地域包括支援センターは、被保険者の数が3,000〜6,000人の圏域ごとに設置される。

3 地域包括支援センターには、主任介護支援専門員、看護師または准看護師、生活相談員を置くことが義務づけられている。

4 地域包括支援センターの運営には、市町村に設置されて、介護サービス事業者・関係団体・被保険者などで構成される地域包括支援センター運営協議会が関与する。

5 地域包括支援センターが主催する地域ケア会議には、地域課題を発見して地域に必要な取組みを明らかにし、政策を立案・提言していく機能が求められている。

問題 3 介護保険の保険財政について正しいものはどれか。**2つ**選べ。

1 公費負担のうち、国、都道府県、市町村の負担割合は、すべての保険給付について同じである。

2 国庫負担のうちの調整交付金により、給付費に占める各市町村の第1号保険料の負担割合は同じになる。

3 第1号保険料と第2号保険料の負担割合は、それぞれの被保険者の見込み総数の割合の2分の1を基準として、毎年、政令で定められる。

4 市町村特別給付に要する費用は、第1号保険料で賄われるのが原則である。

5 地域支援事業のうち、介護予防・日常生活支援総合事業の財源構成は、居宅給付費の財源構成と同じである。

問題 4　調整交付金について正しいものはどれか。**2つ選べ。**

1　調整交付金には、国が交付するものと都道府県が交付するものとがある。

2　第1号被保険者の年齢階級別の加入割合の格差を調整する。

3　第2号被保険者の所得水準の格差を調整する。

4　第1号被保険者の保険料収納率の格差を調整する。

5　災害時の保険料減免等、特殊な事情の調整を行う。

問題 5　保険料の徴収について正しいものはどれか。**3つ選べ。**

1　年金額が年額18万円以上の第1号被保険者の保険料は、年金保険者が年金から天引きで徴収する。

2　第1号保険料の保険料率は3年に1度設定されるので、特別徴収の額は3年間変わらない。

3　第2号被保険者の保険料は、各医療保険者が定める保険料率によって、医療保険料の一部として徴収される。

4　第2号保険料の徴収は、各医療保険に加入する第2号被保険者の人数に比例した割合で、医療保険者に介護給付費・地域支援事業支援納付金を課すことで行われる。

5　被保護者の保険料は、福祉事務所等から直接市町村に支払うことができる。

問題 6 住所地特例について正しいものはどれか。**2つ**選べ。

1 住所地特例は、施設が所在する市町村に要介護者等が集中して、その市町村に財政上の負担がかかることを回避するための特例措置である。

2 住所地特例対象施設には、介護保険施設、特定施設、認知症対応型グループホームが含まれる。

3 A市に住所を有する者がB市の介護老人保健施設に入所して住所を移し、6か月後にC市の介護老人福祉施設に入所して住所を移した場合、保険者はB市となる。

4 A市に住所を有する者がB市の長男宅に住所を移し、その後B市の介護老人福祉施設に入所した場合、保険者はB市となる。

5 住所地特例に該当する被保険者は、施設のある市町村に対して、転入届と住所地特例適用届を提出する。

問題 7 高額サービス費について正しいものはどれか。**2つ**選べ。

1 高額サービス費は、月ごとの原則1割の定率利用者負担が、所得段階によって定められた上限額を超えて高額になった場合に、上限を超えた部分が支給される。

2 高額サービス費算定のための利用者負担の上限額は、3段階の所得段階別に設定されている。

3 1世帯に複数の利用者がいる場合、利用者負担の上限額は、それぞれの利用者ごとに適用される。

4 基準該当サービスは、高額サービス費の支給対象とならない。

5 福祉用具購入費や住宅改修費は、高額サービス費の支給対象とならない。

問題 8 特定入所者介護サービス費について正しいものはどれか。**3つ選べ。**

1　特定入所者介護サービス費は、介護保険施設の入所者のほか、認知症対応型グループホームや介護付老人ホームの入居者にも適用される。

2　特定入所者に認定されると、負担限度額認定証が交付され、介護保険施設などでの食費・居住費については、その限度額だけを負担すればよい。

3　負担限度額は、特定入所者の所得の状況に応じて、異なる額が設定されている。

4　住民税非課税で合計所得が80万円以下の単身者の場合、預貯金や有価証券の資産が650万円を超えていると、特定入所者に認定されない。

5　要支援者については、特定入所者の扱いはない。

問題 9 利用者負担の減免について正しいものはどれか。**3つ選べ。**

1　市町村は、低所得者に対しては、1割の定率負担を減額または免除することができる。

2　1割の定率負担の減免は、特殊な事情で利用者負担が一時的に困難になった場合に行われる措置である。

3　1年間の介護保険の利用者負担と医療保険の患者負担が一定額を超えるときは、申請により超えた部分が支給される制度がある。

4　社会福祉法人によって行われる低所得者の利用者負担の軽減の対象者には、生活保護受給者は含まれない。

5　社会福祉法人による利用者負担額軽減制度では、定率1割の利用者負担のほか、食費・居住費（滞在費）も対象となる。

問題 10 介護サービス情報の公表について正しいものはどれか。**3つ**選べ。

1 都道府県知事は、基本情報と運営情報のほかに、任意報告情報についても公表を行うよう配慮するものとされる。

2 介護サービス情報の公表の対象となる介護サービスには、地域密着型サービスを除くほとんどのサービスが含まれる。

3 事業者の報告の内容に関して、必要と認めるときは指定調査機関によって調査が行われ、その手数料は事業者から徴収することとされている。

4 事業者が報告をしなかったり虚偽の報告をしたりしたときは、報告をすること、報告内容を是正することについて命令がなされ、命令に従わなかったときは指定の取り消しや効力の停止に至る。

5 介護サービス情報は、指定情報公表センターにおいて、年1回程度更新され、公表される。

問題 11 要介護認定等の手続きについて正しいものはどれか。**3つ**選べ。

1 新規認定の認定調査は、市町村の職員等が被保険者を訪問し、面接して行う。

2 認定調査の業務に携わるためには、介護支援専門員の資格が不可欠である。

3 特別な理由のある場合、市町村は、申請から30日以内に行わなければならない認定の決定を延期することができるが、その場合は、処理に要する見込期間と遅延の理由を、30日以内に被保険者に通知しなければならない。

4 第2号被保険者については、要介護状態等が特定疾病によるものか否かについても、審査判定を求める。

5 要介護者等が住所を移転して、保険者である市町村が変わる場合には、認定のために改めて審査判定を行う。

問題 12　認定調査の調査項目について正しいものはどれか。**2つ**選べ。

1　身体機能・起居動作に関連する項目として、基本動作や麻痺等・拘縮の有無とともに、洗身、つめ切り、視力、聴力が調査される。

2　薬の内服や金銭の管理が問題なくできるかどうかは、生活機能に関連する項目として調査される。

3　徘徊や外出して戻れないなどは、精神・行動障害に関連する項目として調査される。

4　特別な医療に関連する項目では、介護保険法の特定疾病に関する医療について調査される。

5　障害高齢者の日常生活自立度および認知症高齢者の日常生活自立度が調査される。

問題 13　認定の有効期間について正しいものはどれか。**3つ**選べ。

1　新規認定の場合、要介護認定の有効期間は6か月、要支援認定の有効期間は12か月である。

2　新規認定の場合、市町村は介護認定審査会の意見に基づき、有効期間を短縮することも延長することもできる。

3　更新認定の場合、原則の有効期間は12か月であり、要介護等状態区分が変わらない場合は3か月～48か月の範囲で短縮または延長が可能である。

4　変更認定の有効期間は、更新認定の場合と同じである。

5　新規認定を月の途中で申請した場合、端数期間は有効期間に加えられる。

問題 14 審査請求について正しいものはどれか。**3つ選べ。**

1 　介護保険審査会は、各市町村に1つずつ設置される。

2 　介護保険審査会は、被保険者を代表する委員3人、市町村を代表する委員3人、公益を代表する委員3人以上で構成される。

3 　要介護認定・要支援認定に係る審査請求事件については、公益を代表する委員により構成される合議体で審理裁決し、それ以外の審査請求事件については、三者構成の合議体で審理裁決を行う。

4 　審査請求は、処分のあった日の翌日から起算して3か月以内に行わなければならない。

5 　処分の取り消しを求める行政訴訟は、その処分についての介護保険審査会の裁決を経た後でなければ起こすことはできない。

問題 15 厚生労働省令に定める指定居宅サービス事業者の基準上の共通事項について正しいものはどれか。**3つ選べ。**

1 　その事業所の現員からは利用申込みに応じきれない場合には、サービスの提供を拒むことができる。

2 　利用者の被保険者証に、介護認定審査会の意見が記載されている場合には、これに配慮してサービスを提供するように努めなければならない。

3 　個別サービス計画を作成した際には、利用者の求めに応じて、その個別サービス計画を交付しなければならない。

4 　職場において行われる性的な言動または優越的な関係を背景とした言動を防止するための方針の明確化等の措置を講じなければならない。

5 　記録の整備は「国の基準に従うべき項目」であり、都道府県の条例で異なる内容を定めることはできない。

問題 16　厚生労働省令に定める介護保険施設の基準上の共通事項について正しいものはどれか。**2つ選べ。**

1　計画担当介護支援専門員は、入所者およびその家族への照会によって、課題分析を行うことができる。

2　居室・療養室の広さの基準は、3種類の施設に共通である。

3　食事は、入所者が、可能な限り居室・療養室でとるよう支援しなければならない。

4　食費・居住費は保険給付の対象とはならないので、その費用を利用者から徴収できる。

5　事故が発生した場合には、速やかに市町村、入所者の家族等に連絡を行うとともに、必要な措置を講じなければならない。

問題 17　介護保険施設の指定・許可やその取り消し等について正しいものはどれか。**3つ選べ。**

1　介護保険施設の指定・許可は、5年ごとに更新を受けなければ、その効力を失う。

2　介護保険施設が、市町村から更新認定の調査を委託され虚偽の報告をした場合には、都道府県知事はその指定・許可を取り消すことができる。

3　介護保険施設の開設者が、保健医療・福祉・労働関係の罰金刑に処せられた場合、都道府県知事はその指定・許可を取り消すことができる。

4　市町村は、介護保険施設が適正な運営をしていないと認めるときは、都道府県知事に通知しなければならない。

5　介護保険施設に報告や帳簿の提出を求め、立入検査ができるのは、都道府県知事だけである。

問題 18 厚生労働省令に定める指定居宅介護支援事業の基準について正しいものはどれか。**3つ**選べ。

1 サービスの提供開始に際し、あらかじめ重要事項を記した文書を交付して説明を行い、サービスの提供開始について、利用申込者またはその家族の同意を得なければならない。

2 利用料が償還払いとなる場合には、利用者に対して、指定居宅介護支援提供証明書を交付する必要がある。

3 利用者が訪問看護等の医療系サービスの利用を希望した場合は、主治の医師等の意見を求め、その主治の医師等に作成した居宅サービス計画を交付しなければならない。

4 居宅サービス事業者等から、利用者の服薬状況、口腔機能など、利用者の心身または生活の状況についての情報を受けたときは、必要と認めるものを、利用者の同意を得て主治の医師もしくは歯科医師または薬剤師に提供するものとする。

5 介護支援専門員は、モニタリングにあたり、少なくとも1か月に1回は利用者の居宅で面接を行い、少なくとも3か月に1回はモニタリングの結果を記録しなければならない。

問題 19 厚生労働省令に定める、指定居宅介護支援事業者が整備・保存しておくべき記録として正しいものはどれか。**3つ**選べ。

1 サービス担当者会議の要点や担当者に対する照会内容等の記録

2 サービスの提供開始に際し利用者の主治の医師より受けた指示の文書

3 利用者およびその家族から苦情を受け付けた場合の、その苦情の内容等の記録

4 緊急やむを得ない理由により身体拘束等を行った場合の、その態様や時間等の記録

5 利用者に対するサービスの提供により事故が発生した場合の、その事故の状況等についての記録

問題 20　介護支援専門員の登録、義務・禁止行為について正しいものはどれか。**2つ選べ。**

1　都道府県に登録して交付される介護支援専門員証の有効期間は6年で、申請によって更新される。

2　登録している都道府県以外に登録を移転しようとするときは、移転先の都道府県知事に直接、登録を申請する。

3　利用者に「サービスを使わせる」「○○させる」というような意識があったり、利用者の生活に介入するような言動があってはならない。

4　介護支援専門員は、正当な理由がなくその業務に関して知り得た要介護者等の秘密を漏らしてはならない。

5　介護支援専門員は、市町村長から業務について必要な報告を求められたら、それに応じなければならない。

問題 21　介護支援専門員の役割と機能について正しいものはどれか。**3つ選べ。**

1　介護支援専門員は、利用者のADLなどの身辺自立を最終目標に掲げて支援していく。

2　利用者や家族が希望するサービスが、要介護状態等の軽減につながらないと思われる場合であっても、利用者の希望は優先されなければならない。

3　家族介護者は、介護の担い手であると同時に、支援の対象としてとらえなければならない。

4　利用者と介護支援専門員との信頼関係の構築は、ケアマネジメントにおける重要な要素である。

5　介護支援専門員には、利用者の支援を通して、地域のケアシステムの質の管理と評価を行い、地域ケア会議の場などで改善を提案していく役割が期待されている。

問題 22 居宅介護支援の介護報酬について正しいものはどれか。**2つ**選べ。

1 利用者の要介護状態区分にかかわらず、一律に設定されている。

2 一定の情報通信機器の活用、または事務職員を配置している事業所においては、取扱件数が介護支援専門員1人当たり50件未満、50件以上60件未満、60件以上の3段階で設定され、50件以上60件未満、60件以上の場合は、50件未満の場合に比べて全体の1件当たりの単価が高くなる。

3 居宅サービス計画に位置づけた訪問介護等の居宅サービスが、特定の居宅サービス事業者に集中している場合には、減算が行われる。

4 居宅サービス計画を利用者等に交付しなかった場合には、減算が行われる。

5 いかなる居宅サービス・地域密着型サービスを受けている場合にも算定できる。

問題 23 指定介護予防支援事業者について正しいものはどれか。**3つ**選べ。

1 地域包括支援センターの設置者である指定介護予防支援事業者は、要支援者に対するケアマネジメントと介護予防・日常生活支援総合事業によるケアマネジメントを一体的に行う。

2 指定介護予防事業所には、介護予防支援の業務を行うため、介護支援専門員を1人以上配置しなければならない。

3 指定居宅介護支援事業者は、市町村長の指定を受けて、指定介護予防支援事業者を兼ねることができる。

4 地域包括支援センターの設置者である指定介護予防支援事業者は、介護予防支援の業務の一部を指定居宅介護支援事業者に委託することができる。

5 要支援者の介護予防サービス計画に用いる書式は、居宅サービス計画とほぼ同一のものである。

問題 24　共生型サービスについて正しいものはどれか。**3つ**選べ。

1　共生型サービスの創設によって、障害福祉サービスを受けてきた障害者が65歳以上になった場合でも、なじみの事業所から継続してサービスを受けることができるようになった。

2　障害福祉サービス事業所が介護保険サービスを提供するには、同種のサービスについての介護保険の基準を、完全に満たさなければならない。

3　共生型サービスの創設により、地域の限られた社会資源を有効に活用することができる。

4　障害福祉制度における生活介護は、介護保険制度の訪問介護と同種のサービスである。

5　介護保険の通所介護事業所は、共生型サービス事業所の指定を受けて、障害児（者）を対象とするデイサービスを提供することができる。

問題 25　Aさん（80歳・男性）は、要支援2と認定され一人暮らしをしていたが、他県に住む長男夫婦が、Aさんの認知機能の衰えを心配して自宅に引き取った。介護予防支援を委託された介護支援専門員の対応として適切なものはどれか。**3つ**選べ。

1　転居前に担当していた介護予防支援事業所に、介護予防サービス計画その他の書類の提供を依頼した。

2　Aさんの様子が以前より悪化していると判断した長男夫婦が、変更認定の申請を希望したので、変更認定の申請の代行をした。

3　慣れない土地での徘徊を心配する長男夫婦が、徘徊感知機器の貸与を希望したので、介護予防サービス計画に位置づけることを約束した。

4　住宅に段差が多いので、住宅改修の制度について説明した。

5　転居前は、介護予防・日常生活支援総合事業による第1号訪問事業を利用して週1回の居室の掃除を行っていたので、引き続き第1号訪問事業の利用を介護予防サービス計画に位置づけるようにした。

問題 26　高齢者に多い疾患と治療について正しいものはどれか。**2つ選べ。**

1　労作性狭心症、異型狭心症のいずれも、発作時にはニトロ製剤を舌下投与する。

2　心不全により呼吸困難を起こしたときは、仰臥位をとらせて病院へ搬送する。

3　慢性腎不全の治療は、いかに人工透析療法の開始を遅らせるかが重要であり、食事ではたんぱく質を十分に摂取するようにする。

4　筋萎縮性側索硬化症は、筋力トレーニングを適切に行うことで、症状が軽快する。

5　薬疹は、長期間服用している薬剤によって引き起こされることもある。

問題 27　高齢者に多い疾患と治療について正しいものはどれか。**2つ選べ。**

1　糖尿病の治療の基本は、食事療法、運動療法、薬物療法である。

2　血液中のLDLコレステロール、中性脂肪の両方が基準値より高い状態を脂質異常症といい、片方が基準値より高い場合は脂質異常症ではない。

3　大脳皮質基底核変性症では、パーキンソン病様症状とともに、非対称性失行がみられる。

4　慢性閉塞性肺疾患の患者には、肺炎球菌ワクチンの接種は禁忌である。

5　後縦靱帯骨化症は、40歳以上の女性に多く発症し、特定疾病に指定されている。

問題 28　次の記述のうち正しいものはどれか。**2つ選べ。**

1　脳血管障害の発症後は、できるだけ長く臥床すると予後がよい。

2　服が上手に着られない、洗濯物をうまくたためないなどは、見当識障害の症状である。

3　脱水症を予防するために必要な水分摂取量は、平熱で発汗がなければ、〔尿の量＋不感蒸泄の量－代謝水の量〕以上と考えられる。

4　せん妄は、入院、手術、脱水、薬物などでも生じることがある。

5　医療保険における訪問診療とは、病状に変化があったときなどに、患者や介護者などの求めに応じて医師が訪問して診療を行うことである。

問題 29 検査値について正しいものはどれか。**3つ選べ**。

1 血中尿素窒素、血清クレアチニンの上昇は、肝機能の低下を反映する。

2 白血球数は、炎症や白血病、再生不良性貧血で低下する。

3 脂質異常症の指標として、総コレステロール値からHDLコレステロール値を引いたnon-HDLコレステロール値が用いられることがある。

4 AST（GOT）、ALT（GPT）は、肝・胆道疾患がある場合に上昇する。

5 パルスオキシメーターは、指先で手軽に酸素飽和度（SpO$_2$）が測定でき、酸素療法施行時には重要となる。

問題 30 排泄および失禁の介護について正しいものはどれか。**3つ選べ**。

1 1日に数回の排便があっても、有形便ならば下痢ではない。

2 歯の欠損は、下痢や便秘など、排泄障害の原因となる。

3 尿意がある場合には、尿失禁は起こらない。

4 排尿コントロールのためには、飲水状況、食事時間、食事量、排尿時間、排尿量などを把握することが必要である。

5 運動機能障害があり、トイレまで移動できない場合は、おむつを着用させる。

問題 31　口腔ケアについて正しいものはどれか。**3つ**選べ。

1　摂食・嚥下のプロセスのうち、口腔期は随意的にコントロールされている。

2　義歯がきちんと合っている場合は、取り外さずに歯磨きを行うだけでよい。

3　口腔清掃は細かい作業なので、できるだけ介護者の手で行うようにする。

4　食事中や食後に声がかれたり、痰が多くみられたりする場合は、不顕性誤嚥が疑われる。

5　ターミナル期では口腔内の汚れや乾燥が著しくなるので、口腔ケアについて歯科医や歯科衛生士の関与が望ましい。

問題 32　睡眠の介護について正しいものはどれか。**3つ**選べ。

1　高齢者は、一般に、夜は早く就寝して早朝に覚醒し、昼間は居眠りが多くなるが、個人差も大きい。

2　高齢者は、ほかの年齢層に比べて、不眠の訴えは少ない。

3　高齢者の不眠は、日中の活動不足や居眠りのほか、夜間頻尿、痛みやかゆみ、夜間の不安感などが原因となるが、疾患からくる不眠もある。

4　睡眠薬の服用が、歩行障害などの副作用を引き起こし、転倒事故や骨折の原因となることもある。

5　睡眠薬の使用が不眠の原因となることはない。

問題 33 次の記述のうち正しいものはどれか。**2つ**選べ。

1　リハビリテーションにおいては、機能障害そのものへのアプローチには限界もあるので、代償的アプローチの活用も大切である。

2　長期の安静臥床は拘縮を引き起こすが、骨粗鬆症の原因となることはない。

3　脳や脊髄の病気によって生じる運動麻痺を、末梢性麻痺という。

4　片麻痺がある人の衣服の着脱は、着るときは患側から、脱ぐときは健側から行う。

5　痙縮とは、廃用症候群の一種で、過度の安静により生じるものである。

問題 34 認知症について正しいものはどれか。**3つ**選べ。

1　改訂長谷川式認知症スケール（HDS-R）を用いれば、その結果のみで認知症と診断することが可能である。

2　ドネペジル、ガランタミン、リバスチグミンの3剤は、アセチルコリンを増やす薬剤である。

3　行動障害型前頭側頭型認知症では、同じ経路を何度も周回する常同行動がみられる。

4　認知症初期集中支援チームの訪問支援対象者は、認知症と診断された人に限られる。

5　認知症高齢者に話しかけるときは、なじみのある言葉で、短く内容を区切って、具体的に話すとよい。

問題 35　認知症高齢者の介護について正しいものはどれか。**3つ**選べ。

1　説明のつかない転倒や小さな傷が高齢者に頻繁にみられるなど、虐待を発見するための兆候に注意しなければならない。

2　通所介護や通所リハビリテーションは、知らない人に会うことになるので、認知症高齢者には不向きである。

3　認知症高齢者に対しては、自尊心を傷つけないように接する。

4　BPSDに対しては、薬物療法を第一に考える。

5　家族会や認知症カフェなどは、認知症の人を介護する家族を地域で支える取り組みである。

問題 36　高齢者の精神障害について正しいものはどれか。**2つ**選べ。

1　老年期のうつ病では、動作が緩慢で注意力が乏しく、忘れっぽくなるなどの症状が、認知症と間違われることがある。

2　遅発パラフレニーは、妄想が主症状であり、人格と感情反応はよく保たれる。

3　若年に発病して老年期に至った統合失調症では、幻覚、妄想などの特有の症状が、加齢とともに著しくなるという特徴がある。

4　双極性障害では、うつ状態の最盛期に自殺を企てることが多い。

5　老年期に精神疾患を初発する場合は、精神疾患の発症に病前の性格はほとんど影響しない。

問題 37 高齢者の栄養・食生活について正しいものはどれか。**3つ選べ。**

1 BMIは、15未満で低体重（やせ）、25以上で肥満とされる。

2 食事摂取量が1食当たり3分の2程度に落ち込んだり、1日2食程度の食事摂取が続いたりする場合は、必要な栄養量が確保できていない可能性がある。

3 認知症のために食事中に傾眠がみられる場合は、声かけやボディタッチで覚醒を促したり、覚醒している時間帯に食べられるように食事時間を変更したりする。

4 中年期から糖尿病、高血圧、脂質異常症の食事療法を行っている人は、高齢期になっても同様の食事療法を続けなければならない。

5 上腕周囲長や下腿<ruby>（か たい）</ruby>周囲長は、栄養状態を表す指標となる。

問題 38 在宅での医療管理について正しいものはどれか。**3つ選べ。**

1 在宅の末期の悪性腫瘍患者に対する疼痛<ruby>（とうつう）</ruby>管理の方法としては、鎮痛剤の経口投与しか認められていない。

2 在宅酸素療法では、外出や旅行も可能である。

3 ストーマをどの部分に造設したかによって、おむつのあて方や、座位保持の仕方が変わる。

4 在宅自己導尿は、膀胱内にカテーテルを留置しておく方法よりも感染リスクが少なく、蓄尿バッグが不要なので活動がしやすい。

5 経管栄養剤の注入は、家族が行うことができるが、訪問介護員などの介護職員が行うことは認められていない。

問題 39　高齢者の感染症について正しいものはどれか。**2つ**選べ。

1　飛沫感染の感染経路別予防策として、咳をしている利用者にマスクの着用を求めることは適切ではない。

2　高齢者介護施設の職員は、入職時に、Ｂ型肝炎ワクチンとともに水痘、麻疹、風疹、流行性耳下腺炎のワクチンの接種が推奨される。

3　介護保険施設は、MRSAの感染者に対して、入所を拒むことができる。

4　疥癬と腸管出血性大腸菌感染症の感染経路は、接触感染である。

5　結核では、胸部レントゲン検査で肺に影が発見されたら、直ちに指定された適切な医療施設に入院する。

問題 40　ターミナルケアについて正しいものはどれか。**3つ**選べ。

1　地域包括ケアシステムが推進される中で「終の棲家」への住み替えが促進され、ターミナルケアが行われる場所は広がっている。

2　アドバンス・ケア・プランニング（ACP）において、本人の意思が確認できない場合は、医師・看護師等の医療従事者が決定した方針に従う。

3　亡くなる数日前には、尿量が減り、尿の色は薄くなる。

4　自宅で心肺停止になり明らかに死亡していると判断される場合には、救急要請をするよりも、かかりつけ医の診断を要請するほうがよい。

5　エンゼルケアとは、死後に遺体について行われるケアのことである。

問題 41 介護保険の訪問看護について正しいものはどれか。**2つ**選べ。

1 訪問看護では、医師の指示に基づいて医療処置を行うが、利用者の生活支援は行わない。

2 急性増悪等で医師から特別指示書が交付された場合の訪問看護は、介護保険の給付対象とならない。

3 在宅の患者は、疾病とともにさまざまな生活障害をもっているので、心理的・社会的なアセスメントも欠かせない。

4 利用者やその家族等の同意を得て、利用者の身体的理由により同時に複数の看護師等が訪問看護を行った場合は、加算は行われず通常の訪問看護費が算定される。

5 ターミナルケア加算、特別地域訪問看護加算は、区分支給限度基準額管理の対象である。

問題 42 訪問リハビリテーションについて正しいものはどれか。**3つ**選べ。

1 訪問リハビリテーションは、病院、診療所、訪問看護ステーション、介護老人保健施設、介護医療院の理学療法士、作業療法士、言語聴覚士によって行われる。

2 廃用症候群のために身体機能が低下し寝たきり状態の人は、対象とならない。

3 介護報酬は、20分以上サービスを提供した場合を1回として、要介護状態区分に関わりなく、回ごとに算定する。

4 多職種によるリハビリテーション会議を行ったうえで訪問リハビリテーション計画を作成し、介護支援専門員に情報を提供する。

5 退院・退所または新規の要介護認定の認定日から3か月以内に限り、短期集中リハビリテーションを行った場合には、加算が行われる。

問題 43　短期入所療養介護について正しいものはどれか。**3つ**選べ。

1　短期入所療養介護における医師の診療や助言を、その後の在宅療養生活に生かすことができる。

2　経管栄養の処置を必要とする者は、介護老人保健施設での短期入所療養介護を利用できない。

3　短期入所生活介護と同じように、基準該当サービスが認められている。

4　短期入所療養介護費は、1日を単位に、要介護状態区分別に設定されている。

5　認知症行動・心理症状緊急対応加算の算定には、短期入所の必要性についての医師の判断が必要とされる。

問題 44　居宅療養管理指導について正しいものはどれか。**3つ**選べ。

1　医師または歯科医師は、利用者や家族に対し、居宅サービスの利用に関する留意事項、介護方法等についての指導、助言を行う。

2　病院・診療所の薬剤師が、薬剤管理指導を行う場合は、医師または歯科医師の指示は必要とされない。

3　保健師、看護師、准看護師は、歯科衛生士が行う居宅療養管理指導に相当するものを行うことができる。

4　主治医が居宅療養管理指導や訪問診療のために利用者の居宅を訪問するときに、利用者の居宅でサービス担当者会議を行うこともできる。

5　利用者が定期的に通院していたり訪問診療を受けていたりする場合であっても、歯科衛生士と管理栄養士が行う居宅療養管理指導は行うことができる。

問題 45　看護小規模多機能型居宅介護について正しいものはどれか。**2つ**選べ。

  1　看護小規模多機能型居宅介護事業所は、訪問看護ステーションと連携して訪問看護サービスを提供する。

  2　介護支援専門員の配置は必要とされない。

  3　看護職員は、常勤換算方法で2.5人以上配置し、そのうち1人以上は常勤の保健師または看護師でなければならない。

  4　介護報酬は要介護度別に1か月につき算定されるが、短期利用の場合は要介護度別に1日につき設定されている。

  5　事業所の管理者は、保健師または看護師に、看護小規模多機能型居宅介護計画および看護小規模多機能型居宅介護報告書の作成に関する業務を担当させる。

福祉サービス分野　　　　問題46〜60

問題 46　相談面接について正しいものはどれか。**2つ選べ。**

1　受容とは、どのような人に対しても、人間としての基本的な尊厳を認めることである。

2　クライエントやその家族が、自ら決定することが困難な場合には、援助者は進んで決定を行う。

3　援助者は、面接が終わった後で、クライエントに個人の秘密を守ることを伝える。

4　クライエントが攻撃的になったり、暴力に訴えたりした場合には、直ちに面接を中止する。

5　面接場面で起こることの最終的な責任は、援助者側にある。

問題 47 コミュニケーションの技法について正しいものはどれか。**2つ**選べ。

1 「傾聴」とは、クライエントが伝えるメッセージを、相談援助職のもつ価値観に基づいて受け止めることである。

2 「共感」とは、クライエントの発するメッセージを、同情的にとらえて理解することである。

3 クライエントとの応答では、クライエントの言葉を、その人の感情とその感情が起きた理由とを区別してとらえ、「〜だから（理由）、…なんですね（感情）」と返す共感の技法が効果的である。

4 相手の話していない内面や想い、その背景を的確に理解して、相談援助職の心を通して相手に伝わりやすいように戻す技法を、「第二次共感の応答」という。

5 相談面接の初期の段階で、クライエントが自身の感情・体験・行動の問題点に直面するように仕向けることが大切である。

問題 48 メゾ・レベルのソーシャルワークについて正しいものはどれか。**3つ**選べ。

1 メゾ・レベルのソーシャルワークは、メンバーが集団とのかかわりのなかで、自身の存在意義や生きがいを再確認し、個人の抱える問題の解決をめざす手法である。

2 心身の自立度の高い高齢者の集団に対しては、リハビリテーションを重視したアプローチが有効である。

3 ワーカーは、常にリーダーシップを発揮して集団の過程をコントロールしなければならない。

4 心理的なニーズの高い高齢者に対しては、メンバー間の相互支援によって成り立つセルフヘルプ・グループを活用することも効果的である。

5 通所サービスでのグループ活動やグループホーム、サロン活動は、メゾ・レベルのソーシャルワークである。

問題 49 居宅サービス等の人員基準について正しいものはどれか。**3つ選べ。**

1　介護保険の人員基準において、雇用契約上で非正規職員契約である従業者は、週40時間の勤務が契約条件であっても「常勤」とはならない。

2　常勤の従業者が勤務すべき時間数を、週40時間を下回る時間数とすることは認められていない。

3　人員基準上で兼務可能とされる職務を兼務する場合は、それぞれの勤務時間を合計して「常勤」の要件を満たすことができる。

4　「常勤換算方法」とは、1か月（4週間）を基本として、従業者の勤務延時間数を、常勤の従業者が勤務すべき時間数で除して計算する方法である。

5　人員基準上で「専ら従事する」とされる従業者は、原則として、サービス提供時間帯を通じて他の職務に従事することはできない。

問題 50 訪問介護について正しいものはどれか。**3つ選べ。**

1　利用者が複数の医療機関を受診する際の、医療機関から医療機関への移送に伴う乗降介助については、「通院等のための乗車または降車の介助」を算定することはできない。

2　介護支援専門員は、居宅サービス計画に生活援助中心型のサービスを位置づけるときには、その必要な理由を記さなければならない。

3　サービス提供責任者は、利用者の数にかかわらず1人を配置するものとされ、訪問介護員の業務を兼務することができる。

4　介護報酬は所要時間により算定され、生活援助が中心である場合は2段階、身体介護が中心である場合は4段階に設定されている。

5　訪問介護計画を作成し、利用者・家族にその内容を説明して同意を得るのは、サービス提供責任者の責務である。

問題 51 通所介護および地域密着型通所介護について正しいものはどれか。**3つ選べ。**

1 管理者は、介護支援専門員に通所介護計画・地域密着型通所介護計画を作成させなければならない。

2 サービス提供時間を通じて、介護職員のほかに、生活相談員、看護職員、機能訓練指導員を配置しなければならない。

3 指定地域密着型通所介護事業所は、地域密着型通所介護の一形態である療養通所介護を併せて提供することができる。

4 療養通所介護事業所の管理者は、常勤の看護師でなければならない。

5 通所介護事業所の設備を利用して、夜間・深夜に指定通所介護以外のサービスを提供する事業所は、基本的事項等を指定権者に届け出なければならない。

問題 52 認知症対応型通所介護について正しいものはどれか。**3つ選べ。**

1 認知症対応型通所介護は、一般の通所介護と一体的な形で実施することはできない。

2 若年性認知症の者は対象者から除かれる。

3 併設型は、特別養護老人ホーム、介護老人保健施設、介護医療院、病院、診療所などに併設されているものである。

4 認知症対応型共同生活介護の指定を受けている事業者は、すべて共用型の認知症対応型通所介護を提供することができる。

5 地域密着型介護老人福祉施設の食堂や共同生活室を利用して、その入所者とともに、認知症対応型通所介護を行うことができる。

問題 53　小規模多機能型居宅介護について正しいものはどれか。**2つ選べ。**

1　登録定員は50人以下と定められ、定員の遵守が義務づけられている。

2　指定事業所の介護支援専門員は、指定居宅介護支援事業所の介護支援専門員の作成した居宅サービス計画に基づいて小規模多機能型居宅介護計画を作成し、利用者に交付しなければならない。

3　通いサービスの利用者が、登録定員のおおむね３分の１以下となる状態を続けてはならない。

4　介護報酬は、提供したサービスの種類・回数に関係なく、要介護等状態区分に応じて１か月当たりで算定される構造となっている。

5　このサービスを利用している間は、訪問看護、訪問リハビリテーション、居宅療養管理指導を利用することはできない。

問題 54　地域密着型特定施設入居者生活介護について正しいものはどれか。**3つ選べ。**

1　指定地域密着型特定施設の入居者は、入居している施設のサービスを利用するのに代えて、他の居宅サービスを利用することができる。

2　指定事業者は、あらかじめ、同じ市町村内に協力医療機関、協力歯科医療機関を定めておかなければならない。

3　指定事業者は、入居および地域密着型特定施設入居者生活介護の提供について、文書により利用者と契約を結ばなければならない。

4　計画作成担当者は、地域密着型特定施設サービス計画の原案の内容について、利用者またはその家族に説明し、文書により利用者の同意を得なければならない。

5　養護老人ホームである地域密着型特定施設は、外部サービス利用型のサービス提供しかできない。

問題 55　車いすで生活しているAさん（67歳）は、1人で外出できるように住宅改修を検討している。次のうち介護保険の給付対象となるものはどれか。**3つ選べ。**

1　部屋の出入口にスロープを設置する工事を行う。

2　玄関の開き戸を引き戸に取り替える。

3　引き戸の取り替えにあわせて、自動ドアにする。

4　玄関に電動式の昇降機を設置する工事を行う。

5　玄関から門扉までの通路を舗装する。

問題 56　介護老人福祉施設について正しいものはどれか。**3つ選べ。**

1　入所者が50人の施設では、常勤換算で2人以上の看護職員を配置し、そのうち1人以上は常勤でなければならない。

2　入所申込者が入院治療を必要とすることを理由に、サービスの提供を拒んではならない。

3　要介護1または2の者の特例入所にあたっては、市町村も関与する。

4　感染症や食中毒の予防とまん延の防止のための対策を検討する委員会を、おおむね3か月に1回以上開催しなければならない。

5　入所者が入院または外泊をした場合には、介護報酬は算定されない。

問題 57　一人暮らしのＡさん（76歳）は、要介護３で、介護老人福祉施設に入所している。最近体調が良くなったので、退所を考えているが、在宅での生活に不安がある。Ａさんの退所に際して、施設の介護支援専門員のとるべき対応として適切なものはどれか。**2つ選べ。**

  1　Ａさんの在宅での生活を第一に考え、居宅介護支援事業所にすべてを任せることにした。

  2　介護老人福祉施設は入所申込者が多く、待機期間が長いので、いったん入所したら、できるだけ退所しないほうがよいと助言した。

  3　施設の入所申込者が多いので、Ａさんより要介護度の高い申込者を入所させるために、早急に退所手続きをとるよう促した。

  4　退所後の在宅生活の過ごし方について、介護職員や看護職員、生活相談員とよく話し合った。

  5　隣の町に息子夫婦が住んでいるというので、Ａさんと同居することも含めて、息子夫婦の話を聞いてみた。

問題 58　高齢者虐待防止法（高齢者虐待の防止、高齢者の養護者に対する支援等に関する法律）について正しいものはどれか。**2つ選べ。**

  1　この法律の「虐待」とは、家庭内における虐待を指し、施設等における虐待は除外される。

  2　虐待を発見した者には市町村への通報が義務づけられているが、虐待を受けた高齢者本人が届け出ることは想定されていない。

  3　市町村は、高齢者虐待に関する相談・指導、届出の受理、養護者の支援などの事務を、地域包括支援センターに委託することができる。

  4　市町村から報告を受けた都道府県知事は、養護者による虐待を受けた高齢者を保護するために、必要な居室を確保するための措置をとる。

  5　法律に基づく調査によると、養護者による虐待で最も多いのは身体的虐待であり、次に多いのは心理的虐待である。

問題 59 障害者の日常生活及び社会生活を総合的に支援するための法律（障害者総合支援法）について正しいものはどれか。**3つ選べ。**

  1 障害者総合支援法では、障害者の範囲に難病患者が含まれている。

  2 障害支援区分は、認定調査や医師意見書をもとに、一次判定、二次判定を経て認定される。

  3 自立支援医療には、精神通院医療、更生医療、育成医療がある。

  4 地域生活支援事業は、地域の実情に応じて実施する事業であり、都道府県が行うものである。

  5 介護保険によるサービスは、一律に障害福祉サービスに優先して支給される。

問題 60 成年後見制度について正しいものはどれか。**3つ選べ。**

  1 後見人等の職務は大きく財産管理と身上監護に分けられ、身上監護は本人の身体介護を主内容とする。

  2 市町村長は、65歳以上の者、知的障害者、精神障害者につき、後見開始の審判を請求することができる。

  3 本人以外の者の請求により、補助開始の審判をする場合は、本人の同意は不要である。

  4 成年後見人が、本人に代わって居住用の不動産を処分する場合には、家庭裁判所の許可が必要である。

  5 任意後見人に不正等があるときには、家庭裁判所が任意後見監督人の報告を受けて、任意後見人を解任することができる。

介護支援専門員
実務研修受講試験

第5回
予想問題

介護支援分野　　　　　　　　問題 1 〜25

問題 1　2017年改正以降の法改正について正しいものはどれか。**3つ**選べ。

1　2017年の法改正は、地域包括ケアシステムの深化・推進、および介護保険制度の持続可能性の確保を主眼に行われた。

2　新設された介護医療院は、日常的な医学的管理が必要な要介護者を対象とし、生活施設としての機能はない。

3　居宅介護支援費の算定において、ICT の活用や事務職員を配置することによって、介護支援専門員1人当たりの取扱件数が44件以下であれば、逓減されることがなくなった。

4　ユニット型の施設サービス・短期入所サービスにおいて、1ユニットの入居定員が、おおむね20人以下に緩和された。

5　居宅介護支援事業者は、市町村長の指定を受けて介護予防支援事業者となることができる。

問題 2 次の記述のうち正しいものはどれか。**3つ**選べ。

1 国は、市町村相互財政安定化事業の支援として、財政援助を行う。

2 都道府県は、財政安定化基金の設置・運営を行い、財源の3分の1を負担する。

3 市町村は、地域支援事業の包括的・継続的ケアマネジメント支援業務を効果的に行うために「会議」を置くように努めなければならない。

4 サービス提供事業者や施設の指定・指導監督は、すべて都道府県が行う。

5 医療保険者が行う介護保険関係の事務に関する報告徴収や実地検査は、国と都道府県が行うことができる。

問題 3 次の記述のうち正しいものはどれか。**2つ**選べ。

1 40歳以上65歳未満の国民健康保険加入者が、生活保護を受けるに至ったときは、第2号被保険者の資格を喪失する。

2 第1号被保険者と第2号被保険者の人数比は23：27なので、個人の保険料の平均額は第1号被保険者のほうが高くなる。

3 転入や同一市町村内での転居の場合、住民基本台帳法による届出を行えば、介護保険についての異動の届出があったものとみなされる。

4 調整交付金が5％を超えて交付される市町村では、第1号保険料が給付費の財源に占める割合が高くなる。

5 第1号被保険者が保険料を滞納している場合、催告（督促）があったときは、その時から6か月を経過するまでの間は、時効は完成しない。

問題 4　次の記述のうち正しいものはどれか。**2つ**選べ。

1　福祉用具貸与と特定福祉用具販売は、いずれも居宅介護サービス費の支給対象ではない。

2　居宅サービス等区分に入り、区分支給限度基準額管理の対象となる地域密着型サービスは4種類である。

3　住宅改修費については、対象となる住宅改修の種類も支給限度基準額も、介護給付と予防給付とで変わらない。

4　認定の申請以前に指定居宅介護支援事業者から受けた相談・援助については、特例居宅介護サービス計画費が支給される。

5　特例特定入所者介護サービス費は、特定入所者介護サービス費の支給要件を満たさないときに、市町村が認めれば償還払いで支給される。

問題 5　利用者負担について正しいものはどれか。**2つ**選べ。

1　事業者・施設は、利用者に対して、定率負担の額、食費・居住費（滞在費）の額、その他の費用の額を区分して記載した領収証を交付して、支払いを受ける。

2　高額医療合算介護サービス費・高額医療合算介護予防サービス費は、1か月の介護保険と医療保険の利用者負担が高額になった場合に、合算して所得に応じた一定額以上の部分が、介護保険から給付される制度である。

3　高額介護サービス費等や食費・居住費の補足給付における境界層該当者とは、本来適用すべき基準を適用すれば生活保護が必要になるが、より低い基準を適用すれば生活保護が必要とならない人である。

4　利用者負担が原則である食費・居住費（滞在費）は、全国一律の基準費用額が定められていて、事業者・施設は、その額を超える支払いを受けることはできない。

5　社会福祉法人による利用者負担額軽減制度の対象は1割の定率負担であり、食費・居住費（滞在費）は対象とならない。

問題 6 介護予防・日常生活支援総合事業（総合事業）について正しいものはどれか。**3つ選べ。**

1 要支援に認定されていない総合事業対象者であっても、必要と認められれば福祉用具貸与や訪問看護等の介護予防サービスを、地域支援事業として利用することができる。

2 第2号被保険者の場合は、要支援または要介護に認定されていなければ総合事業のサービスを利用することはできない。

3 第1号訪問事業や第1号通所事業は、市町村が予防給付で国が定めていた基準を満たす事業者を指定して行わなければならない。

4 要支援・要介護に認定されていない総合事業利用者に関するケアマネジメントは地域包括支援センターが行うが、居宅介護支援事業者に委託することもできる。

5 要支援者が予防給付と第1号事業を併せて利用する場合は、予防給付の枠内で支給限度基準額管理が行われる。

問題 7 地域支援事業について正しいものはどれか。**3つ選べ。**

1 一般介護予防事業で行われる介護予防把握事業は、地域における住民主体の介護予防活動がどのように行われているか調査し、育成・支援を行う事業である。

2 一般介護予防事業で行われる地域リハビリテーション活動支援事業は、さまざまな地域活動の場へのリハビリテーション専門職の関与を促進する事業である。

3 認知症初期集中支援チームの設置や認知症地域支援推進員の設置は、必須事業である包括的支援事業に含まれる。

4 在宅医療・介護連携推進事業と生活支援体制整備事業は、任意事業として行われる。

5 市町村は、保健福祉事業として、居宅サービス事業や居宅介護支援事業、介護保険施設の運営などを行うことができるが、これは地域支援事業の枠内で行われるものではない。

問題 8 他法との給付調整について正しいものはどれか。**3つ**選べ。

1 戦傷病者特別援護法等の国家補償的な給付を行う法律による補償の給付は、介護保険法による給付に優先する。

2 後期高齢者医療制度から介護保険制度と同様の給付が行われる場合には、介護保険からの給付は行われない。

3 介護医療院の入所者には、原則として医療保険からの給付は行われない。

4 第1号被保険者であって生活保護の被保護者である場合は、介護保険からの給付が行われ、利用者負担に相当する部分について生活保護からの介護扶助が行われる。

5 保険優先の公費負担医療と介護保険の給付が重なる場合には、公費負担医療が優先する。

問題 9 国民健康保険団体連合会（国保連）について正しいものはどれか。**3つ**選べ。

1 市町村から委託を受けて、第三者行為求償事務を行うことができる。

2 介護給付費等審査委員会を構成する委員のうち、介護給付等対象サービス担当者または介護予防・日常生活支援総合事業担当者代表委員および公益代表委員は、委嘱に際して関係団体の推薦が必要である。

3 介護給付費等審査委員会は、都道府県知事または市町村長の承認を得て、事業者・施設に対して報告や帳簿書類の提出または提示を求め、担当者等の出頭または説明を求めることができる。

4 提供されたサービスについての利用者等からの苦情を受け付けて調査を行い、事業者・施設に対して指導・助言を行うが、指定基準違反に至らない程度の事項に限定される。

5 介護保険施設の運営や居宅サービス等を提供する事業を行うことは認められていない。

問題 10 第1号被保険者の保険料について正しいものはどれか。**3つ**選べ。

1 特別徴収は、第1号被保険者のうち、受給している年金額が年額18万円を超える者を対象とする。

2 第1号被保険者の配偶者および世帯主に対しては、保険料の連帯納付義務が課せられている。

3 年金保険者は、徴収した第1号保険料を、介護給付費・地域支援事業支援納付金として支払基金に納付する。

4 保険給付を受けている第1号被保険者が介護保険料を滞納した場合には、直ちに保険給付の支払いの一時差し止めが行われる。

5 認定前に保険料を滞納し、その徴収債権が時効により消滅している場合であっても、市町村は、滞納した期間に応じて、保険給付の給付率を引き下げることができる。

問題 11 社会保険診療報酬支払基金（支払基金）について正しいものはどれか。**2つ**選べ。

1 国民健康保険に係る診療報酬の審査・支払いを行う機関で、各都道府県に1つずつ事務所がある。

2 介護保険関係の業務として、医療保険者から介護給付費・地域支援事業支援納付金を徴収し、それを市町村に交付する業務を行う。

3 各医療保険者からの納付金を、第2号被保険者の住所に基づいて各市町村に交付する。

4 第1号保険料の収納率の悪化により、介護保険財政の収入不足が生じた市町村には、不足額の2分の1を交付する。

5 介護保険関係の業務について厚生労働大臣の認可を受けており、厚生労働大臣と都道府県知事の指導・監督下にある。

問題 12　審査請求について正しいものはどれか。**2つ選べ。**

1　要介護認定・要支援認定に関する処分に不服がある者は、介護保険審査会に審査請求をすることができる。

2　保険料その他介護保険法の徴収金に関する処分は、審査請求の対象にならない。

3　介護保険審査会は、都道府県知事の指揮・監督の下に審理・裁決を行う。

4　公益を代表する委員で構成される合議体は、各都道府県に複数設置することができる。

5　介護保険審査会の会長は、被保険者を代表する委員から選出する。

問題 13　要介護認定の手続きについて正しいものはどれか。**2つ選べ。**

1　第1号被保険者が認定を申請する際には、申請書に被保険者証を添付しなければならない。

2　介護認定審査会には、「要介護状態の軽減または悪化の防止のために必要な療養に関する事項」について意見を付し、介護サービスの種類の指定を行う権限がある。

3　介護サービスの種類の指定が行われた場合でも、必要に応じて、それ以外のサービスについて保険給付を受けることができる。

4　介護認定審査会が、「サービスの適切かつ有効な利用等に関し被保険者が留意すべき事項」について意見を付した場合、市町村は、その意見を被保険者証に記載する。

5　介護認定審査会の意見が被保険者証に記載された場合、被保険者本人はそれに留意する必要があるが、サービス事業者等はこの意見に左右されない。

問題 14 要介護認定について正しいものはどれか。**3つ**選べ。

1　新規認定、更新認定にかかわらず、認定の効力は、申請の日にさかのぼって生じる。

2　要介護認定を申請したところ要支援の判定となった場合は、要支援認定の申請があったものとみなされる。

3　有効期間の短縮や延長は、保険者である市町村の判断で行う。

4　更新認定の申請は、有効期間満了の日の60日前から満了の日までに行う。

5　区分変更認定には、被保険者の申請によって行われる場合と、保険者が職権によって行う場合がある。

問題 15 要介護認定における二次判定について正しいものはどれか。**2つ**選べ。

1　特記事項および主治医意見書の内容から、通常の例に比べて介護により長い時間を要すると判断される場合には、一次判定の結果を変更することができる。

2　審査対象者の年齢を勘案して、一次判定の結果を変更することができる。

3　一次判定で要介護1相当と判定された者は、主治医意見書、特記事項、認知機能・廃用の程度の評価結果を用いて、二次判定で要支援2と要介護1に振り分けられる。

4　介護認定審査会は、要介護者等の保健・医療・福祉に関する学識経験者と市町村の職員で構成される。

5　介護認定審査会は、第三者に対して原則非公開とされている。

問題 16 厚生労働省令に定める指定居宅サービス事業者の基準上の共通事項について正しいものはどれか。**3つ選べ。**

1　個別サービス計画の作成にあたり、その内容について利用者またはその家族に対して説明し、利用者の同意を得なければならない。

2　事業所のある建物と同一の建物に居住する利用者に対して介護サービスを提供する事業者は、その建物に居住する利用者以外の者に介護サービスを提供してはならない。

3　利用者に対するサービスの提供により事故が生じた場合、どのような措置をとるかについて、市町村の指示を仰がなければならない。

4　利用者に対して「法定代理受領サービスを受けるための援助」として居宅サービス事業者が行うことができるのは、手続きの説明、居宅介護支援事業者の紹介などである。

5　介護予防サービス事業者の指定を併せて受け、同一の事業所において一体的に運営する場合、どちらかの基準を満たしていれば、両方の基準を満たしているとみなされるものが多い。

問題 17 地域密着型サービス事業者について正しいものはどれか。**2つ選べ。**

1　市町村は、指定地域密着型サービスに従事する従事者および指定地域密着型サービス事業の設備・運営に関して、市町村独自の基準を設定することができる。

2　市町村長は、市町村の区域外にある事業所を、その市町村の事業者として指定することはできない。

3　市町村長は、事業者の指定をしようとするときは、あらかじめその旨を都道府県知事に届け出なければならない。

4　市町村長は、認知症対応型共同生活介護および地域密着型特定施設入居者生活介護に係る指定申請があった場合に、市町村計画を上回るおそれがあるときは指定をしないことができるが、地域密着型介護老人福祉施設入所者生活介護の申請については、この理由で指定をしないことはできない。

5　報告・立入検査等、勧告・命令等を行う権限は、市町村長と都道府県知事の双方にある。

問題 18 厚生労働省令に定める介護保険施設の基準上の共通事項について正しいものはどれか。**3つ選べ。**

1 入所者の要介護認定の更新の申請が、遅くとも有効期間が満了する30日前までにはなされるよう、必要な援助をしなければならない。

2 計画担当介護支援専門員は、モニタリングにあたっては、必要に応じて入所者に面接することとされている。

3 従業者に対し、感染症の予防およびまん延の防止のための訓練を定期的に実施しなければならない。

4 従業者が業務上知り得た入所者やその家族の秘密を漏らすことは禁止されているが、従業者でなくなった者についてはこの限りではない。

5 苦情の内容等の記録、身体拘束等の記録、事故の状況等の記録を整備し、その記録を都道府県の条例で定められた期間保存しなければならない。

問題 19 厚生労働省令に定める指定居宅介護支援事業の基準について正しいものはどれか。**3つ選べ。**

1 介護支援専門員は、被保険者証に被保険者が受けることのできるサービスの種類の指定があるときは、これを変更することはできないことを利用者に説明しなければならない。

2 利用者の選定により、通常の事業の実施地域以外の地域の居宅を訪問して居宅介護支援を行う場合には、それに要した交通費の支払いを受けることができる。

3 介護の必要度が高いにもかかわらず要介護認定を受けていない高齢者に対しては、本人の意思にかかわらず、申請の代行などの必要な協力を行わなければならない。

4 毎月、国民健康保険団体連合会（国保連）に対し、居宅サービス計画に位置づけられた指定居宅サービス等のうち、法定代理受領等に関する情報を記載した文書を提出する。

5 利用者に対する指定居宅介護支援の提供により賠償すべき事故が発生した場合には、速やかに損害賠償を行わなければならない。

問題 20 居宅介護支援の介護報酬について正しいものはどれか。**3つ選べ。**

1 介護予防支援を受託している場合は、その3分の1の数を、介護支援専門員1人当たりの居宅介護支援費の算定に係る取扱件数に加える。

2 入院時情報連携加算は、医療機関を訪問して情報提供を行う場合と、訪問以外の方法で情報提供を行う場合の2段階で評価される。

3 退院・退所加算は、医療機関や介護保険施設等を退院・退所して在宅生活に移行する利用者について、医療機関等との連携を評価するもので、初回加算との併算はできない。

4 契約時の利用者・家族に対する説明において、複数のサービス事業者を紹介するよう求めることができることを説明することが義務づけられ、この説明を行わなかった場合は、運営基準減算として50％の減算が行われる。

5 ターミナルケアマネジメント加算は、在宅で死亡した利用者について死亡月に1回算定されるもので、死亡の原因となった疾患については問わない。

問題 21 課題分析標準項目について正しいものはどれか。**3つ選べ。**

1 課題分析標準項目は、アセスメントに用いる課題分析表に含まれるべき標準的な項目を示したものである。

2 「障害高齢者の日常生活自立度（寝たきり度）」、「認知症高齢者の日常生活自立度」は、課題分析に関する項目に含まれる。

3 「居住環境」、「家族等の状況」は、基本情報に関する項目に含まれる。

4 「排泄の状況」、「清潔の保持に関する状況」、「口腔内の状況」は、「食事摂取の状況」などとともに課題分析の項目として挙げられている。

5 課題分析の項目に含まれる「生活リズム」では、1日および1週間の生活リズム、日常的な活動の程度などをアセスメントする。

問題 22 居宅サービス計画の作成について正しいものはどれか。**2つ**選べ。

1　介護支援専門員は、できるだけ自らの判断だけでサービスの種類や内容、頻度を決定しなければならない。

2　課題整理総括表は、サービス担当者会議等の多職種協働の場や要介護者とその家族との間で、情報の共有を目的として活用する。

3　生活に対する意向については、主として要介護者本人と話し合い、本人の意向を踏まえた課題分析の結果を中心に記載する必要がある。

4　生活ニーズは、原則として優先度合いの高いものから順に記載する。

5　居宅サービス計画作成の段階では、自己負担額の算定など金銭面の検討は必要とされない。

問題 23 介護予防支援サービスについて正しいものはどれか。**3つ**選べ。

1　指定介護予防支援事業者である地域包括支援センターでは、地域支援事業の総合事業対象者と予防給付を利用する要支援者を対象として、介護予防ケアマネジメントが一貫性・連続性をもって行われる。

2　要支援に認定されていない総合事業対象者の選定は、25項目の基本チェックリストに答えることで行われる。

3　要支援に認定されていない総合事業対象者のケアマネジメントにおいても、介護予防ケアプランの作成とサービス担当者会議の開催は必須である。

4　介護予防支援事業所の担当職員は、少なくとも1か月に1回利用者の居宅を訪問してモニタリングを行い、その結果を記録しなければならない。

5　指定介護予防支援では、日常生活における具体的な行為について期間を定めて目標を設定し、利用者およびサービス提供者等とともに目標を共有することに留意しなければならない。

問題 24 介護予防サービス・支援計画書の作成について正しいものはどれか。**3つ**選べ。

1　基準において提示されている計画書の様式および課題分析標準項目に沿って、アセスメントを行う。

2　ADL、IADLなど生活機能に関する事項は、支援計画作成の基本となる情報なので、改めてアセスメントを行う。

3　アセスメントは、「運動・移動」、「日常生活（家庭生活）」、「社会参加、対人関係・コミュニケーション」、「健康管理」という4つの領域について行う。

4　アセスメント領域ごとに、利用者・家族の意欲や意向を記述し、課題があればその背景・要因とともに記載する。

5　目標と支援計画の欄には、具体的な目標と目標達成のために提供されるサービスとその期間のほか、本人のセルフケアや家族の支援等も記載する。

問題 25 身寄りがなく一人暮らしのAさん（76歳）は、アルツハイマー病で、要介護3と認定されている。本人は、自宅での生活に執着しているが、最近、認知症の症状が進み、徘徊等の問題も出始めている。介護支援専門員のとるべき対応として適切なものはどれか。**2つ**選べ。

1　成年後見制度を利用することについて、市役所の担当者と相談を開始する。

2　安全確保のために、市役所に介護老人福祉施設への措置入所の申請をする。

3　福祉用具貸与の認知症老人徘徊感知機器を導入することを勧める。

4　居宅介護支援事業所の管理者に、職権でAさんの金銭管理を行うよう求める。

5　見守りを強化するために、訪問介護や通所介護を積極的に利用するよう提案する。

問題 26　高齢者に多い疾患について正しいものはどれか。**3つ**選べ。

1　肥満やO脚は、変形性膝関節症のリスクとして挙げられる。

2　高齢者では、血圧の動揺性が少なく、1回の測定で高血圧症の有無や程度を診断することができる。

3　慢性肝炎の原因で最も多いのは、ウイルス性肝炎である。

4　閉塞性動脈硬化症では、歩行時に下肢痛を生じる間欠性跛行が特徴的で、進行しても安静時に下肢痛が生じることはない。

5　白癬と皮膚カンジダ症は、どちらも原因はカビの感染である。

問題 27　高齢者に多い疾患について正しいものはどれか。**3つ選べ。**

1　肺結核は、いったん治癒すれば、再発のおそれはない。

2　潰瘍性大腸炎の初期症状は、粘血便、血便、下痢、腹痛であり、特に持続性・反復性の血性下痢や粘血便が特徴的である。

3　加齢黄斑変性症は、網膜の中心部にある黄斑が障害される眼疾患であり、発症原因は不明である。

4　関節リウマチの症状は、朝は比較的軽いが、夕方疲れが出ると重くなる。

5　糖尿病の症状として口渇・多飲・多尿があるが、高齢者ではこれらの症状が現れないことも多い。

問題 28　検査値について正しいものはどれか。**3つ選べ。**

1　HbA1c の値は、検査前1〜2日の平均的な血糖レベルを反映している。

2　胸部X線検査は、心不全による心拡大や胸水の貯留などの診断にも有用である。

3　高齢者の場合、血清クレアチニンが正常でも、腎機能が低下していることがある。

4　CRP（C反応性たんぱく質）は、感染症等の炎症をよく反映し、膠原病、悪性腫瘍等でも高値を示す。

5　γ‐GTP は、脂肪肝やアルコール性肝炎の場合に低値を示す。

問題 29　高齢者の障害について正しいものはどれか。**3つ選べ。**

1　失行・失認には、意識障害や感覚器障害が関係している。

2　失語症は、言葉を話したり、聞いて理解したり、読み書きをする能力が障害されるもので、脳卒中の右片麻痺に合併することが多い。

3　認知症では、記憶障害や、日時や場所、人物などがわからなくなる見当識障害が特徴的である。

4　不随意運動は、本人の意思とは関係なく生じる運動であり、意識したり緊張したりすることによって収まる。

5　高い頻度でみられる手足のしびれは、脳血管障害や脊椎の障害、糖尿病などが原因として考えられる。

問題 30　認知症の介護について正しいものはどれか。**3つ選べ。**

1　認知症の治療薬として、アルツハイマー型認知症に対してはドネペジルやガランタミン等が使用され、血管性認知症では抗血小板薬や脳循環改善薬が用いられるが、認知症の根治的治療は困難である。

2　加齢による感覚器の機能低下が、認知症発症の誘因となることは少ない。

3　レビー小体型認知症は、身の回りの物の名前がわからなくなるという症状が特徴的である。

4　正常圧水頭症による認知症では、パーキンソン病の症状に類似したすり足で小刻みに歩く歩行障害がみられる。

5　認知症地域支援推進員は、医療機関や介護サービス、地域の支援機関をつなぐコーディネーターとしての役割を担う。

問題 31　食事と嚥下困難への対応について正しいものはどれか。**3つ選べ。**

1　摂食・嚥下障害は、摂食・嚥下のプロセスにおける、先行期（認知期）から食道期のいずれの段階においても起こり得る。

2　摂食・嚥下プロセスの口腔期では、食物を口に入れて咀嚼し、唾液と混ぜ合わされた食塊を作る。

3　嚥下食をとっている人は、脱水や便秘を起こしやすいので、食品の内容を工夫する。

4　夜間睡眠中の不顕性誤嚥による誤嚥性肺炎の予防には、就寝前の口腔清掃が重要である。

5　さらさらした液体状の飲料は、誤嚥を引き起こしにくい。

問題 32　褥瘡への対応について正しいものはどれか。**2つ選べ。**

1　褥瘡は、体重による持続的な圧迫が直接的な原因となるので、下肢に発生することはない。

2　褥瘡予防に用いる体圧分散マットレスなどは、床ずれ防止用具として、特定福祉用具販売の対象種目である。

3　褥瘡の発生には、低栄養や基礎疾患などの全身的要因、皮膚の変化・摩擦・失禁などの局所的要因のほか、社会的要因が挙げられる。

4　医師に処方された軟膏の褥瘡部への塗布は、介護職が行うことができる。

5　褥瘡部からは分泌液や滲出液などとしてたんぱく質などの栄養分が失われるので、栄養補給に注意しなければならない。

問題 33 高齢者の服薬について正しいものはどれか。**2つ選べ。**

1 頓服とは、食事時間にかかわらず、一定の時間ごとに薬を飲むことである。

2 寝たきりの高齢者に薬を飲ませる場合は、仰臥位のまま、顔を横に向けて十分な量の水で飲ませる。

3 飲み残した処方薬を、後日同じ症状が出たからといって服用してはならないが、慢性疾患で長期間同じ薬を服用している場合は、医師や薬剤師に依頼して残薬調整をするとよい。

4 複数の医療機関を受診し、それぞれ薬が処方されている場合は、医療機関ごとにお薬手帳を作成する必要がある。

5 嚥下障害のために錠剤が飲みにくい場合は、剤形の変更、徐放性製剤への変更、OD錠への変更などの対策も検討される。

問題 34 在宅での医療管理について正しいものはどれか。**3つ選べ。**

1 在宅酸素療法を行っている患者が呼吸の苦しさを訴えた場合には、医師の指示による酸素流量を超えて酸素を供給する。

2 バルーンカテーテルを膀胱内に留置している場合は、感染症のリスクが高まるため、水分を十分にとり、尿の性状に注意する。

3 在宅酸素療法の鼻カニューレは、口呼吸の場合は効果が乏しくなる。

4 胃ろうによる経管栄養を行っている場合は、並行して経口から食事をとることはできない。

5 経管栄養を行っている患者に下痢の症状が現れた場合は、経管栄養剤の注入速度や内容の変更を検討する。

問題 35　在宅での医療管理について正しいものはどれか。**2つ選べ。**

1　インスリン自己注射を行っている患者に、冷や汗、動悸、ふるえなどや意識障害がみられる場合は、再度、定量のインスリンを注射する。

2　がん末期の疼痛管理では、身体的な痛みに限らず、精神的な痛み、社会的な痛み、霊的な痛みへの対応が必要となる。

3　バルーンカテーテルを膀胱内に留置している場合には、歩行中に蓄尿バッグが膀胱より低くならないように注意する。

4　尿路ストーマを装着している場合は、水分摂取を十分にする。

5　パルスオキシメーターの装着は医行為であり、介護職員が行うことはできない。

問題 36　感染症とその予防について正しいものはどれか。**3つ選べ。**

1　肺炎球菌ワクチンは、65歳以上の人を対象に、1回に限り定期接種が行われる。

2　インフルエンザの最も有効な予防法は、うがいと手洗いの励行である。

3　インフルエンザなど飛沫感染の飛沫粒子は1m程度の距離で落下する。

4　手袋をして入所者のおむつ交換をした場合でも、手袋を外した後は手洗いを行う必要がある。

5　感染症の原因になる病原微生物に感染した場合は、必ず発症する。

問題 37 急変時の対応について正しいものはどれか。**3つ**選べ。

1 グラスゴー・コーマ・スケール（Glasgow Coma Scale）では、開眼、言語反応、運動反応に分けて意識レベルの評価を行う。

2 心筋梗塞では、放散痛として頸部、左肩、背中に痛みが出る場合もある。

3 解離性大動脈瘤では、激しい痛みは生じない。

4 心肺蘇生の一次救命処置では、1分間あたり100〜120回の速さで胸骨圧迫を30回行い、可能であれば次いで人工呼吸を行う。

5 脳卒中の徴候がみられたら救急対応を行うが、救急車が来るまでは座位をとらせたほうが呼吸が楽である。

問題 38 介護老人福祉施設における看取り介護について正しいものはどれか。**3つ**選べ。

1 看取り介護加算を算定するには、看取りに関する指針を定め、看取り介護の開始の際に、入所者またはその家族等に指針の内容を説明して、同意を得ていることが必要である。

2 看取りを行う際には、個室または静養室を利用して行えるように配慮する。

3 看取り介護の開始には、一般に認められている医学的知見に基づき回復の見込みがないという医師の診断が必要である。

4 施設における看取りの実績を踏まえて、適宜、看取りに関する指針の見直しが行われる。

5 介護報酬における看取り介護加算は、看取り介護を開始した日から死亡日まで、1日につき算定される。

問題 39　次の記述のうち正しいものはどれか。**3つ選べ。**

1　健康日本21（第三次）では、国民の健康の増進の推進に関する基本的な方向の1つとして、「平均寿命の一層の延伸」が掲げられている。

2　鉄剤や非ステロイド性消炎鎮痛薬の副作用には消化器症状があり、胃痛や吐き気、食欲低下などがないかに注意する。

3　ノロウイルス感染症では、下痢の症状がなくなっても便にウイルスが排出されることがあるため、便から感染する場合がある。

4　周期性四肢運動異常症やむずむず脚症候群は、高齢者の不眠の原因となり得る。

5　廃用症候群は、心肺機能の低下や脳血管障害による麻痺、腰痛による疼痛などの身体的要因によって起こり、精神心理的要因や環境的要因によっては起こらない。

問題 40　次の記述のうち正しいものはどれか。**2つ選べ。**

1　取り外しのできる義歯は、取り外して研磨剤入りの歯磨き剤をつけてよく磨く。

2　夜間の尿意が頻回で夜間覚醒が多い人の場合、夕方からの水分の摂取は控えるのもよいが、1日の必要な水分量は確保しなければならない。

3　心疾患、脳血管疾患、糖尿病は生活習慣病の代表的なものであるが、がんの発症と生活習慣との関連は指摘されていない。

4　骨粗鬆症では、カルシウムとその吸収を促進するビタミンＤを摂取するとともに、運動を極力控えることが重要である。

5　寝たきりの人でもギャッヂベッドなどを利用して座位を保つことは、体幹や頸部の筋力を維持することにつながる。

問題 41 介護保険の訪問看護について正しいものはどれか。**3つ**選べ。

1 筋萎縮性側索硬化症、多発性硬化症等の厚生労働大臣の定める疾病等の患者に対する訪問看護は、医療保険から給付される。

2 緊急時訪問看護加算を算定している訪問看護ステーションの場合、急変時に電話等で24時間いつでも医療的な対応が相談できる。

3 訪問看護ステーションの管理者は、原則として看護師または准看護師でなければならない。

4 訪問看護ステーションには、理学療法士、作業療法士または言語聴覚士を、常勤換算で2.5人以上置くこととされている。

5 真皮を越える褥瘡の状態にある利用者に対する計画的な管理については、特別管理加算が行われる。

問題 42 リハビリテーションサービスについて正しいものはどれか。**3つ**選べ。

1 回復期リハビリテーション病棟は、入院期間が原因疾患ごとに定められていて、その入院期間は60日から180日間である。

2 訪問看護ステーションの理学療法士、作業療法士または言語聴覚士によるリハビリテーションは、4段階の所要時間に応じた訪問看護費として算定される。

3 訪問リハビリテーションの短期集中リハビリテーション実施加算、通所リハビリテーションの短期集中個別リハビリテーション実施加算は、いずれも退院・退所日または新規の要介護認定の認定日から3か月以内を限度として算定される。

4 通所リハビリテーション計画も訪問リハビリテーション計画も、事業所の医師が作成しなければならない。

5 訪問リハビリテーションの介護報酬では、集合住宅等におけるサービス提供の場合の減算が行われ、通所リハビリテーションでは、送迎を行わない場合の減算が行われる。

問題 43 定期巡回・随時対応型訪問介護看護について正しいものはどれか。**3つ選べ。**

1　提供時間帯を通じて1人以上確保するものとされるオペレーターは、看護師・保健師または介護支援専門員でなければならない。

2　利用者がオペレーターに随時の通報をするための端末機器は、すべての利用者に必ず配布しなければならない。

3　利用者宅の合鍵を預かる場合には、管理方法や紛失した場合の対処方法などを記載した文書を利用者に交付する。

4　サービス提供の日時等については、居宅サービス計画に定められた日時等にかかわらず、事業所の計画作成責任者が決定することができる。

5　一体型事業所が、利用者の同意を得て、計画的に行うこととなっていない緊急時の訪問看護サービスを行う体制にある場合、緊急時訪問看護加算として1か月につき所定単位数が加算される。

問題 44 介護老人保健施設について正しいものはどれか。**3つ選べ。**

1　介護保健施設サービスは、病状が安定期にある人を対象に提供される。

2　個別ケアよりも集団ケアに重きを置いたサービスのあり方が求められる。

3　必要な医療、看護・介護、リハビリテーションを提供することで、在宅復帰施設、在宅生活支援施設としての役割を担っている。

4　介護報酬は、在宅強化型と基本型の二通りで要介護状態区分別に算定される。

5　入所日の前後に、入所者が退所後に生活する居宅を訪問した上で、施設サービス計画の策定等を行った場合には、入所前後訪問指導加算が算定される。

問題 45 介護医療院について正しいものはどれか。**3つ選べ。**

1 療養上の管理、看護、機能訓練その他必要な医療は提供されるが、介護や日常生活上の世話は提供されない。

2 介護医療院の医師は、入所者の病状からみて自ら必要な医療を提供することが困難なときは、協力病院等への入院のための措置を講じたり、他の医師の対診を求めるなどの措置を講じなければならない。

3 退所が見込まれる入所者を居宅へ試行的に退所させ、介護医療院が居宅サービスを提供する場合は、所定の介護医療院サービス費と同じ単位数を算定する。

4 重度認知症疾患療養体制加算は、重度の認知症入所者の割合が一定以上であり、看護職員や精神保健福祉士、リハビリテーション専門職が一定数以上配置されていることに加え、精神科病院との連携などの要件によって算定される。

5 口腔衛生管理加算は、歯科医師の指示を受けた歯科衛生士が、入所者に対して口腔衛生等の管理を月2回以上行うなどの要件で算定される。

福祉サービス分野　　　　　問題46〜60

問題 46　ソーシャルワークの機能について正しいものはどれか。**3つ**選べ。

1　ソーシャルワークは、個人を取り巻く重層的なシステムに対して働きかけて、個人の抱える生活課題の改善をめざす。

2　アウトリーチとは、個人の生活課題を発見したときに、その状況を冷静に見守り支援の申し出を待つことである。

3　アドボカシーとは、自己の権利を表明することが困難な人を代弁して、その人の権利を表明する機能である。

4　ソーシャルワークにおける個人を取り巻く諸層への働きかけを総称して、ソーシャルアクションという。

5　スーパービジョンとは、対人援助職から報告を受けた指導者が、適切な助言や指導を行うことである。

問題 47 相談援助における「価値」について正しいものはどれか。**3つ**選べ。

1 対人援助職を支える3要素として、価値、知識、技術がある。

2 バイステックの7原則は、クライエントとの面接に際して相談援助者がもつべき「価値」の基本的な原則を示したものである。

3 介護支援専門員が行うケアマネジメントのプロセスは、その進め方について法令に明確に規定されているので、「価値」が問われる比重は小さい。

4 相談援助における「価値」のジレンマとは、主として援助者個人の信条としての「価値」と専門職としてもっておくべき「価値」との対立である。

5 相談援助において、「価値」のジレンマは当然にあるものとして、それを読み解く方法を考えることが必要である。

問題 48 訪問介護について正しいものはどれか。**3つ**選べ。

1 「集合住宅等におけるサービス提供の場合の減算」は、事業所と同一敷地または隣接する敷地内の建物に居住する利用者もしくは事業所と同一建物に居住する利用者に適用され、離れた場所にある建物に居住する利用者には適用されない。

2 1人の利用者に対して、2人の訪問介護員が必要とされる場合でも、所定の単位数を算定する。

3 生活援助が中心で、所要時間が20分未満である場合には、介護報酬を算定できない。

4 特定事業所加算は区分支給限度基準額管理の対象であるが、特別地域加算や中山間地域等における加算は、区分支給限度基準額に算入されない。

5 サービス提供責任者が初回の訪問介護を行うか、初回の訪問介護に同行するかした場合には、初回加算が算定される。

問題 49　介護支援専門員が訪問介護を居宅サービス計画に位置づける際の考え方として適切なものはどれか。**3つ選べ。**

1　外出が困難になった利用者から、近所へ買い物に行きたいという希望があったので、車いすによる外出時の介助を訪問介護で行うことにした。

2　まれに失禁がみられたが、本人の希望もあり、おむつを使用することなく、排泄の周期に合わせた排泄の介助を訪問介護で行うことにした。

3　毎年恒例になっているという大掃除を、利用者に代わって訪問介護で行うことにした。

4　重度の褥瘡があったため、医師の指示のもと、その処置を訪問介護で行うことにした。

5　歩行に障害がみられたので、移動の介助を訪問介護で行うとともに、歩行補助つえの福祉用具貸与を組み合わせることで、利用者ができるだけ自立して移動できるよう配慮した。

問題 50　通所介護および地域密着型通所介護について正しいものはどれか。**3つ選べ。**

1　1人以上配置しなければならない機能訓練指導員は、日常生活を営むのに必要な機能の減退を防止するための訓練を行う能力を有する者とされ、経験ある介護福祉士をこれに充てることができる。

2　看護職員および介護職員は、サービスを提供する単位ごとに、一定の数が確保されなければならない。

3　送迎を行うことは基本サービス費に含まれており、送迎を行わない場合は、たとえ利用者の都合であっても減算が行われる。

4　療養通所介護の介護報酬は、要介護度別に1日当たりで設定されている。

5　療養通所介護事業者は、安全・サービス提供管理委員会を開催し、安全管理に必要なデータの収集を行わなければならない。

問題 51 短期入所生活介護について正しいものはどれか。**3つ**選べ。

1 介護支援専門員が緊急に短期入所生活介護の利用が必要と認めた場合であっても、利用定員を超えてサービスを提供することはできない。

2 機能訓練指導員として専従する常勤の理学療法士等を1人以上配置しているなどの場合には、加算が行われる。

3 家族介護者の私的な理由によって利用することは認められない。

4 常勤の看護師を配置している場合や、基準を上回る看護職員を配置している場合には、看護体制加算が行われる。

5 送迎の費用を利用者から徴収することができるが、送迎を事業所が実施し送迎加算がある場合は徴収できない。

問題 52 認知症対応型共同生活介護について正しいものはどれか。**3つ**選べ。

1 認知症対応型共同生活介護の利用者に対しては、指定居宅介護支援が行われる。

2 夜間・深夜以外の時間帯に、サービスの提供にあたる介護従業者の数は、利用者3人ごとに1人以上とされる。

3 原則として、夜間・深夜の時間帯を通じて、共同生活住居ごとに1人以上の介護従業者が、夜間・深夜の勤務を行わなければならない。

4 3ユニットの共同生活住居がある事業所であっても、1人の計画作成担当者が認知症対応型共同生活介護計画の作成を担当することができる。

5 認知症対応型共同生活介護計画の作成にあたっては、通所介護の活用その他の多様な活動の確保に努めなければならない。

問題 53 特定施設入居者生活介護について正しいものはどれか。**2つ**選べ。

1　有料老人ホームには、介護付、住宅型、健康型があり、特定施設入居者生活介護の指定の対象となるのは介護付である。

2　計画作成担当者は、介護支援専門員その他の保健・医療・福祉サービスの利用に関し知識・経験を有する者でなければならない。

3　必要に応じて、生活相談員を配置する。

4　医師は配置されていないので、看取り介護についての加算は行われない。

5　外部サービス利用型では、特定施設サービス計画の作成などの基本サービスが特定施設の従業者によって提供され、個々の居宅サービス等は外部の事業者に委託される。

問題 54 介護老人福祉施設について正しいものはどれか。**3つ**選べ。

1　原則として常時の介護を必要とする40歳以上の要介護3以上の者を対象とするが、措置入所の場合は65歳以上の者に限られる。

2　サービスの提供の開始に際して、入所申込者との間で、文書による契約を結ばなければならない。

3　計画担当介護支援専門員は、入所申込者の心身の状況、生活歴、病歴、居宅サービス等の利用状況等を、居宅介護支援事業者に照会してはならない。

4　入所者の希望や心身の状況を踏まえながら、入所者の外出の機会を確保するよう努めなければならない。

5　低栄養状態またはそのおそれのある入所者に対して栄養ケア計画を作成し、他の入所者に対しても食事の問題に早期に対応するなどした場合は、栄養マネジメント強化加算が算定される。

問題 55 福祉用具について正しいものはどれか。**2つ選べ。**

1 手すりやスロープは福祉用具貸与の対象であるが、工事を伴うものは除かれる。

2 和式便器から洋式便器への取り替えは、福祉用具購入費の給付対象である。

3 障害者総合支援法に基づく補装具と介護保険法の福祉用具の給付が重なる場合は、原則として障害者総合支援法の給付が優先される。

4 自動排泄処理装置は、原則として、要支援者および要介護1〜3の人は保険給付の対象としない。

5 特定施設入居者生活介護や認知症対応型共同生活介護（ともに短期利用を除く）を受けている間でも、福祉用具貸与費を算定できる。

問題 56 住宅改修について正しいものはどれか。**3つ選べ。**

1 段差の解消のための住宅改修では、動力で段差を解消する機器を設置する工事は、給付の対象にならない。

2 住宅改修費の支給を受けるには、工事を実施する前に申請書等の書類を保険者に提出することが必要である。

3 「住宅改修が必要な理由書」は、原則として工事を施工する事業者が作成する。

4 要支援1のときに住宅改修費の支給を受けた人が要介護2となった場合には、再び支給限度基準額までの支給を申請することができる。

5 手すりの取り付けや段差の解消に付帯して必要となる住宅改修は、保険給付の対象となる。

問題 57　関連諸制度について正しいものはどれか。**3つ**選べ。

1　老人福祉法による措置は、やむを得ない事由により、自発的なサービス利用や施設入所が著しく困難な場合に、市町村が職権で行うものである。

2　生活困窮者自立支援法は、生活保護受給者の急増などを背景に、生活保護に至る前の生活困窮者の自立を促進する目的で創設された。

3　「サービス付き高齢者向け住宅」の登録を受けた住宅に入居する高齢者は、都道府県から家賃について一定の補助を受けることができる。

4　基礎年金番号、免許証番号、マイナンバー等の公的な番号は、個人情報保護法の保護の対象となる。

5　育児・介護休業法に定める介護休業の対象となる家族の範囲は、配偶者、父母、本人の祖父母までである。

問題 58　日常生活自立支援事業について正しいものはどれか。**2つ**選べ。

1　都道府県・指定都市社会福祉協議会が実施主体となり、市町村社会福祉協議会と協力して行うもので、国の公費補助がある。

2　認知症高齢者や知的障害者など判断能力が不十分な者を対象とするが、精神障害者は対象から除かれる。

3　事業の委託を受ける基幹的社会福祉協議会には、初期相談から利用契約の締結までを担う生活支援員が配置されている。

4　本人に代わって、介護保険サービスの事業者と利用契約を締結することはできない。

5　都道府県・指定都市社会福祉協議会に設置された契約締結審査会が、日常生活自立支援事業の適切な運営の監視にあたる。

問題 59 生活保護制度における介護扶助について正しいものはどれか。**2つ選べ。**

1 40歳以上65歳未満の者は、介護扶助の対象者とならない。

2 介護保険の被保険者の場合、保護申請書と居宅介護支援計画の写しを福祉事務所に提出して申請する。

3 介護保険で定める支給限度基準額を上回る場合も、介護扶助の対象になる。

4 指定介護機関は、介護報酬の請求を、福祉事務所に対して行う。

5 被保護者で介護保険の被保険者である者は、一般の被保険者と同様に要介護認定を受け、要介護度に応じて保険給付と介護扶助を受ける。

問題 60 高齢者虐待防止法について正しいものはどれか。**3つ選べ。**

1 市町村は、養護者の負担軽減のための相談・指導・助言その他必要な措置を講ずるものとされる。

2 家庭内における養護者による虐待を発見した者は、虐待の程度にかかわらず、市町村への通報の義務がある。

3 養介護施設等の従事者は、業務に従事している施設等で虐待を受けたと思われる高齢者を発見した場合には、市町村へ通報する努力義務がある。

4 施設等の従事者は、通報したことを理由として解雇その他の不利益な取扱いを受けることはない。

5 高齢者の生命または身体に重大な危険が生じている場合は、市町村は立入調査を行うことができ、その際所管の警察署長の援助を求めることができる。

◆本書の**内容に関するお問い合わせ**は、**書面にて**、下記あてに
郵便かファクスでお願いします。お電話でのお問い合わせは
お受けできませんので、ご了承ください。なお、補充問題
や正誤などの情報に関しては、小社ホームページ（https://
www.shobunsha.co.jp/）に掲載いたします。

〒162-0811　東京都新宿区水道町4-25
三信ビル1F
印刷クリエート編集部
ケアマネジャー実戦予想問題 '24係
FAX. 03-6265-0568

※お問い合わせに際しては、連絡先の郵便番号・住所・氏名・
電話番号・ファクス番号を明記してください。

ケアマネジャー 実戦予想問題 '24

2024年1月30日　第1刷発行

監　修　　介護支援研究会
編　集　　晶文社編集部
発行者　　株式会社　晶文社
　　　　　〒101-0051　東京都千代田区神田神保町1-11
　　　　　電話（03）3518-4943（編集）
　　　　　電話（03）3518-4940（営業）
　　　　　URL https://www.shobunsha.co.jp

装丁：朝倉紀之
編集協力：印刷クリエート編集部
印刷・製本：株式会社堀内印刷所
©Shobun-sha 2024
ISBN978-4-7949-7684-0　C0036

読者特典

本書の読者へ
過去問解説（９年分）を
無料プレゼント！

平成 27 年から令和 5 年まで、
9 年分の過去問解説をプレゼントします。
電子書籍版ですが、PDF でのダウンロードも可能です。
本書と並行して学習することで、
より効果を上げることができます。

無料プレゼントを入手するにはコチラへアクセスしてください。
https://care.shobunsha.co.jp/pastexam2024/

＊無料プレゼントは Wed 上で公開するものであり、
冊子などをお送りするものではありません。
＊無料プレゼントのご提供は予告なく終了となる場合がございます。
あらかじめご了承ください。

ケアマネジャー 実戦予想問題'24

解答・解説集

晶文社

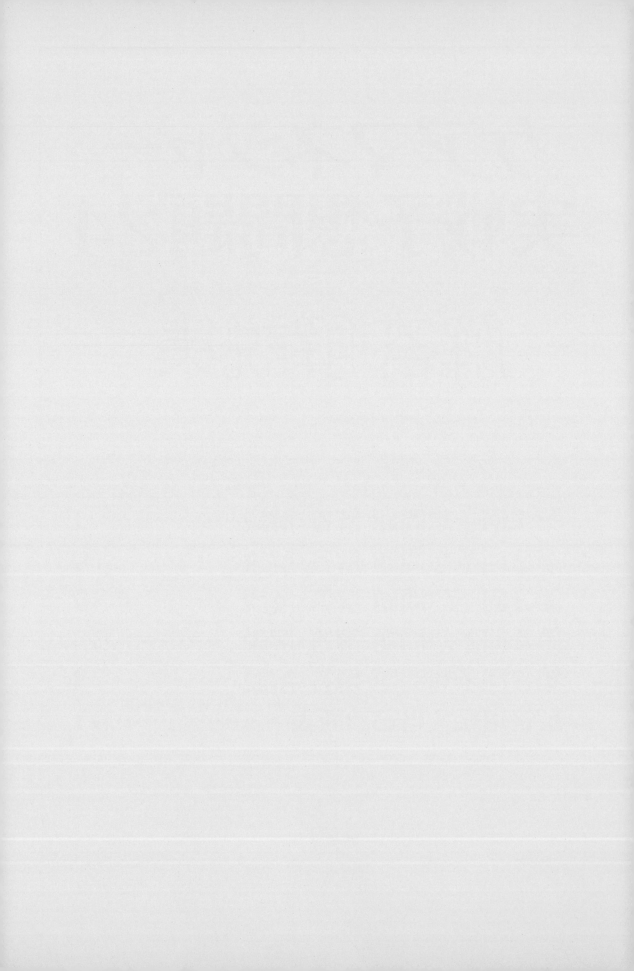

第1回 予想問題　解答・解説

介護支援分野

問題1 (p9)　　　　正解　**3、4**

1 ✕　わが国の社会保障制度は、**社会保険方式を中心**に、医療や年金の制度を構築してきた。介護保険制度も、その流れの上に創設された。

2 ✕　**保険事故**とは、保険給付の原因となる状態のことである。介護保険では、要介護状態または要支援状態を保険事故とする。

3 ○　**応益負担**とは、利用者が利用したサービスの総量（受益）に応じて利用料等を負担することをいい、**応能負担**とは、各人の所得能力に応じて負担することをいう。それまで一律に1割とされていた利用者負担割合は、一定額以上の所得のある利用者は2割とされ、特に所得の高い層の負担割合は2018年8月から3割となった。

4 ○　記述のような介護保険制度の基本的理念（法2条3項）を達成するために、ケアマネジメントの仕組みが導入された。

5 ✕　記述の前半は正しいが、介護保険は年度の給付に要する費用を当該年度の保険料収入と公費で賄い、支給要件や支給額も加入期間と無関係であるから、**短期保険**である。

問題2 (p10)　　　　正解　**1、2、5**

1 ○　国は、**制度運営に必要な各種基準等の設定に関する事務**を行う。

2 ○　サービス事業者・施設の人員・設備・運営に関する基準は、都道府県または市町村の条例に委任されているが、そのもととなる基準は厚生労働省令に定められている。

3 ✕　事業者・施設の指定・許可は、**都道府県**と**市町村**が行う（都道府県は、居宅サービス事業者・介護保険施設の指定・許可を行い、市町村は、地域密着型サービス事業者・居宅介護支援事業者・介護予防支援事業者の指定を行う）。

4 ✕　財政安定化基金の設置・運営は、**都道府県**が行う。

5 ○　保険給付や地域支援事業に対する財政負担のほか、都道府県の財政安定化基金に対する財政負担も行う。

ポイント

国は、次のような事務を行う。
① 各種基準の設定
　要介護認定等の基準、介護報酬、区分支給限度基準額、都道府県や市町村がサービス提供事業者の人員・設備・運営等の基準を定めるにあたってもととなる基準など
② 財政負担
　保険給付、地域支援事業、財政安定化基金などへの財源拠出
③ 市町村計画や都道府県計画のもととなる基本指針の策定
④ 指導・監督・助言等
　市町村・都道府県に対する指導・監督、医療保険者・支払基金・国保連が行う介護保険関係の業務に対する指導・監督

問題 3 (p10) 　　正解 **3、4、5**

1 ✕　市町村は、**国の基本指針**に基づいて、市町村介護保険事業計画を定める。

2 ✕　市町村介護保険事業計画は、**3年を1期**として定める。

3 ○　法117条には、市町村計画に「定めるべき事項」と「定めるよう努める事項」が規定されている。介護給付等対象サービスの種類ごとの量の見込みは、地域支援事業の量の見込みとともに、市町村計画に「定めるべき事項」である。

4 ○　法117条11項に規定されている。

5 ○　介護給付費等に要する費用を最終的に賄うものとして、第1号保険料が算定される。

■ ポイント

都道府県介護保険事業支援計画も、市町村介護保険事業計画と同じく、国の基本指針に即して、3年を1期として策定する。

基本指針の策定・変更にあたって、厚生労働大臣は、**総務大臣その他の関係行政機関の長**に協議しなければならない。

問題 4 (p11) 　　正解 **1、3、4**

1 ○　被保険者は、記述のような義務と権利を有する主体である。

2 ✕　介護保険では、資格要件を満たせば、当事者の**意思や届出の有無にかかわらず**、当然に被保険者となる。これを**強制適用**という。

3 ○　「住所地特例」が適用される場合を除いて、住所のある市町村の被保険者となる。

4 ○　施行法および施行規則において、**適用除外施設**として11の施設が定められている。

5 ✕　日本国籍を有しない者でも、**3か月以上の在留期間**を有する者（あるいは3か月以上在留すると認められる者）などは、年齢要件等を満たせば**被保険者となる**。

問題 5 (p11) 　　正解 **1、2、3**

1 ○　記述のように、**年齢要件**によって第1号被保険者と第2号被保険者に分かれる。なお、年齢到達による被保険者資格の取得は、**誕生日の前日に効力を生じる**。

2 ○　**住所要件**（市町村の区域内に住所を有すること）は、第1号被保険者、第2号被保険者のいずれも必須の要件である。「住所を有する」とは、住民基本台帳上の住所をもっていることである。

3 ○　医療保険に加入していない者は第2号被保険者とはならないが、第1号被保険者にはこの要件がないので、65歳になると被保険者資格を取得する。

4 ✕　第1号被保険者については、原則としてすべての者に交付されるが、**第2号被保険者**については、**要介護・要支援認定の申請を行った者と被保険者証の交付を申請した者**に対して交付される。

5 ✕　被保険者証は、**認定の申請時に市町村に提出する**。認定調査員に被保険者証を提示するということはない。

問題 6 (p12) 　　正解 **2、5**

1 ✕　介護保険の保険給付は、**介護給付、予防給付、市町村特別給付の3種類**に大別される。

2 ○　**介護給付**は、要介護者を対象とする給付である。なお、居宅介護支援事業者の指定・監督は、2018年4月から、市町村長が行うことになった。

3 ✕　**予防給付**には、都道府県知事が事業者の指定・監督を行う**介護予防サービス**のほかに、市町村長が事業者の指定・監督を行う**地域密着型介護予防サービス**

と**介護予防支援**がある。

4　✕　施設に関する給付は、介護給付の
みで、**予防給付にはない**。

5　○　補足給付は、高額になった利用者
負担や、施設を利用する低所得者の食費・
居住費（滞在費）を補う保険給付である。

ポイント

補足給付には、次のものがある。
① 高額介護サービス費
　1か月の原則定率1割の利用者負担
が著しく高額になった場合に支給。
② 高額医療合算介護サービス費
　1年間の介護保険の利用者負担と医
療保険の患者負担の合計額が、一定額
を超えた場合に支給。
③ 特定入所者介護サービス費
　施設サービスや短期入所サービス、
地域密着型介護老人福祉施設入所者生
活介護の食費・居住費（滞在費）が負
担限度額を超えた場合に支給。これは
低所得者のみが対象となり、現物給付
される。

問題7 (p12)　　　　正解　1、4、5

1　○　介護予防サービス9種、地域密着
型介護予防サービス3種を対象に行われ
る。

2　✕　予防給付にも、**高額サービス費**や
特定入所者サービス費（短期入所サービ
スの食費・滞在費が対象）の給付がある。

3　✕　市町村は、条例に定めることによ
り、**市町村特別給付**として独自の給付を
行うことができる。具体的には、移送サ
ービス、配食サービス等が行われている。

4　○　福祉用具貸与は、居宅サービス等
区分に入って区分支給限度基準額管理が
行われるサービスである。特定福祉用具
販売には、居宅介護福祉用具購入費が給
付される。

5　○　特例サービス費は、原則として償

還払いで給付される。

ポイント

選択肢5の特例サービス費が給付される
のは、次のような場合である。
① 認定の申請前にサービスを受けた場
合
② 基準該当サービスを受けた場合
③ 相当サービスを受けた場合
④ 被保険者証を提示しないでサービス
を受けた場合

問題8 (p13)　　　　正解　2、5

1　✕　記述のような金銭給付による保険
給付の方式（**償還払い**）も一部にあるが、
大半は、利用者にサービスの現物を給付
する**現物給付**の方式で行われる。

2　○　記述のような「代理受領による現
物給付化」が行われている。原則1割の
利用者負担等は、事業者・施設から利用
者に対し直接の請求・領収が行われる。

3　✕　事前に**居宅介護支援を受ける旨を
市町村に届け出ていること**、受けるサー
ビスが居宅サービス計画の対象になって
いること等が必要である。

4　✕　施設サービスについては、**何らの
手続きも要せず現物給付の扱い**となる。

5　○　福祉用具購入費や住宅改修費は、
現物給付の方式になじまないものとして、
償還払いが原則である。

問題9 (p13)　　　　正解　1、2、4

1　○　医療の診療報酬にならって、一般
に介護報酬と呼ばれる。

2　○　「1単位の単価」は**10円を基本**と
して、地域ごとの人件費等の違いが一定
の割増率の形で反映された金額が設定さ
れている。都市部のほうが高い。

3　✕　**居宅療養管理指導**と**福祉用具貸与**
については、地域差の反映は行われない。

4　○　国保連は、介護報酬の審査・支払いの事務を市町村から委託されている。

5　✕　現にサービスの提供に要した費用の額が、介護報酬の算定基準に定められた額を下回る場合は、事業者・施設は**現にサービスの提供に要した費用の額**しか請求できない。

問題 10 (p14)　　　[正解]　**2、3、5**

1　✕　原則的に利用者負担は1割だが、**居宅介護支援・介護予防支援には利用者負担はなく、全額（10割）が保険給付される**。ただし、2015（平成27）年8月から、**一定以上の所得を有する第1号被保険者の利用者負担は2割**となった。また、2018年8月から、特に高額の所得がある人の利用者負担は**3割**となった。本書では、これらの改正をふまえて、「原則1割」と表記している。

2　○　以前は保険給付されていたが、2005年改正により、利用者負担とされた。

3　○　日常生活で通常必要となる費用であって利用者負担が適当なものは、全額が利用者負担となる。

4　✕　おむつ代は、**施設サービス、地域密着型介護老人福祉施設、短期入所サービスでは、保険給付の対象となる**（利用者負担にはならない）。その他のサービスでは、保険給付の対象にはならない。

5　○　通所サービスにおいては、送迎を行うのはサービスの一部である。送迎を行わない場合は、片道につき一定額の減算が行われる。

問題 11 (p14)　　　[正解]　**2、3**

1　✕　種類支給限度基準額は、**特定のサービスの供給状況が不足している場合に**市町村が種類ごとの限度額を定めるものなので、**すべてのサービスについて定め**られるものではない。

2　○　この限度額を、**区分支給限度基準額**という。

3　○　いくつかのサービスを除いて、在宅の要介護者等が利用する居宅サービスと地域密着型サービスについて、**居宅サービス等区分**が設けられている。

4　✕　区分支給限度基準額管理が行われるサービスは、居宅サービスと地域密着型サービスのうち、**居宅サービス等区分に含まれるサービス**のみである。

5　✕　月の途中で認定の効力が発生した場合は、日割りで算定されるのではなく、**1か月分の区分支給限度基準額が適用される**。月の途中で状態区分変更の認定が行われた場合も同様であり、重いほうの区分支給限度基準額が適用される。

ポイント

居宅サービスと地域密着型サービスのうち、区分支給限度基準額の対象となる**居宅サービス等区分に含まれない**のは、次のサービスである。

① 　居宅療養管理指導
② 　特定施設入居者生活介護（短期利用を除く）
③ 　認知症対応型共同生活介護（短期利用を除く）
④ 　地域密着型特定施設入居者生活介護（短期利用を除く）
⑤ 　地域密着型介護老人福祉施設入所者生活介護
⑥ 　特定福祉用具販売（別に福祉用具購入費支給限度基準額として定める）

①⑥を除けば、居住系・入所系のサービスである。

問題 12 (p15)　　　[正解]　**1、2、3**

1　○　保険給付に要する費用（介護給付費）は、その半分を公費（租税）で賄い、残りを保険料で賄う。

2　○　公費50％の内訳は、居宅給付費と施設等給付費で異なる。**居宅給付費の公費の内訳**は、**国25％**、**都道府県12.5％**、**市町村12.5％**であり、**施設等給付費**は、国の５％分が都道府県に移って、**国20％**、**都道府県17.5％**、**市町村12.5％**となる。

3　○　国の負担分（居宅給付費25％、施設等給付費20％）の**５％**は、**調整交付金**として市町村に傾斜的に交付される。

4　×　地域支援事業の費用は、**介護予防・日常生活支援総合事業**と**その他の事業**で構成が異なるが、両方とも保険料負担がある。ただし、**その他の事業については、第２号保険料の負担はない**。両方とも公費の負担比率は国・都道府県・市町村が**２：１：１**である。

5　×　介護保険を運営する**事務費**は、全額を市町村の**一般財源**で賄う。

問題 13 (p15)　　　正解　**1、2、5**

1　○　法115条の35第１項でこのように定義されている。

2　○　地域密着型サービスも報告・公表の対象であり、介護サービス情報の報告先は**都道府県知事**である。都道府県知事は、**介護サービス情報の報告に関する計画**を、**毎年定めて公表する**。

3　×　**基本情報**は基本的な事実情報であり、公表するだけで足りるもの、**運営情報**は事実かどうか客観的に調査することが必要な情報とされるが、いずれも事実かどうか**必要に応じて調査する**ものとされる（法115条の35第３項）。

4　×　事業所の運営方針、サービス従事者に関する情報、利用料等に関する事項などは、**基本情報**に含まれる。**運営情報**には、利用者の権利擁護、介護サービスの質の確保、苦情への対応、安全管理・衛生管理、個人情報の保護などに関して

講じている措置が含まれる。

5　○　都道府県知事は、調査事務を行わせる指定調査機関および情報公表事務を行わせる指定情報公表センターを指定することができる。

問題 14 (p16)　　　正解　**1、2、4**

1　○　要介護認定等は、**被保険者からの申請に基づいて行われる**。

2　○　市町村は、**認定調査**と併せて、被保険者の主治の医師から被保険者の身体上・精神上の障害の原因である疾病・負傷の状況等について、**医学的な意見**を求める。

3　×　**市町村**は、認定調査の結果をコンピュータに入力して一次判定を行い、その結果を**介護認定審査会に通知**する。

4　○　介護認定審査会は、**一次判定の結果を原案として二次判定を行う**。

5　×　認定の決定と被保険者への認定結果の通知は、**市町村**が行う。

問題 15 (p16)　　　正解　**3、5**

1　×　認定調査は原則として**市町村**が行う。ただし、**更新認定・変更認定の認定調査**は、**居宅介護支援事業者や介護保険施設等に委託**することもできる。

2　×　認定調査票は**全国共通**の書式である。これは、厚生労働省の告示で定められている。

3　○　基本調査は選択式で、特記事項は一定の項目について記述式で行われる。

4　×　認定調査では、被保険者の**心身の状況・置かれている環境・病状および現に受けている医療の状況**を調査する。日常生活状況の調査が必要なのは、居宅介護支援の介護支援専門員によるアセスメントのときである。

5　○　法27条２項に規定されている。

ポイント

　解説1のとおり、**更新認定・変更認定**の認定調査は、居宅介護支援事業者・介護保険施設・地域密着型介護老人福祉施設・地域包括支援センター・介護支援専門員に委託することができるが、**新規認定**の認定調査をこれらの者に**委託することはできない。**

問題 16 (p17)　　　正解　**1、4、5**

1 ○　指定居宅サービス事業者の指定・監督を行うのは都道府県知事である。なお、この権限は、指定都市・中核市においてはその市長に移譲されている。

2 ✕　法人格を有しなければ居宅サービス事業者の指定を受けられないのが原則だが、**病院・診療所、薬局の場合は法人格がなくてもよい。**

3 ✕　指定の有効期間は**6年**であり、更新を受けなければ指定の効力を失う。

4 ○　事業者・施設が当然に提供し得るサービスについて、別段の申し出のない限り、**みなし指定**が行われるものである。

5 ○　健康保険法による保険医療機関の指定を受けた病院・診療所が対象になる。療養病床を有する病院・診療所は、短期入所療養介護についても、みなし指定が行われる。

問題 17 (p17)　　　正解　**3、4、5**

1 ✕　**指定介護老人福祉施設、介護老人保健施設、介護医療院**の3つを介護保険施設と呼ぶ。指定地域密着型介護老人福祉施設は、地域密着型サービスに分類され介護保険施設とは呼ばれない。なお、介護療養型医療施設は、介護保険法から削除され2012年以降新たな指定は行われていないが、経過措置がさらに延長され、2024年3月まで旧法の下で存続する。

2 ✕　指定介護老人福祉施設は、特別養

護老人ホームとして**老人福祉法**の適用を受けるが、介護医療院と介護老人保健施設は、介護保険法のほかに**医療提供施設**として**医療法**の適用も受ける。

3 ○　介護老人保健施設は、介護保険法に基づいて**開設許可**を受けた施設である。

4 ○　申請者が、申請前5年以内に、施設サービスだけでなく**居宅サービス**に関し不正な行為をした場合も、指定・許可はされない。

5 ○　都道府県知事は、介護保険施設の種類ごとの必要入所定員総数をすでに満たしているか、満たすおそれがあるときは、開設許可や指定を行わないことができる。なお「設置の認可」は、老人福祉法に基づく特別養護老人ホームの認可である。

問題 18 (p18)　　　正解　**3、4**

1 ✕　介護職員・看護職員は、原則として入所者**3人**に対して**1人**以上を配置する。介護職員と看護職員の比率は、施設によって異なる。

2 ✕　入所を待っている申込者がいる場合には、申込順ではなく、**必要性が高いと認められる者を優先的に**入所させなければならない。

3 ○　入所者の選定による特別な食事や個室などの費用は利用者負担になるため、このように規定されている。

4 ○　介護保険施設には**常勤の介護支援専門員**を置くものとされ、施設サービス計画の作成は、計画担当介護支援専門員によって行われる。

5 ✕　入浴または清拭は、**1週間に2回以上**行わなければならない。

問題 19 (p18)　　　正解　**3、4**

1 ✕　2023年改正により、指定居宅介護

支援事業者は、申請により**指定介護予防支援事業者となる**ことができる。また、地域包括支援センターの設置者である**指定介護予防支援事業者から委託を受けて、介護予防支援**（要支援者のケアマネジメント）**を行う**ことがある。

2　✕　居宅介護支援事業者の指定を受けるためには、**法人でなければならない**。居宅サービス事業者の場合（病院・診療所、薬局については例外がある）と混同しないこと。

3　○　**利用者の数が35またはその端数を増すごとに1人**とされている。増員する場合の介護支援専門員は非常勤でよい。

4　○　管理者は、以前は常勤・専従の介護支援専門員でなければならないとされていたが、2017年改正により、**主任介護支援専門員**を配置するものとされた。

5　✕　居宅介護支援には、**基準該当サービスも相当サービスも認められている**。

問題 20 (p19)　　正解　**1、3、4**

1　○　地域包括支援センターは、市町村直営の場合と老人介護支援センターの設置者などに委託される場合とがある。

2　✕　地域包括支援センターは、第1号被保険者の数が、おおむね3,000人〜6,000人の圏域ごとに設置される。第1号被保険者の数が多い市町村では、**複数設置される**ことになる。

3　○　指定介護予防支援事業者の指定は、地域包括支援センターの設置者または指定居宅介護支援事業者の申請により行われる。

4　○　地域包括支援センターは、**包括的支援事業を中心に**、地域支援事業を行う。介護予防・日常生活支援総合事業の本格的実施とともに、役割が広がっている。

5　✕　地域包括支援センターには、原則として**主任介護支援専門員、社会福祉士、保健師**を1人ずつ置かなければならない。ただし、これらに**準ずる者**でもよく、また第1号被保険者の数が3,000人未満の場合などは員数が緩和されている。

問題 21 (p19)　　正解　**3、4、5**

1　✕　正当な理由により、自ら適切なサービスを提供することが困難な場合は、事業者は**サービスの提供を拒むことができる**。ただし、申込者を担当する居宅介護支援事業者へ連絡したり、他の居宅サービス事業者を紹介したりするなどの措置を講じなければならない。

2　✕　居宅サービス事業者は、**要介護認定等の申請の代行を行うことはできない**。このような場合には、速やかに申請が行われるよう**必要な援助**を行う。

3　○　訪問介護、訪問看護など、訪問系サービスの運営基準に定められている。

4　○　事業者の作成する個別サービス計画は、居宅サービス計画に沿って作成される。

5　○　通所・短期入所系のサービスでは、定員を定めてそれを遵守することとされている。定員超過の場合は、基本報酬が70/100に減算される。

ポイント

解説**2**に関連して、認定の申請の代行ができる事業者・施設は、居宅介護支援事業者・介護保険施設・地域密着型介護老人福祉施設・地域包括支援センターである。

問題 22 (p20)　　正解　**1、3、5**

1　○　介護支援専門員は、支援のあらゆる過程において、利用者の主体性を尊重しなければならない。

2　✕　利用者の意向と介護者（家族等）の意向が違う場合には、介護支援専門員は**発言しにくい人の立場に立って発言す**

る必要がある。

3 ○ 利用者の生活における考え方や行動の基準は、利用者個々に個別のものである。その個別性を知り尊重する**利用者本位を徹底**する。

4 ✕ 利用者を介護する**家族への支援**もケアマネジメントの重要な役割である。

5 ○ 介護支援専門員には、必要なサービスが適切に提供されるように、サービスを提供するチームをコーディネートする（調整しまとめる）役割がある。

問題 23 (p20) 　　正解 **1、4**

1 ○ 利用申込者の同意は、**書面によって確認することが望ましい**とされる。

2 ✕ 課題分析では、**社会環境的状況**だけでなく、**身体機能的状況、精神心理的状況**を関連させながら、要介護者の置かれた状況を全人的にとらえる。

3 ✕ サービス担当者会議の目的は、介護支援専門員が作成した**居宅サービス計画の原案**を、サービス担当者の間で**検討**して**決定**することである。

4 ○ モニタリング（居宅サービス計画の実施状況の把握）を行い、必要に応じて居宅サービス計画の変更やサービス事業者との連絡調整を行う。

5 ✕ サービス提供状況について**定期的にモニタリングを行い、生活課題（ニーズ）**の変化がみられる場合や、生活課題が充足できていない場合は、**再課題分析**を行い、必要があれば**居宅サービス計画を変更**する。

問題 24 (p21) 　　正解 **1、4、5**

1 ○ ケース（支援）目標の設定は、計画の大きな方向性を示すものである。

2 ✕ 援助目標は長期目標と短期目標に分けて記載するが、提供するサービスの

内容は、**短期目標**を基本として決定する。

3 ✕ 居宅サービス計画が作成されることにより、**サービス利用者主導アプローチ**が実現される。

4 ○ 居宅サービス計画によって、介護支援専門員、フォーマルサービスやインフォーマルサポートを提供する人々が、チームとして統合される。

5 ○ 援助目標に対して提供されたサービスが期待した役割を担い得たかどうか、居宅サービス計画に即して評価を行う。

問題 25 (p21) 　　正解 **3、4、5**

1 ✕ 総合事業に移行する前の介護予防訪問介護の**生活援助**は、家族と同居している場合には、家族が障害や疾病、終日の仕事などのために家事を行うことができない者しか原則として利用できなかった。総合事業に移行しても、同様の制限が行われるものと思われる。記述のケース、妻の介護負担の軽減のためなら、総合事業の通所サービスや予防給付の短期入所サービスを検討するべきだろう。

2 ✕ 福祉用具貸与の車いすは、**要支援1・2と要介護1の者は利用できない**。また、この段階での車いすの導入は早すぎであり、生活機能の低下から、歩行不能を引き起こすことにもなりかねないだろう。

3 ○ 在宅生活を長く安全に続けるためには、室内の段差の解消、和式便器から洋式便器への取り替えなど、住宅改修が有効である。

4 ○ 介護予防通所リハビリテーションでは、筋力の維持・向上のためのリハビリテーションが行われている。

5 ○ 「制度的にむり」というのは、介護保険施設には、要支援者であるＡさんは入所できないということである。

保健医療サービス分野

問題 26 (p22)　　　　　正解 **3、4**

1　✕　高齢者は複数の疾患を有することが多いが、その**症状**は個人差が大きく**非定型的**である。

2　✕　加齢によって、運動器官の機能だけでなく、**感覚器官の機能（視力・聴力・味覚など）も低下**する。

3　〇　**サルコペニア（筋肉減弱症）**は、フレイルの一部とも考えられ、一般的に骨格筋量、握力、歩行速度で判定される。

4　〇　記述のような老化の兆候を、近年、**フレイル（虚弱）**と呼ぶようになった。

5　✕　フレイルの状態を放置すれば将来要介護状態に移行する可能性があるが、早期発見により運動や栄養管理を行うことで、要介護状態を予防することができる**可逆性**の状態である。

問題 27 (p23)　　　　　正解 **1、5**

1　〇　心筋梗塞の症状は、**前胸部の痛み**、しめつけ感が典型的だが、**左肩**から頸部の鈍痛、呼吸困難の場合もある。

2　✕　狭心症の中でも、発作の頻度が増加してきたものや、軽労作や安静時にも発作が起きるようになったものは、不安定狭心症として**心筋梗塞に移行する危険性が高く**、速やかな治療が必要となる。

3　✕　高血圧症では、**本態性高血圧**（原因がはっきりしないもの）のほうが、二次性高血圧（原因がはっきりしているもの）より多くみられる。

4　✕　記述の内容は、**くも膜下出血**のものである。慢性硬膜下血腫は、**頭部外傷の後遺症**で、小さな静脈からの出血によって徐々に脳が圧迫され、**1〜3か月後**に症状が現れる。

5　〇　歩行時に下肢が痛み、立ち止まっ

て休むと痛みが軽減する症状を、**間欠性跛行**という。間欠性跛行は、腰部脊柱管狭窄症でもみられるので、鑑別が必要である。**閉塞性動脈硬化症**は、介護保険の特定疾病である。

問題 28 (p23)　　　　　正解 **1、4**

1　〇　パーキンソン病の**4大運動症状**は、①身体のふるえ（振戦）、②筋の硬さ（固縮）、③動作の遅さ・拙劣（無動）、④姿勢・歩行障害である。

2　✕　筋萎縮性側索硬化症（ALS）は、**眼球運動や肛門括約筋、知能は末期まで保たれる**のが特徴である。

3　✕　慢性閉塞性肺疾患に、**肺気腫、慢性気管支炎**は含まれるが、**肺結核は含まれない**。

4　〇　糖尿病には3大合併症のほかにも、下肢の壊疽、狭心症、心筋梗塞、脳梗塞、閉塞性動脈硬化症などの合併症がある。

5　✕　前立腺肥大症が進行して**前立腺がんになるわけではない**。

ポイント

パーキンソン病・筋萎縮性側索硬化症・慢性閉塞性肺疾患は、介護保険の**特定疾病**である。

問題 29 (p24)　　　　　正解 **1、4、5**

1　〇　摂食・嚥下のプロセスは、先行（認知）期、準備期、口腔期、咽頭期、食道期という5つの過程に分けられる。

2　✕　**食事の摂取量**は個人差が大きいが、栄養管理において重要なので、しっかりアセスメントする必要がある。

3　✕　食欲は**味覚・嗅覚・視覚**の刺激の結合によって起こるため、嗅覚や視覚の低下も食欲不振の原因となる。

4　〇　**嚥下反射**によって、食物を飲み込むときに気管が喉頭蓋で閉じられ、食塊

が食道に入るのである。

5　〇　嚥下しやすい食品は、プリン状、ゼリー状、マッシュ状、とろろ状、粥状、ポタージュ類、乳化状、ミンチ状、ピューレ状（液体よりもとろみがあるもののほうが飲み込みやすい）である。**嚥下しにくい食品**は、液体、スポンジ状、噛みくだきにくい練り製品・イカ・こんにゃく、口の中に粘着するもの（わかめ・のり）、餅、めん類、酢の物である。

問題 30 (p24)　　　正解　**3、4、5**

1　×　溢流性尿失禁は**男性**に多く、腹圧性尿失禁は**女性**に多い。

2　×　機能性尿失禁は、**排尿機構に器質的な問題はない**が、身体障害や認知症などのために**排泄動作が適切にできない**ために起こる失禁のことをいう。

3　〇　トイレ誘導（排尿誘導）は、まずは**昼間**から始めるとよい。

4　〇　また、本人が納得していないおむつの着用は、知的機能の衰退、認知症、うつ、反発、抵抗を誘発しやすい。

5　〇　また、排便間隔が2〜3日であっても、正常な性状の便が排出されていれば、正常な便通とみなしてよい。

問題 31 (p25)　　　正解　**1、3、5**

1　〇　利用者の身体状況だけでなく、住居環境のアセスメントも行い、必要であれば住宅改修や福祉用具の導入も検討する。

2　×　入浴等の介助は、利用者の**身体状況を確認するよい機会となる**。利用者の羞恥心に十分配慮したうえで、皮膚に発赤がないか、ぶつけた痕がないか、不自然な傷やあざがないかなどを観察する。

3　〇　入浴による発汗で失われた水分を補う必要がある。

4　×　**アルコールは皮膚を乾燥させる**ため、高齢者の清拭には不向きである。

5　〇　入浴時に洗髪できない場合は、洗髪器やドライシャンプーを用いる方法もある。

ポイント

入浴の介護のポイントとして、次のことにも留意する。
・食事の直後や空腹時の入浴は避ける。
・冬期は、居室・脱衣室・浴室の温度を少し高くしておく。
・入浴後は爪が柔らかくなるので、入浴後に爪を切るとよい。

問題 32 (p25)　　　正解　**2、5**

1　×　口腔には、咀嚼、嚥下、**発音**、呼吸という4つの大きな機能がある。

2　〇　口腔ケアには、口腔細菌の除去、唾液分泌の回復、味覚の回復、咳反射（咳嗽反射）の改善などの効果がある。**咳反射**とは、異物が気管に入ったときに咳で押し出そうとする働きのことである。

3　×　経管栄養を行っている場合は、唾液分泌量が減少し、咀嚼による自浄作用がないため、口腔内は非常に汚れやすく**口腔清掃の必要性は高くなる**。歯がない場合（総義歯）も同様である。

4　×　**機械的清掃法**のほうが、**化学的清掃法**より効果が高い。なお、機械的清掃法は歯ブラシなどを使う清掃法で、化学的清掃法は薬剤を使う清掃法である。

5　〇　外した義歯（入れ歯）は、義歯用歯ブラシで磨く。義歯の手入れは、1日1回は行う。

問題 33 (p26)　　　正解　**1、2**

1　〇　病院・診療所で行われる急性期・回復期の治療的なリハビリテーションは医療保険が適用され、介護保険では、身

体機能の維持・改善、介護負担の軽減などを目的とした**維持期のリハビリテーション**を行う。

2　○　手段的日常生活動作（IADL）には、炊事・洗濯・掃除・買い物・金銭管理・交通機関の利用などが含まれる。

3　×　失語症は、脳卒中による**右片麻痺**に合併することが多い。また、構音器官の麻痺や運動失調などが原因の言語障害は、**構音障害**である。失語症は、脳の言語中枢（言語野）の損傷により、言語・文字に関する機能が障害されるものである。

4　×　片麻痺の場合の歩行介助は、**患側**のやや後方から行う。

5　×　自動運動や自動介助運動が可能な場合には、**自動運動を行うことが筋力維持につながり、効果が大きい。**

■ポイント

失語・失行・失認・半側空間無視・注意障害・社会的行動障害などは、高次脳機能障害の症状である。

問題 34 (p26)　　　正解　**1、2、4**

1　○　**アルツハイマー型認知症**は、特殊なたんぱく質の脳への蓄積によるもので、**神経変性疾患**の認知症に分類される。

2　○　また、大脳基底核に病変がある場合には、パーキンソン症状などの運動障害や構音障害、嚥下障害がみられる。

3　×　アルツハイマー型認知症では**人格は次第に変化する**。血管性認知症では**人格は比較的よく保たれる**。

4　○　前頭側頭型認知症やレビー小体型認知症は、アルツハイマー型認知症と同じく、**神経変性疾患**に分類される。

5　×　これらの症状は、認知症の**認知症状（中核症状）**である。**BPSD（行動・心理症状）**には、幻視・幻覚、徘徊、暴言・暴力、妄想、抑うつなどがある。

問題 35 (p27)　　　正解　**1、5**

1　○　老年期うつ病では、気分の落ち込みよりも、不安・緊張・焦燥が目立つ。心気的とは、不安や恐怖によって正常な身体機能の徴候や軽度の身体症状を誤解して、重い身体疾患だと思い込むものである。

2　×　高齢者では**自殺に至ることが多い**。

3　×　**遅発パラフレニー**は、著しい体系化された妄想を主症状とする精神疾患である。**未婚で高齢の女性**、独居または社会的孤立、難聴などの人に多いとされる。

4　×　統合失調症の治療は、抗精神病薬を中心とする**薬物治療**と**心理社会療法**を組み合わせて行う。**服薬の継続の管理が重要**である。

5　○　高齢者のアルコール依存症には、若年発症型と老年発症型がある。断酒による離脱症状が長く続くので、治療には困難が伴う。

問題 36 (p27)　　　正解　**2、3、5**

1　×　「食間」とは、食事の２時間前後を目安に、**食事と食事の間**に飲むことである。

2　○　高齢者は肝機能や腎機能が低下しているため、薬の作用が増強されやすい。

3　○　副作用が出た際に速やかに対応できるように、あらかじめ知っておくことが必要である。

4　×　血圧を下げるカルシウム拮抗薬と、グレープフルーツジュースを一緒に飲むと、薬剤の作用が**強くなりすぎる**可能性がある。

5　○　正しい。なお、次の服薬時間が近い場合は、次の分から飲む。２回分を一度に飲むことはしない。飲み忘れた場合の対処は、あらかじめ確認しておく。

問題 37 (p28)　　　正解 2、3、5

1　✕　インスリンの自己注射を行っていても、食事量が多ければ**高血糖**になることがあり、食事量が少なければ**低血糖**になることもある。

2　○　**血液透析**は週3回程度の通院が必要だが、**腹膜透析**は月1〜2回の通院で済む。

3　○　麻薬の副作用として、まれに**せん妄**が起こることもある。

4　✕　経腸摂取が可能な患者には、**経管栄養法**が行われる（**胃ろう**は経管栄養法の一種である）。**中心静脈栄養法**は、**経腸摂取ができない**患者に行う。

5　○　注入の終了後も30〜60分くらいは、逆流を防ぐためにこの姿勢を保つ。

問題 38 (p28)　　　正解 1、2、5

1　○　抵抗力が低下していると死をもたらすこともある。O157やノロウイルス感染症による下痢では、下痢止め（止瀉薬）を用いないで、菌やウイルスを排出させたほうがよい。

2　○　膀胱炎、腎盂炎などの尿路感染症は、高齢者に多い感染症である。

3　✕　麻疹、水痘、結核の感染経路は、**空気感染**である。

4　✕　標準予防策（スタンダード・プリコーション）は、あらゆる人の血液、体液、分泌物、排泄物、創傷のある皮膚、粘膜には感染性があると考えて、**感染症の発生の有無にかかわらず常に行う。**

5　○　入所者1人ごとに、手袋の取り替えと手指衛生を行う。感染拡大の危険性が高まるので、おむつの一斉交換は避ける。

問題 39 (p29)　　　正解 2、4

1　✕　胸痛の原因となる疾患は多岐にわたり、**心筋梗塞**のほか、**狭心症、解離性大動脈瘤**、**肺梗塞**などがある。

2　○　呼吸が停止した場合は5分程度で心停止に陥るため、異物の除去が優先される。

3　✕　JCS（ジャパン・コーマ・スケール）では、刺激しても覚醒しない意識レベルは、JCS −200のように**3桁**の数字で表す。

4　○　救急車が来るまでは、水平に寝かせて、嘔吐時に誤嚥しないように体を横向きにする。

5　✕　下血は、口腔から直腸までの**全消化管の出血で起こる**。鮮紅色の下血は大腸などの疾患で起こり、上部消化管の出血では、黒色便（タール便）がみられる。

問題 40 (p29)　　　正解 2、3

1　✕　訪問看護を提供できるのは、**看護師、准看護師、保健師、理学療法士、作業療法士、言語聴覚士**である。

2　○　**病院・診療所**が提供する場合と、**訪問看護ステーション**が提供する場合とでは、介護報酬や人員基準が異なる。

3　○　訪問看護事業者は、**主治の医師による指示**を文書で受け、主治の医師に**訪問看護計画書**と**訪問看護報告書**を提出しなければならない。

4　✕　1の解説で、訪問看護を提供できる者として理学療法士等が含まれていることからも明らかなように、訪問看護でも**リハビリテーション**が提供される。

5　✕　訪問看護師は、訪問看護報告書を作成し、**主治の医師**に提出する。

問題 41 (p30)　　　正解 1、3、5

1　○　短期入所生活介護の「入浴、排泄、

食事等の介護その他の日常生活上の世話および機能訓練を行う」と比較すると、**看護や医学的管理**に重点が置かれている。

2　✕　**介護家族の負担軽減**は、短期入所療養介護の重要な目的の1つである。終わりのみえない介護に対して、**身体的・精神的な休息のためのケア**（レスパイト・ケア）として提供される。

3　○　気管カニューレや胃ろうチューブの交換は在宅でできないわけではないが、短期入所療養介護を利用して行うこともできる。

4　✕　食費・滞在費は利用者負担であるが、短期入所サービスの場合、**おむつ代**は保険給付に含まれ、**利用者負担にはならない。**

5　○　連続して30日を超える分については、全額自己負担となる。

問題 42 (p30)　　　　　正解　1、2

1　○　通所介護（デイサービス）に比べて、**医療的ケアとリハビリテーション**の機能がより充実している。

2　○　医師は、理学療法士、作業療法士等と共同して、**通所リハビリテーション計画**を作成する。

3　✕　原則として、**理学療法士、作業療法士、言語聴覚士のいずれか**を、1人以上配置しなければならない。

4　✕　通所リハビリテーションと訪問リハビリテーションの指定を併せて受け、リハビリテーション会議等を通じて利用者の情報を共有し、**整合性のとれた計画を作成**した場合は、**1つの計画で両方のサービスを実施することができる。**

5　✕　前問の短期入所サービスと異なり、通所サービスでは、食費も**おむつ代**も、**利用者負担である**（保険給付に含まれない）。

問題 43 (p31)　　　　　正解　1、3、5

1　○　居宅療養管理指導は**通院が困難な利用者**が対象であることは、居宅サービスの基準の基本方針に規定されている。

2　✕　理学療法士等の**リハビリ専門職**は、居宅療養管理指導を**提供できない**。なお、**看護職員**（看護師・准看護師・保健師）が行う居宅療養管理指導は、提供実績がきわめて低いことから**廃止された**（2017年改正）が、歯科衛生士が行う居宅療養管理指導に相当するものを行うことはできる。

3　○　薬剤師は、医師・歯科医師の指示（薬局の薬剤師は、医師・歯科医師の指示に基づき薬剤師が策定した薬学的管理指導計画）に基づき、サービスを行う。

4　✕　訪問指導計画は、歯科衛生士が自ら作成するのではなく、**歯科医師**が作成する。他の記述は正しい。

5　○　管理栄養士（栄養士は不可）も、医師の指示に基づきサービスを行う。

問題 44 (p31)　　　　　正解　1、4、5

1　○　介護老人保健施設は、医療と福祉を合わせたサービスを提供し、在宅復帰を支援して居宅での生活を継続できるように在宅ケアを支える機能が重視される。

2　✕　介護老人保健施設は、**短期入所療養介護や通所リハビリテーション**などの居宅サービスを行って、在宅生活を支援している。

3　✕　**地方公共団体、医療法人、社会福祉法人**その他厚生労働大臣が定める者が開設できる。

4　○　**協力病院**は定めておかなければならない。**協力歯科医療機関**は定めておくよう努めなければならない（努力義務）。

5　○　厚生労働省の調査によれば、要介護4と5の入所者は、介護老人福祉施設

は約70%、介護医療院は約84%であるが、介護老人保健施設は約45%と少ないため、平均要介護は低い（2019年度）。

問題 45 (p32) 　　正解 **1、2、4**

1 ○ 介護保険法と施行規則にこのように規定されている。

2 ○ Ⅰ型療養床のほうが人員基準が手厚い。Ⅰ型療養床は、重篤な身体疾患を有する者や身体合併症を有する認知症高齢者等を入所させるもの、Ⅱ型療養床はそれ以外のものである。

3 ✕ 介護医療院は、療養上の管理、看護、医学的管理の下における介護、**機能訓練**その他必要な医療、日常生活上の世話を行うものと定義されている。

4 ○ また、この委員会の結果について、介護職員その他の従業者に周知徹底を図らなければならない。

5 ✕ **検査**、**投薬**、**注射**、**処置等**は、入所者の病状に照らして**妥当適切に行う**ことが基準に定められている。

福祉サービス分野

問題 46 (p33) 　　正解 **1、2、4**

1 ○ 記述は、ソーシャルワークのグローバル定義に基づき、国内のソーシャルワーク関係団体が目標に掲げる取組みの1つである。

2 ○ 個人を取り巻く環境は多様・複雑であり、その構造の機能不全が生み出す生活課題の改善に向けて、それぞれのシステムおよびそれらの接点に向けて働きかけを行う。

3 ✕ ソーシャルワークは、「**社会福祉**」と呼ばれる**記述のような制度をも包含する**、多様な機能をもつ支援の方法論である。

4 ○ これらの方法論は、伝統的には、**ケースワーク**（個別援助）、**グループワーク**（集団援助）、**コミュニティワーク**（地域援助）と整理されてきた。

5 ✕ 地域ケア会議の機能は、マクロ・レベルに限定されるわけではない。**ミクロ・レベル**である**個別課題解決機能**もある。

問題 47 (p34) 　　正解 **2、4**

1 ✕ **個別化の原則**とは、クライエントを**個々の人間としてとらえ**、その人に合った個別の対応をすることである。

2 ○ **感情受容と共感の原則**と**専門的援助関係の原則**である。

3 ✕ **意図的な感情表出の原則**とは、援助者が感情を表出するのではなく、**クライエントの感情を意図的に表出させる**ことである。

4 ○ 援助者の倫理的判断や価値観を先行させ、それをクライエントに表明することは、クライエントの自己決定を妨げることになりかねない。

5 ✕ 相談面接においては、**情緒的レベルで関与する**ことが求められる。クライエントの感情を受けとめながら、それに巻き込まれることなく、情緒的レベルで関与することが、**統制された情緒関与の原則**である。

問題 48 (p34) 　　正解 **1、5**

1 ○ 話すときの表情、視線、身振り、握手などの身体的接触等、非言語的コミュニケーションが果たす役割も大きい。

2 ✕ 事前に得られた情報から、クライエントの立場に立った見方を予想し、共感的な姿勢を準備しておくことを**予備的共感**といい、**傾聴**を支える大切な過程である。

3　✕　援助者が、**クライエントに合わせ
て**、自分の態度や言葉遣い、話題や質問
の形式などを変えていくことを、**波長合
わせ**という。

4　✕　クライエントの述べたことを単純
に反復して返すことも、**要約のために有
効な技術である。**

5　○　**オープンクエスチョン**は、傾聴の
ためには有効で、面接を始めるときには
ここから入るのが本来だが、**クローズド
クエスチョンも面接の焦点をしだいに定
めていくとき**には有効で、必要に応じて
使い分けることが重要である。

問題 49 (p35)　　　正解　**1、2、3**

1　○　通院等のための乗車または降車の
介助とは、利用者に対して、訪問介護員
等が自ら運転する車両への乗車・降車の
介助を行うとともに、乗車前・降車後の
移動等の介助、通院先・外出先での受診
等の手続き、移動等の介助を行うことで
ある。

2　○　特段の専門的配慮をもって行う調
理とは、**嚥下困難者のための流動食や糖
尿病食等の調理**である。

3　○　生活援助は、掃除、洗濯、一般的
な調理、衣類の整理、被服の補修、買い
物、薬の受け取りなどである。

4　✕　介護職が医行為（医療行為）を行
うことは認められていないが、体温測定
や血圧測定は**医行為でないもの**とされ、
訪問介護員が行うことができる。ほかに、
軽微な切り傷ややけどの処置、軟膏の塗
布、一包化された内服薬の内服、座薬の
挿入の介助なども医行為に該当しない。

5　✕　庭の草むしりや花木の水やりは、
生活援助として認められていない。

◆ポイント

2012年度から、医行為である喀痰の吸引
や経管栄養の処置を、一定の研修を受けた

介護職員等が行うことが可能になった。

解説5の生活援助として認められていな
いものは、ほかに、利用者以外のものの洗
濯・調理・買い物・掃除、自家用車の洗車、
家具・電気器具等の移動、大掃除などがある。

問題 50 (p35)　　　正解　**1、5**

1　○　それと同時に、家族の介護負担の
軽減を図る効果もある。

2　✕　通所介護でも、**機能訓練**は重要な
サービスの1つである。機能訓練指導員
を配置して行う。

3　✕　一定の水準を満たした事業者で市
町村が認めれば、**基準該当通所介護事業
者**として通所介護を提供できる。

4　✕　認知症の要介護者も、**通所介護を
利用できる。**地域密着型サービスには、
認知症の利用者に特化した認知症対応型
通所介護もある。

5　○　2014年改正によって、**介護予防通
所介護**は**地域支援事業に移行**した。地域
支援事業の介護予防・生活支援サービス
事業（第1号事業）として行われる。

問題 51 (p36)　　　正解　**2、5**

1　✕　短期入所生活介護は、**居宅サービ
ス**の1つに位置づけられる。

2　○　居宅サービスの基準にも、「利用
者の家族の身体的及び精神的負担の軽減
を図るものでなければならない」とある。

3　✕　家族の病気や、冠婚葬祭・出張な
どは、短期入所生活介護を利用する理由
として**認められている。**

4　✕　**連続して30日を超えて利用する場
合、30日を超える分**については保険給付
されない。また、短期入所生活介護を居
宅サービス計画に位置づける場合は、利
用日数が**要介護認定の有効期間のおおむ
ね半数を超えない**ようにしなければなら

ない。この2点は、短期入所療養介護も同じである。

5　○　これは短期入所療養介護にも共通の規定である。居宅サービス計画が作成されている場合には、それに沿った短期入所生活介護計画としなければならない。たとえ4日未満の利用でも、居宅介護支援事業者等と連携をとるなどして利用者の心身の状況を踏まえたサービスを行う。

問題 52 (p36)　　　　　正解　**2、3、4**

1　✕　地域密着型特定施設入居者生活介護は、**要支援者は利用することができない**。居宅サービスの特定施設入居者生活介護と異なる点である。

2　○　**単独型**の認知症対応型通所介護は、特別養護老人ホーム等に併設されていない事業所で行われる。**併設型**は、特別養護老人ホーム等に併設されている事業所で行われる。**共用型**は、認知症対応型グループホームの居間・食堂、または地域密着型特定施設・地域密着型介護老人福祉施設の食堂・共同生活室において、これらの事業所や施設の利用者・入居者・入所者とともに行われる。

3　○　介護保険法施行規則に規定されている。

4　○　小規模多機能型居宅介護事業所の介護支援専門員は、利用者の**居宅サービス計画**と**小規模多機能型居宅介護計画**を作成する。

5　✕　小規模多機能型居宅介護は、利用者が事業所に登録して訪問・通い・宿泊の3つのサービスを組み合わせて利用するため、どのサービスを利用するかに関係なく、介護報酬は要介護度別に**一律に1か月当たり**で設定されている。

問題 53 (p37)　　　　　正解　**3、4**

1　✕　夜間対応型訪問介護は、**要支援者は利用できない**。

2　✕　夜間対応型訪問介護では、記述の**定期巡回サービス**のほかに、通報に対応して訪問の要否を判断する**オペレーションセンターサービス**、**随時訪問サービス**が提供される。

3　○　オペレーションセンターは、通常の事業の実施地域内に**1か所以上設置**しなければならないが、定期巡回サービスを行う訪問介護員等が利用者から通報を受けることにより適切にオペレーションセンターサービスを実施できる場合は、**設置しないことも可能である**。

4　○　なお、利用者が適切に随時の通報ができる場合は、**端末機器（ケアコール端末）を配布せず**、利用者所有の家庭用電話や携帯電話で代用してもよい。

5　✕　夜間対応型訪問介護は、**区分支給限度基準額管理の対象**である。

問題 54 (p37)　　　　　正解　**1、3**

1　○　認知症対応型共同生活介護は、認知症であって、**少人数による共同生活を営むことに支障がない者**に提供する。入居に際しては、主治の医師の診断書等により入居申込者が認知症であることを確認しなければならない。

2　✕　家事は利用者と介護従業者が共同で行う。利用者が**役割をもって、家庭的な環境で生活する**という認知症対応型共同生活介護の趣旨にかなうものである。

3　○　介護保険法8条20項に規定されている。

4　✕　**計画作成担当者**は、以前は共同生活住居ごとに置くものとされていたが、2020年改正により**事業所ごとに1人以上**置くことになった。計画作成担当者を事

業所に１人置く場合には**介護支援専門員**を充て、複数置く場合には、少なくとも１人は**介護支援専門員**でなければならない。

5　×　**協力医療機関**は定めておかなければならないが、**協力歯科医療機関**は定めておくよう**努めなければならない**とされ、**努力義務**である。

問題 55 (p38)　　　[正解] **2、4、5**

1　×　介護負担の軽減は福祉用具の目的の１つであるが、利用者の失った機能を補完し、**生活動作の自立**を図り、**人としての尊厳を保つ**ことをめざすものである。

2　○　福祉用具貸与は、居宅サービス事業者の指定を受けた事業者によって行われる（基準該当サービス事業者・相当サービス事業者も認められている）。

3　×　福祉用具貸与の種目は13種目であるが、要支援１・２、要介護１の軽度者は、原則として**4種目しか利用できない**などの制限がある。

4　○　ただし、福祉用具貸与については、2018年10月から、国が全国平均貸与価格を公表し、それをもとに貸与価格に商品ごとの上限が設定された。

5　○　福祉用具貸与に加え、特定福祉用具販売の利用があるときは、福祉用具貸与計画と特定福祉用具販売計画を一体のものとして作成する。

問題 56 (p38)　　　[正解] **2、3**

1　×　住宅改修には**事業者の指定制度がない**ため、一般の工務店やリフォーム会社に依頼することになる。ただし、都道府県または市町村単位で**事業者の登録制度**を導入し、事業者情報の公表を行う地域もある。

2　○　厚生省告示に「住宅改修の種類は、

一種類とし、次に掲げる住宅改修がこれに含まれるものとする。」とされ、その内容が規定されている。
一　手すりの取付け
二　段差の解消
三　滑りの防止及び移動の円滑化等のための床又は通路面の材料の変更
四　引き戸等への扉の取替え
五　洋式便器等への便器の取替え
六　その他前各号の住宅改修に付帯して必要となる住宅改修

3　○　居宅介護住宅改修費も介護予防住宅改修費も、支給限度基準額は一律に20万円（利用者負担を含む）である。

4　×　支給限度基準額は**同一の住宅**について20万円と設定されているため、転居した後、再び住宅改修を行った場合には、**再度、支給限度基準額まで支給を受けることができる。**

5　×　住宅改修費は、現物給付ではなく、**償還払い**で支給されるのが原則である。なお、事業者登録制度を実施している自治体では、利用者が自己負担分のみ事業者に支払い、保険給付分の受領を事業者に委任する**受領委任払い**も行われている。

問題 57 (p39)　　　[正解] **1、2、4**

1　○　**老人福祉法**における特別養護老人ホームは、**介護保険法**の指定を受けて初めて、介護老人福祉施設・地域密着型介護老人福祉施設になる。

2　○　2019年９月現在、入所者の84.1％が80歳以上、41.9％が90歳以上であり、入所者の96.4％に認知症の症状がある。

3　×　医師は、入所者に対し健康管理および療養上の指導を行うために**必要な数**を置くものとされ、**常勤であることは必要とされていない。**

4　○　居宅で日常生活を営むことができると認められる入所者に対しては、本人

や家族の希望、退所後の環境等を勘案し、円滑な退所のための援助を行う。

5　✕　入所者が病院へ入院した場合でも、おおむね**3か月以内**に退院することが明らかに見込まれるときは、**退院後再びその施設に円滑に入所することができるようにしなければならない**とされる。

問題 58 (p39)　　正解　**1、2、5**

1　○　人が住み慣れた地域で生活を継続するために、連携して利用できるすべてのものが社会資源といえる。

2　○　フォーマルな分野の社会資源は、画一的になりやすいが、一定の水準が保証されるという利点がある。

3　✕　**上乗せサービス**（支給限度基準額の上乗せ）や**横出しサービス**（市町村特別給付）は、行政の行うフォーマルなサービスである。

4　✕　インフォーマルな分野のサポートは、家族、友人・近隣、ボランティア、相互扶助団体などによって行われるが、一般に、**専門性が低く、安定した供給には難がある**。

5　○　介護支援専門員の役割の1つとして挙げられる。

問題 59 (p40)　　正解　**2、3、5**

1　✕　障害者総合支援法の対象者は、身体障害者・知的障害者・精神障害者（**発達障害者を含む**）・難病等の患者である。

2　○　介護給付では、居宅介護・重度訪問介護・同行援護・短期入所などが行われる。

3　○　訓練等給付では、自立訓練・就労移行支援・就労継続支援・共同生活援助などが行われる。

4　✕　障害福祉サービスの利用を希望する場合は、**市町村**に対して支給申請を行う。市町村は、障害支援区分の認定、障害福祉サービスの支給決定などを行う。

5　○　障害支援区分は、**区分6**が最も重度である。

問題 60 (p40)　　正解　**1、2、5**

1　○　養護者による虐待の被害を受ける割合は、女性が75.2％を占めている。要介護認定等を受けている者の36.1％が要介護3以上であり、認知症高齢者の日常生活自立度Ⅱ以上の者が72.2％を占めている（2020年度・厚労省調査）。養介護施設従事者等による虐待でも、同様の傾向がある。

2　○　重度の認知症高齢者の場合には、認知症の周辺症状としての**自傷自害行為**がみられることがある。

3　✕　高齢者虐待には、**身体的虐待・心理的虐待・性的虐待・経済的虐待**に加え、**介護放棄（ネグレクト）**があり、**5つ**に分類される。

4　✕　高齢者虐待防止法の正式名称は、「高齢者虐待の防止、高齢者の養護者に対する支援等に関する法律」であり、この名称のとおり、**養護者に対する支援**も規定した、福祉法的な性格の法律である。

5　○　高齢者の生命または身体に重大な危険を生じている場合には通報義務が、それ以外の場合には通報の努力義務が規定されている。

第2回 予想問題　解答・解説

介護支援分野

問題 1 (p43)　　　[正解] 1、4、5

1 ○　65歳以上の高齢者が総人口に占める割合（高齢化率）は、**2025年**には**30.0%**になるものと推計されている。

2 ✕　要支援認定・要介護認定を受けた高齢者は、高齢者人口の**約18.7%**である（令和3年3月末現在）。

3 ✕　要介護高齢者の発生率は、年齢が高くなるにつれ高くなり、85歳以上ではおよそ**2人に1人**以上がなんらかの支援を必要とする状態になっている。

4 ○　高齢世代人口の比率は急激に高まっていて、2025年になると、稼働年齢層の3人で75歳以上の人1人を支えることになる。

5 ○　第1号被保険者数・認定者数ともに増加し続けており、それに伴い、保険給付費も増加している。

問題 2 (p44)　　　[正解] 1、2

1 ○　市町村は、**被保険者の資格管理に関する事務**として、被保険者証の発行・更新を行う。

2 ○　市町村の行う**保険料に関する事務**の一部である。

3 ✕　第2号被保険者負担率の設定は**国**の事務であり、3年に1度政令に定めて行われる。

4 ✕　市町村事務受託法人の指定は、**都道府県**が行う。

5 ✕　介護保険審査会の設置・運営は、**都道府県**の事務である。

● ポイント

　介護保険の保険者である市町村の事務には、次のようなものがある。

① 被保険者の資格管理に関する事務
② 要介護認定等に関する事務
③ 保険給付に関する事務
④ サービス提供事業者に関する事務
⑤ 地域支援事業・保健福祉事業に関する事務
⑥ 市町村介護保険事業計画に関する事務
⑦ 保険料に関する事務
⑧ 条例・規則等に関する事務
⑨ 介護保険の財政運営に関する事務

選択肢1は①、選択肢2は⑦に含まれる。

問題 3 (p44)　　　[正解] 2、3、5

1 ✕　市町村計画には、記述のものを定めるほか、それらに要する費用の額や保険料の水準に関する**中長期的な推計**を定めるように努めるものとされる。

2 ○　**介護保険事業計画と老人福祉計画**は、その性質上、**一体のものとして作成**されなければならない。

3 ○　地域密着型サービスの事業者を指定するのは市町村長であるが、市町村計画に定める必要利用定員総数等の量の見込みについては、**あらかじめ都道府県の意見を聴く**こととなっている。

4 ✕　この事項は、**都道府県計画**に「定めるように努める事項」とされている。

5 ○ 地域密着型サービスの定期巡回・随時対応型訪問介護看護や小規模多機能型居宅介護の育成を図る趣旨である。

問題 4 (p45)　　正解　**2、3、5**

1 ✕ 市町村の区域内に住所を有する65歳以上の者は、第1号被保険者となり得る。しかし、市町村の区域内に住所を有する40歳以上65歳未満の者は、**医療保険加入者でなければ、第2号被保険者となり得ない**。また、第1号被保険者、第2号被保険者とも、適用除外事由に該当しないことが求められる。

2 ○ 記述の者は、必要な住所要件を満たしていないので、被保険者とならない。

3 ○ 「一定の要件」とは、**3か月以上の在留期間を有する者**（あるいは3か月以上在留すると認められる者）であることなどである。

4 ✕ 措置により養護老人ホームに入所していることを理由に、被保険者から**除外されることはない**。

5 ○ このような場合を、**適用除外**という。適用除外の対象となる施設には、指定障害者支援施設のほかに、ハンセン病療養所、生活保護法の救護施設、労働者災害補償保険法の被災労働者支援施設等がある。これらの施設では、①長期の入所者が多く介護保険のサービスを受ける可能性が低い、②施設が介護に相当するサービスを提供している、③40歳以上の人が多く入所している、などの理由から、適用除外の措置がとられている。

問題 5 (p45)　　正解　**3、4、5**

1 ✕ 保険料の徴収は、原則として**特別徴収**により行われる。被保険者は、一定の要件によって徴収方式が定められ、**納入方式を選択することはできない**。

2 ✕ 記述の内容は逆である。**年金から天引きして徴収する方式を特別徴収といい、直接納入の通知をして徴収する方式を普通徴収**という。

3 ○ 保険料の徴収額が確定するのは、被保険者の前年の所得把握が終わる6月頃なので、年度前半の特別徴収は仮徴収となり、後半で調整が行われる。

4 ○ 普通徴収による保険料収納の事務は、私人にも委託できる（法144条の2）。

5 ○ 災害等の事情により一時的に負担能力が低下するなど特別な理由がある者については、条例により、減免や徴収猶予を行うことができる。

問題 6 (p46)　　正解　**1、3**

1 ○ 市町村特別給付は、介護給付・予防給付以外に、市町村が独自に行う給付であり、移送サービス・給食配達サービス・寝具乾燥サービスなどが行われる。また、市町村は、介護給付・予防給付についても、独自の高い給付水準を設定することができる。

2 ✕ 住宅改修費は**予防給付にもある**。支給限度基準額も、介護給付と同じ20万円である。

3 ○ 福祉用具貸与と特定福祉用具販売は、認められる品目など内容は異なるが、介護給付にも予防給付にもある。

4 ✕ **地域密着型介護老人福祉施設入所者生活介護は、施設に関する給付**である。

5 ✕ 高額介護サービス費の支給の対象となるのは、**施設サービスを含む**原則定率1割の利用者負担の合計額である。

問題 7 (p46)　　正解　**1、2**

1 ○ 介護予防・日常生活支援総合事業（以下、「総合事業」という）および包括的支援事業は、すべての市町村で行う必

須事業である。

2　○　総合事業の介護予防・生活支援サービス事業（第1号事業）では、訪問事業・通所事業・生活支援事業・介護予防支援事業が行われる。

3　×　要支援者だけでなく、**基本チェックリスト**による判定で**支援が必要と判断された第1号被保険者**も対象となる。また、2020年改正によって、一部の**要介護者**も利用できるようになった。

4　×　従来、必須事業として行われてきた介護予防事業は、**一般介護予防事業**として総合事業に位置づけられて行われている。

5　×　記述の2つの事業は、**任意事業**とされ、すべての市町村で実施されるものではない。

問題8 (p47)　　　　[正解]　**1、2、5**

1　○　介護保険の給付が行われ、医療保険の給付は行われない。

2　○　急性期の医療等についても、医療保険から給付が行われる。

3　×　介護医療院に入所している者が、手術等の急性期治療を受ける場合には、急性期病棟に移ったうえで**医療保険**からの給付が行われる。

4　×　**介護保険の保険給付が優先**し、原則として障害者施策による在宅介護サービスは併給されない。

5　○　労働者災害補償保険法等の給付が行われ、介護保険の給付は行われない。

ポイント

介護保険に優先する給付としては、選択肢5のほかに、国家公務員災害補償法等の規定による公務災害に対する補償の給付や、戦傷病者特別援護法等の規定による国家補償的給付がある。

「～が優先する」「～に優先する」の文脈に注意すること。

問題9 (p47)　　　　[正解]　**1、4**

1　○　区分支給限度基準額は、要支援1・2、要介護1～5のそれぞれに設定されている。

2　×　要介護者（居宅介護福祉用具購入費）も要支援者（介護予防福祉用具購入費）も、支給限度基準額は**同額の10万円**（利用者負担を含む）である。他の記述は正しい。

3　×　住宅改修費支給限度基準額は20万円（利用者負担を含む）であるが、20万円を超える住宅改修を行う場合であっても**申請はできる**。ただし、**支給限度基準額を超える部分は自費負担**である。

4　○　介護保険施設には、支給限度基準額は設定されていない。

5　×　ある支給限度基準額に係る保険給付を受けるか否かは、他の支給限度基準額に影響を及ぼさない。したがって、記述の場合に区分支給限度基準額が**減額されることはない**。

ポイント

次の介護サービスについては、支給限度基準額が設定されていない。

① 居宅サービスのうち居宅療養管理指導、特定施設入居者生活介護（短期利用は除く）

② 居宅介護支援

③ 地域密着型サービスのうち認知症対応型共同生活介護（短期利用は除く）、地域密着型特定施設入居者生活介護（短期利用は除く）、地域密着型介護老人福祉施設入所者生活介護

④ 施設サービス

これらのサービスは、他のサービスとの代替性がないこと等から、支給限度基準額管理は行われず、介護報酬の算定基準に基づき請求することになる。

問題 10 (p48)　　　正解 2、3

1　**×**　第1号被保険者の保険料率は、市町村が、**3年に1度**設定する。

2　**○**　所得段階別標準9段階の保険料の場合、第5段階が〔基準額×1〕、第9段階が〔基準額×1.7〕のように定められる。

3　**○**　市町村は、条例により9段階の区分を10段階以上にする等、弾力的に設定することも可能である。

4　**×**　保険給付の水準等の違いにより、市町村ごとに保険料収納必要額が異なることから、第1号被保険者の保険料の基準額は、**市町村ごとに異なる**ことになる。

5　**×**　過去の実績等から判断して、必ずしも100％の保険料収納率の確保が見込まれない市町村においては、**見込まれる収納率に基づいて**、保険料の賦課総額を算出する必要がある。

問題 11 (p48)　　　正解 1、2、4

1　**○**　審査は、居宅サービス計画に基づいて作成される給付管理票との突き合わせによって行われる。

2　**○**　当然の業務として支給限度基準額管理を行う。

3　**×**　償還払いの場合、利用者は、**市町村**に対して償還払いの申請を行う。

4　**○**　市町村は、**介護予防・日常生活支援総合事業**に要する費用の審査・支払いを国保連に委託して行う。

5　**×**　介護給付費等審査委員会は、国保連の職員ではなく、それぞれ同数の**介護サービス担当者または介護予防・日常生活支援総合事業担当者を代表する委員、市町村を代表する委員、公益を代表する委員**で構成される。

問題 12 (p49)　　　正解 2、3、5

1　**×**　認定の申請は、指定居宅介護支援事業者や介護保険施設、地域包括支援センター、民生委員、社会保険労務士、成年後見人などが**代行することができる**。

2　**○**　特別な理由がある場合には、その理由と処理に要する見込期間を30日以内に被保険者に通知して、認定・不認定の決定を延期することができる。

3　**○**　被保険者が、正当な理由なしに、認定調査に応じないとき、市町村の指定する医師等の診断を受けないときは、市町村は申請を却下することができる。

4　**×**　新規認定の効力は、**申請時にさかのぼる**こととされており、認定申請時点からサービスを利用した場合についても、保険給付の対象となり得る。

5　**○**　緊急やむを得ない理由によりサービスの提供を受ける必要が生じた場合、市町村が必要と認めれば、認定の申請前に利用したサービスも保険給付の対象となる。この場合は特例居宅介護サービス費等が支給される。

問題 13 (p49)　　　正解 1、5

1　**○**　特定疾病は、介護保険法施行令で定められた16の疾病をいう。

2　**×**　糖尿病性神経障害、糖尿病性網膜症および糖尿病性腎症は、特定疾病とされているが、**糖尿病そのものが特定疾病であるわけではない**。

3　**×**　骨折を伴う骨粗鬆症は特定疾病とされているが、**骨粗鬆症そのものが特定疾病であるわけではない**。

4　**×**　重症筋無力症は、**特定医療費助成制度の対象疾患の1つ**であるが、**特定疾病ではない**。特定医療費助成制度は、厚生労働省が指定する難病の患者に対して、医療費を助成する制度である。特定疾病

である筋萎縮性側索硬化症、後縦靱帯骨
化症、脊髄小脳変性症、パーキンソン病
等も特定医療費助成制度の対象になって
いる。

5　○　特定疾病は、「加齢に伴って生ず
る心身の変化に起因する疾病」と定義さ
れている。

問題 14 (p50)　　　　[正解]　**1、4、5**

1　○　一次判定は、基本調査の結果をコ
ンピュータに入力することにより、自動
的に行われる。

2　×　要介護認定等基準時間を算定する
もととなる介助等に係る行為は、直接生
活介助、**間接生活介助**、認知症の行動・
心理症状関連行為、機能訓練関連行為、
医療関連行為の5つである。間接生活介
助とは、掃除、洗濯などの家事援助等で
ある。

3　×　要介護認定等基準時間は、**実際に
行われている介護時間そのものではなく**、
介護の必要性を判断するための尺度とし
て推計された基準である。

4　○　要介護等状態区分は、ポイントに
示すように、要介護認定等基準時間によ
って定義されている。

5　○　要支援2と要介護1の要介護認定
等基準時間は同じであり、この判別には、
別の判断基準が必要である。

ポイント

　要介護等状態区分は、要介護認定等基準
時間が次のようである状態または相当する
と認められる状態とされている。
　①　要支援1　　25分以上32分未満
　②　要支援2　　32分以上50分未満
　③　要介護1　　32分以上50分未満
　④　要介護2　　50分以上70分未満
　⑤　要介護3　　70分以上90分未満
　⑥　要介護4　　90分以上110分未満
　⑦　要介護5　　110分以上

問題 15 (p50)　　　　[正解]　**2、4**

1　×　一次判定は市町村が行い、介護認
定審査会は**二次判定**を行う。

2　○　自ら審査・判定の業務を行うこと
が困難な市町村については、都道府県が
介護認定審査会を置き審査・判定を行う
ことができる。

3　×　介護認定審査会の委員は、**保健・
医療・福祉の学識経験者**により構成され
る。委員の任期は原則2年である。

4　○　合議体を構成する委員の定数は、
5人を標準として市町村が定める。

5　×　審査・判定にあたり必要があると
認めるときは、被保険者、家族、主治医
等の関係者から**意見を聴くことができる**
とされる。

問題 16 (p51)　　　　[正解]　**2、4**

1　×　被保険者から認定の申請を受けた
市町村は、その被保険者の障害の原因で
ある疾病や負傷の状況等について、**主治
医から意見を求める**こととされている。
「必要に応じて」ではない。

2　○　主治医意見書には、統一書式と記
入のためのマニュアルが定められている。

3　×　「特別な医療」の欄では、過去**14
日間以内**に受けた医療のすべてにチェッ
クを行う。そのほか、傷病に関する意見、
心身の状態に関する意見、生活機能とサ
ービスに関する意見、その他特記すべき
事項等について記載する。

4　○　第2号被保険者の場合、要介護・
要支援状態の原因が特定疾病によること
が明らかにされなければならない。

5　×　**主治医意見書**は、要介護認定等に
不可欠の資料であるから、申請者に主治
医がいない場合は、市町村の指定する医
師または市町村の職員である医師が主治
医意見書を作成する。

問題 17 (p51)　　[正解] **1、2、3**

1 ○　介護予防サービス10種、地域密着型介護予防サービス３種が含まれる。

2 ○　要支援者対象のサービスには、人員・設備・運営基準に加え、介護予防のための効果的な支援の方法に関する基準が定められている。

3 ○　介護予防サービス等区分に含まれる10種のサービスが管理の対象になる。

4 ×　**特定入所者介護予防サービス費**があり、介護予防短期入所生活介護と介護予防短期入所療養介護における**食費・滞在費**について適用される。

5 ×　要介護者対象のサービスと要支援者対象のサービスは、**一体的に提供することができる**。事業者の指定においても、どちらかの人員・設備基準を満たしていれば、他方の基準も満たしているものとみなされるものが多い。

問題 18 (p52)　　[正解] **1、3、5**

1 ○　サービス提供の開始についての入所申込者の同意は、**入所者本人から得る**。施設・入所者双方を保護する観点から、**文書によることが望ましい**とされる。

2 ×　**介護支援専門員**は、**入所者100人までは１人以上を配置**するものとされ、定員50人であっても配置しなければならない。

3 ○　入所者の栄養管理、口腔衛生の管理を強化するため、2020年改正で新設された規定である。

4 ×　介護職員の人員基準も、施設によって異なる。

5 ○　苦情を受け付けた場合は、苦情の内容等を記録しなければならない。

問題 19 (p52)　　[正解] **1、2、4**

1 ○　地域密着型サービスは、市町村長が**市町村内の事業所・施設**（他の市町村にある場合は、その市町村長の同意が必要）を指定するものである。

2 ○　原則として、事項ごとに厚生労働省令で定める基準「に従い」または「を標準として」または「を参酌して」市町村の条例で定めるが、市町村は、厚生労働省令で定める範囲内で、これに代えて、市町村独自の基準を設定することができるものとされる。

3 ×　報告・立入検査等についての権限は、**市町村長のみにある**。勧告・命令等を行うのも市町村長である。

4 ○　**公募指定**の対象となるサービスは、定期巡回・随時対応型訪問介護看護、小規模多機能型居宅介護、看護小規模多機能型居宅介護とされる（法78条の13）。

5 ×　指定の有効期間は**6年間**で、6年ごとに更新される。公募指定の場合は、「6年を超えない範囲内で市町村長が定める期間」とされている。

問題 20 (p53)　　[正解] **2、4、5**

1 ×　介護支援専門員の配置は、利用者**35人に対して１人以上**を基準とする。

2 ○　営業時間中は、利用者が常に連絡をとれる体制を整える必要があるためである。増員する場合は、非常勤でもいい。

3 ×　介護支援専門員については、他の業務との**兼務が認められている**（ただし、介護保険施設の常勤・専従の介護支援専門員との兼務を除く）。

4 ○　管理者は、常勤・専従が原則である。ただし、選択肢５の場合、ならびに管理者が同一敷地内にある他の事業所の職務に従事する場合には、兼務が認められている。

5 ○　管理者が、介護支援専門員として業務を行い事務所にいない場合にも、利用者が管理者に連絡をとれる体制を整える必要がある。

問題21 (p53)　　正解　1、2

1 ○　介護支援専門員の欠格事由は、法69条の2第1項に7つの事由が定められている。

2 ○　登録の消除の処分をのがれるために、自ら登録の消除の申請をした場合も、登録が消除された日から5年間は、登録を受けることができない。

3 ✕　登録の消除の事由となる一般の刑については禁錮以上の刑が該当し、罰金刑は**介護保険法などの保健医療・福祉に関するもの**が対象になる。例えば道路交通法などで罰金刑を受けても、それが消除の事由となることはない。

4 ✕　1年以内の禁止期間が経過すれば**業務を再開できる**。業務禁止処分がそのまま登録の消除となるわけではない。

5 ✕　「登録を消除できる」とされるものの1つで、必ず消除されるわけではない。業務に対する指示・命令に違反した場合などとともに、**情状が重い場合に消除の対象となる**。

問題22 (p54)　　正解　1、3、4

1 ○　利用者が入院中であるなどの特別な理由がある場合を除いて、課題分析は、必ず利用者の居宅を訪問して、利用者および家族に面接して行う。

2 ✕　課題分析は、**どの課題分析表を用いて行ってもよい**。ただし、その課題分析表は、科学的なものであり、国が示す課題分析標準項目を具備したものでなければならない。

3 ○　課題分析の目的である。

4 ○　身体機能的状況などの一面のみに着目するのではなく、全人的に把握することが求められる。

5 ✕　課題分析表を用いることにより、要介護者の生活状況が、**すべて把握できるわけではない**。介護支援専門員は、要介護者とのかかわりをもち、その中から得られた情報で課題分析表を補わなければならない。

問題23 (p54)　　正解　2、5

1 ✕　居宅サービス計画の作成にあたっては、保険給付の対象となる居宅サービス・地域密着型サービスだけでなく、市町村が一般施策として行う**保健福祉サービスやインフォーマルなサポートなども、社会資源として活用する**必要がある。

2 ○　サービス担当者会議では、居宅サービス計画の原案について、サービス担当者から意見を聴取して、居宅サービス計画を最終決定する。

3 ✕　居宅サービス計画の原案は、**介護支援専門員が作成**する。

4 ✕　サービス担当者会議は、介護支援専門員が主催し、居宅サービス・地域密着型サービス事業者および**要介護者**やその**家族**（必要かつ可能であれば主治医なども）を招集して開催される。

5 ○　担当者からの意見の聴取は、サービス担当者会議の開催や担当者に対する照会等によって行う。

問題24 (p55)　　正解　1、4、5

1 ○　地域包括支援センターには、地域支援事業の包括的支援事業等を行う業務と、指定介護予防支援事業者として要支援者対象のケアマネジメント業務を行う役割がある。2023年改正により、地域包括支援センターの設置者のほかに、指定

居宅介護支援事業者が指定の対象となった。

2　✕　地域包括支援センターにおける介護予防支援の業務は、事業所に配置された「指定介護予防支援に関する知識を有する職員」が行うものとされ、この担当職員には、**保健師・介護支援専門員・社会福祉士・経験ある看護師・**高齢者保健福祉に関する相談業務等に３年以上従事した**社会福祉主事**が該当する。

3　✕　地域包括支援センターの設置者である介護予防支援事業所の担当職員には専従・常勤の規定はなく、業務に支障がなければ地域包括支援センターの職務を**兼務することができる。**

4　○　委託にあたっては、地域包括支援センター運営協議会の議を経なければならない。委託できるのは「業務の一部」であって、給付管理業務など最終的な責は地域包括支援センターの設置者である介護予防支援事業者が負わなければならない。

5　○　「介護予防のための効果的な支援の方法に関する基準」には、業務全般にわたっての詳細な規定がある。居宅介護支援と共通する規定のほか、31条（介護予防支援の提供に当たっての留意点）が重要である。

問題 25（p55）　　　　　　[正解]　**１、４、５**

1　○　福祉サービスの利用援助、日常的金銭管理などを行う日常生活自立支援事業や、財産管理や身上監護を行う成年後見制度の利用は、一人暮らしのＡさんの先々を見据えた適切な対応といえる。

2　✕　短期入所生活介護や短期入所療養介護を居宅サービス計画に位置づける場合は、特に必要と認められる場合を除き、**認定の有効期間のおおむね半数を超えないようにしなければならない。**

3　✕　「入浴に不安を感じる」という程度では、訪問入浴介護の利用が**適切であるとは思えない。**自宅の浴槽の改修や入浴補助具の利用、あるいは訪問介護による入浴介助を検討すべきであろう。

4　○　居宅介護支援事業者は、正当な理由なく居宅介護支援の提供を拒んではならないが、「別の居宅介護支援事業者にも依頼している」というのは、依頼を断ることができる**正当な理由**とされている。

5　○　記述のような不正と思われる受給があるとき、またサービス利用の指示に従わないこと等により要介護状態の程度を悪化させたときは、居宅介護支援事業者は、**市町村に通知しなければならない。**

保健医療サービス分野

問題 26（p56）　　　　　　[正解]　**１、２、５**

1　○　**夜間せん妄**という。せん妄の原因には、薬剤、疾患、入院、手術、脱水などがある。

2　○　また、高齢者は口渇が感じられにくい。脱水は、摂食不良、下痢、発熱のほか、高血糖、消化管出血でも起こる。

3　✕　高齢者の聴力の低下の多くは、**感音性難聴であり、治療による改善は期待しにくい。**耳鼻科医を受診し、必要であれば補聴器を使用する。

4　✕　職業からの引退は、多くの高齢者にとって、役割の喪失という否定的な意味合いよりも、**社会的責任からの解放という肯定的な意味合い**をもつとされる。

5　○　死別による悲嘆のプロセスには、無感覚、思慕と探索、混乱と絶望、再建などの段階がある。

問題 27（p57）　　　　　　[正解]　**３、５**

1　✕　ADL がある程度保たれている場

合は、発症後短時間であれば、**閉塞冠動脈の再疎通療法の適応もある。**

2 ✕　ラクナ梗塞は、**細い血管が詰まる**脳梗塞である。

3 〇　心原性脳塞栓症は、心臓などでできた血栓が流れてきて脳の血管をふさぐもので、**心房細動**によって心臓で形成された血栓が原因となることが多い。

4 ✕　臓器別の割合では、**胃がんは減少傾向**にあり、**肺がんは増加**している。

5 〇　シックデイ（感染症などで食事が摂れないとき）には、薬による低血糖症状が生じるので、糖尿病薬の減量やブドウ糖などの糖質の摂取が必要になる。

問題 28 (p57)　　　正解　**1、3、5**

1 〇　初発症状は**安静時振戦**が多く、初老期に安静時振戦が体の片側に現れたら、パーキンソン病が疑われる。

2 ✕　**初老期（50〜60歳代）に発症する**ことが多く、**徐々に進行して15〜20年**で自立困難となる。

3 〇　また、パーキンソン病は、進行性核上性麻痺・大脳皮質基底核変性症とともに、パーキンソン病関連疾患として介護保険の**特定疾病**にも定められている。

4 ✕　Ｌ－ドパなどのドパミン神経伝達を改善する薬物治療は有効ではあるが、**完治は期待できない。**

5 〇　治療は**薬物療法**が基本であるが、全経過を通じて運動療法や音楽療法も大切である。

ポイント

パーキンソン病の治療薬を突然中止したり、減量したりすると、高熱、意識障害、筋硬直、ふるえなどを呈する悪性症候群を生じることがある。

問題 29 (p58)　　　正解　**3、5**

1 ✕　記述の場合にみられるのは、低体温ではなく**発熱**である。低体温は、低栄養、甲状腺機能低下症などで起きる。

2 ✕　1分間の脈拍数が**100以上を頻脈、60未満を徐脈**という。

3 〇　不整脈の頻度が高い場合は、心電図の検査をする。

4 ✕　クスマウル呼吸は、異常に深大な呼吸が規則正しく続く呼吸で、吸気のほうが呼気より長くなる。**糖尿病性ケトアシドーシスや尿毒症**などでみられる。髄膜炎や脳腫瘍などでみられるのは、無呼吸と4、5回の呼吸を不規則に繰り返すビオー呼吸である。

5 〇　チェーンストークス呼吸は、小さい呼吸から徐々に大きい呼吸になったあと、小さい呼吸になって一時的に呼吸停止となる状態を繰り返す。

問題 30 (p58)　　　正解　**2、4**

1 ✕　反射性尿失禁は、**脊髄の損傷**のために尿が出なかったり、反射的に出てしまったりするものである。

2 〇　切迫性尿失禁は、急に強い尿意が起こるもので、脳血管障害や尿路感染症などの場合にみられる。

3 ✕　腹圧性尿失禁は、飛び跳ねたり、笑いや咳・くしゃみをしたり、重いものを持ち上げたりしたときに起こるもので、**尿道の短い女性に多くみられる。**

4 〇　溢流性尿失禁は、前立腺肥大のために、たまった尿がだらだらと漏れるものである。

5 ✕　機能性尿失禁は、器質的な問題がないのに排泄行動が適切にできないために失禁するもので、**身体障害や認知症が原因**である。

問題 31 (p59) 　　正解 　1、4

1　○　褥瘡は、圧迫に、皮膚の不潔・湿潤、皮膚の摩擦、栄養不良などが加わることによって発生が促進される。

2　✕　入浴は、皮膚を清潔にし血液の循環をよくするので**褥瘡の予防に効果的**である。入浴ができないときは、清拭を行って皮膚を清潔に保つ。

3　✕　体位変換は、原則として**2時間**(体圧分散マットレスを使用している場合は4時間程度)ごとに行う。

4　○　また、褥瘡の創面から分泌液や滲出液としてたんぱく質などの栄養が失われるため、その分の栄養補給も必要である。

5　✕　仰臥位の場合の好発部位は仙骨部、踵骨部、肩甲骨部などである。**大転子部**（大腿骨の外側）は、**側臥位**によって好発する。

問題 32 (p59) 　　正解 　1、2、5

1　○　また、転倒の環境的要因には、段差、照明の調節不良、電気コード類、家具のレイアウトの不良などがある。

2　○　大腿骨頸部骨折は寝たきりの主要な原因となる。

3　✕　介護保険施設では、緊急やむを得ない場合をのぞき身体拘束は禁止されている。在宅でも同様に考えるべきであろう。転倒防止のため、**環境を整備**し、移動の際には**見守りを怠らない**ようにする。

4　✕　ヒップ・プロテクターは、**大腿骨頸部を中心とした骨折を予防する**目的で用いられる。

5　○　ただし、手すりの位置が適切でない場合は、転倒の原因にもなり得る。

問題 33 (p60) 　　正解 　1、2、5

1　○　65 ～ 69歳では認知症有病率は5％以下だが、85 ～ 89歳では約40％と推計されている。

2　○　大脳白質病変によるものが多く、認知スピードが遅くなり、反応が鈍くなる。前頭葉白質の病変では、アパシーやうつ状態が生じ、大脳基底核の病変では、運動障害を伴う。

3　✕　認知症の原因となる疾患には、治療可能なものがある。**正常圧水頭症**や**慢性硬膜下血腫**は、治療による治癒が期待できる。

4　✕　BPSD には、知覚認識障害・思考内容障害・気分障害・行動障害がある。徘徊は**行動障害**に分類される。**知覚認識障害**は幻覚など、**思考内容障害**は妄想など、**気分障害**はうつなどがある。

5　○　HDS-R も MMSE も、**点数が低い**ほうが認知症の疑いが高い。

問題 34 (p60) 　　正解 　1、3、5

1　○　例えば、ベッドから下りて立ち上がるときには、おじぎをするようにして立ち上がると楽に立ち上がれるなど、ボディメカニクス（身体的な特性）を利用して介護する。

2　✕　車いすは**健側**につける。健側の手で車いすを握るためである。

3　○　安全に配慮しながら声かけや見守りを行うことで、要介護者は、その有する能力に応じて自立した生活を営むことができる。

4　✕　アセスメントは、**日常生活の場**で行う。理学療法士等の専門職と連携して、居宅で行うのがよい。

5　○　利用者の栄養状態や水分摂取の状況、生活リズム、服薬の状況などを把握して管理することが重要である。

問題 35 (p61)　　正解　1、3、5

1　○　うつ病の場合、力づけたり励ましたりすることは、病状を悪化させるので避ける。

2　×　躁状態にあるときは、十分に睡眠がとれるように工夫し、なぜ過度に反応するのか、何を訴えようとしているのかを理解する努力がまず必要である。そうした対応に効果がないときには、入院を考える。

3　○　神経症（ノイローゼ）では、患者が気持ちよく過ごせる環境を整え、患者の不安を受け止めるようにする。

4　×　アルコール依存症の人に禁酒を勧めるのは、**しらふの状態にあるときに行う**。

5　○　統合失調症が老年期に再発する要因には、怠薬、身近な人の死、生活環境の変化などがある。

問題 36 (p61)　　正解　1、3、4

1　○　体重減少は、エネルギー代謝やたんぱく質代謝が負のバランスにあることを示している。

2　×　独居や介護力不足、貧困などの**社会的要因**や、認知症やうつなどの**精神心理的要因**が関与することも多い。

3　○　フレイルの診断基準や定義はまだ確定していないが、低栄養（体重減少）はすべての評価法に組み込まれている。

4　○　食事によって得られる水分が減ってしまうためである。

5　×　1日に3回の食事を摂るのが基本であるが、1回に多くの量が摂れない場合は**食事の回数を増やす**。また、牛乳・ヨーグルト・プリン・チーズなどは、**間食**として手軽な**たんぱく源**である。

問題 37 (p62)　　正解　1、3、4

1　○　腹膜透析は人工透析の一種であり、腎臓の疾患が重くなって**腎不全**となった場合に行う。

2　×　消化管ストーマは、**大腸がんや潰瘍性大腸炎**などにより、肛門を通じた排泄ができない場合に造られる。

3　○　在宅経管栄養法は、**経口摂取ができない**場合に行い、重度の嚥下障害も対象となる。

4　○　ネブライザーは、慢性閉塞性肺疾患、気管支拡張症、気管切開・気管カニューレ挿入患者などに用いられる。

5　×　気管切開を伴う侵襲的陽圧換気法は、筋萎縮性側索硬化症、パーキンソン病などの**神経難病**や**長期の意識障害、重度の脳梗塞後遺症**などの患者に使用されている。

問題 38 (p62)　　正解　2、5

1　×　高齢者の肺炎では、食欲低下や全身の倦怠感などの**非特異的な初発症状**が多くみられる。38℃以上の高熱が出ないこともあり、せん妄などの精神症状が出ることもある。

2　○　特に誤嚥性肺炎は、口腔内の病原菌に汚染された唾液や食物が気管に入ることで起こるため、口腔ケアが重要になる。

3　×　疥癬は、**ヒゼンダニの寄生**によって起こるもので、ノルウェー疥癬による**集団感染には注意**しなければならない。

4　×　嘔吐物の処理には、アルコールやエタノールではなく、**次亜塩素酸ナトリウム液**を用いる。

5　○　施設に病原体を持ち込まないようにするために、職員だけでなく、面会者、実習生、入所予定者などを含めた対策が必要とされる。

5 ○ 家族が自立して介護や医療処置が行えるよう支援する。

問題 41 (p64)　　[正解] **2、3**

1 ✕ 定期巡回・随時対応型訪問介護看護は、**地域密着型介護サービス費**の給付対象であり、**市町村長**が指定・監督を行う。

2 ○ 利用者や家族からの通報・相談に柔軟に対応して、必要なサービスを判断する。

3 ○ **連携型**は、訪問看護サービスを指定訪問看護事業所と連携して行う事業所であり、**一体型**は、すべてのサービスを事業所の職員が行う事業所である。

4 ✕ 指定訪問介護あるいは指定訪問看護および指定夜間対応型訪問介護の指定を**併せて受けることができる**。

5 ✕ 定期巡回・随時対応型訪問介護看護計画は、**看護師・介護福祉士等が作成**するものとされる（事業所の従業者である介護支援専門員も作成できる）。

問題 42 (p64)　　[正解] **1、3、4**

1 ○ 介護老人保健施設には、**短期入所療養介護と通所リハビリテーション**について、みなし指定が行われる。

2 ✕ 短期入所療養介護には、**ユニット型施設もある**。

3 ○ 短期入所療養介護計画は、**おおむね4日以上継続して入所する利用者**について作成する。

4 ○ 短期入所サービスは、通常、あらかじめ居宅サービス計画に定めて計画的に行うものであるから、緊急短期入所受入加算が算定される。

5 ✕ 特定短期入所療養介護は、**難病やがん末期の要介護者**など常時看護師による観察を必要とする利用者に、日帰りのサービスを提供するものである。

問題 39 (p63)　　[正解] **1、2、5**

1 ○ がん患者の場合は、死の直前1か月以降に急速に身体機能が低下して死に至る。認知症や老衰などの場合は、数年から十数年という長い経過をたどる。内臓疾患の場合は、急性増悪や合併症の併発と改善を繰り返しながら身体機能が低下していく。

2 ○ 入所・入居時に指針の説明・同意を行うことが、看取り介護加算算定の要件の1つとなっている。

3 ✕ 延命治療を希望するかどうかなど、リビングウィルの確認は、**意識が清明で認知機能が保たれているときに、あらかじめ行う**。

4 ✕ **死の教育**とは、不安や苦痛を抱きがちな**家族に対して**、死に至るまでの経過を知っておいてもらうために行われるものである。

5 ○ 顎（あご）だけが弱々しく動く下顎（かがく）呼吸は、臨終が近い徴候である。

問題 40 (p63)　　[正解] **1、3、5**

1 ○ 記述のほか、短期入所生活介護、短期入所療養介護、施設サービス、地域密着型介護老人福祉施設入所者生活介護、定期巡回・随時対応型訪問介護看護、看護小規模多機能型居宅介護を受けている間は、訪問看護費は算定されない。

2 ✕ 看護職員は、医師の作成した訪問看護指示書にない医療処置が必要ではないかと判断した場合は、医師に連絡してその指示を仰がなければならない。

3 ○ 療養上の世話と医療処置を組み合わせて支援できることが、訪問看護の特徴である。

4 ✕ 訪問看護で提供する療養上の世話には、**清潔の援助**、**排泄の援助**、移動の援助、食事の援助、衣服の交換が含まれる。

問題 43 (p65)　　[正解]　**2、4、5**

1　✕　訪問リハビリテーションは、**理学療法士**、**作業療法士**または**言語聴覚士**が、医師の指示のもとに提供する。看護師は含まれない。

2　○　通院や通所によるリハビリテーションの場ではできることを、実際の生活の場ではやっていないこともよくある。

3　✕　訪問リハビリテーション計画は、医師の診療に基づき、医師および理学療法士、作業療法士、言語聴覚士により作成される。**医師に限られてはいない。**

4　○　維持期（生活期）ではなく、急性期や回復期のリハビリテーションは、**医療保険**の適用である。

5　○　要支援1・2の利用者は**予防的リハビリテーション**、要介護1・2の利用者は**自立支援型リハビリテーション**が主体となる。

問題 44 (p65)　　[正解]　**2、3、5**

1　✕　居宅療養管理指導事業者の指定を受けることができるのは、病院・診療所、**薬局**である。介護老人保健施設、指定訪問看護ステーションが指定を受けることはできない。保険医療機関に指定されている病院・診療所、保険薬局に指定されている薬局は、居宅療養管理指導の指定があったものとみなされる。

2　○　医師、歯科医師、薬剤師は、利用者・家族に対し指導・助言を行うほか、居宅介護支援事業者や居宅サービス事業者に必要な情報提供を行う。

3　○　なお、**サービス担当者会議に参加することが困難**な場合には、原則として、情報提供、助言の内容を記載した**文書**を交付しなければならない。

4　✕　居宅療養管理指導の提供にあたって、個別サービス計画の作成は**義務づけ**

られていない。

5　○　居宅療養管理指導は、居宅要介護者に対して行われる（介護予防居宅療養管理指導は居宅要支援者）。特定施設やグループホームの居住系施設に入居している者は対象になるが、介護保険施設の入所者は対象にならない。

問題 45 (p66)　　[正解]　**2、3、5**

1　✕　介護老人保健施設で提供するリハビリテーションは、**生活期（維持期）リハビリテーション**である。

2　○　介護療養型医療施設（介護療養病床）は、2024年3月末で廃止され、介護療養型老人保健施設等への転換が図られた。2017年改正では、新たな受け皿として**介護医療院**が創設された。

3　○　正当な理由なくサービスの提供を拒んではならないが、**入院治療の必要がある場合**は、介護老人保健施設は入所申込みを断ることができる。

4　✕　感染症・食中毒の予防およびまん延の防止のための対策検討委員会は、おおむね**3か月に1回以上**開催するものとされている。

5　○　また、昼間はユニットごとに常時1人以上の介護職員または看護職員を配置し、夜間・深夜は2ユニットごとに1人以上の介護職員または看護職員を配置することとされている。

福祉サービス分野

問題 46 (p67)　　[正解]　**4、5**

1　✕　一般に行われる、「ケースの発見、インテーク、アセスメント、プランニング、支援の実施、モニタリング、終結と事後評価、アフターケア」というプロセスは、介護支援専門員が行う業務のプロ

セスと**ほぼ同じ**である。

2　×　特に、高齢者が抱える**ニーズは多方面にわたる場合が多い**ことから、**多職種・多機関協働のチームアプローチが必要**となることが多い。

3　×　メゾ・レベルのソーシャルワークは、集団であることの効果を重視した支援手法であるが、その目的は**個人の生活課題の解決**を図ることであり、必要に応じて個別的対応を行わなければならない。

4　○　地域社会、組織、国家、**制度・政策**、**社会規範**、地球環境などに働きかけるアプローチは、マクロ・レベルのソーシャルワークである。

5　○　ミクロ・レベルのソーシャルワークは、**個人・家族**に対して働きかけを行う。

問題 47 (p68)　　　正解　**3、4、5**

1　×　支援困難事例の発生には、**個人的要因（本人要因）**、**社会的要因**、**サービス提供者側の要因**が関与する。社会的要因には、家族・親族との関係性、地域との関係、社会資源の不足などが挙げられる。

2　×　支援困難は本人と支援者の関係のなかで生じるものであり、困難と感じる度合いは**支援者によって大きく異なる**。この差異は、支援者がもつ価値、知識、技術、経験、スーパーバイザーの存在などによって生じる。

3　○　**心理的要因**には、高齢期に特有の不安、周囲や自身に対する不満・怒り、意欲の低下、支援拒否がある。**身体的・精神的要因**には、疾病、障害、判断能力の低下がある。

4　○　疾病や障害が直ちに支援困難の要因になるものではないが、別の生活課題と複合すると支援困難な状況が生じる。

5　○　**支援拒否**の背景には、「支援の必

要性を判断できない」、「これまでの経験から支援への拒否反応が形成されている」、「家族や地域に対する世間体を気にしている」、「経済的な負担を懸念」など、さまざまな要因があり、それを明らかにすることが必要である。

問題 48 (p68)　　　正解　**1、2**

1　○　**波長合わせ**は、共感的相互理解を進めるためには、不可欠の過程である。

2　○　面接をスムーズに行うためには、事前の情報からクライエントの直面している困難やそれに対する心理を、クライエントの立場に立ってある程度予測しておくことが、有効である。

3　×　クライエントや家族の表情、部屋での位置関係、部屋の中の様子などを**観察**することも、**重要なコミュニケーション手段**である。

4　×　イエスかノーかで答えられる質問は、**クローズドクエスチョン**という。傾聴のためには一般にオープンクエスチョンがよいとされる。

5　×　面接の過程と到達点を要約することには、**相談を一段落させる効果**がある。

問題 49 (p69)　　　正解　**1、3、4**

1　○　外出介助は**身体介護**で、買い物は**生活援助**である。

2　×　生活援助や入浴介助など、まとまった時間を必要とする援助には、**滞在型**のサービスの提供形態が適している。

3　○　不適正事例にあたるサービスを求められた場合は、給付対象でないことを説明して断るか、有償サービスを利用してもらう。

4　○　なお、訪問介護事業所には訪問介護員を2.5人以上置くこととされているが、記述の研修修了者もこれに含めるこ

とができる。

5　✕　**サービス提供責任者**には、**介護福祉士**のほか、**実務者研修修了者、旧介護職員基礎研修修了者、旧1級課程修了者**を充てることができる。なお、初任者研修修了者、旧2級課程修了者は、任用要件から除外された。

■ポイント

訪問介護のサービスの提供形態には、一定の時間滞在して援助を行う**滞在型**と、1日に何回か巡回して援助する**巡回型**がある。滞在型は、解説2のように生活援助や入浴介助などに適し、巡回型は排泄介助、体位変換、定時の服薬、水分補給、安否の確認などに適している。

問題 50 (p69)　　正解　1、2

1　○　訪問入浴介護は専用の**浴槽を持ち込んで行う**サービスであるため、他の入浴サービスの利用者よりも入浴が困難な利用者が多い。

2　○　一方、介護職員は、事前訪問の際に、浴槽を搬入する方法や浴槽に利用者を移動させる方法などを検討する。このように、新規の利用者の居宅を訪問し、サービス利用に関する調整を行った上で、初回の訪問入浴介護を行った場合は、**初回加算**を算定できる。

3　✕　看護職員1人、介護職員2人で行うことが原則であるが、利用者の身体の状況等から、入浴により支障を生じるおそれがないと認められる場合には、主治の医師の意見を確認した上で、**看護職員の代わりに介護職員を充てる**ことができる。ただし、介護職員3人の場合は、介護報酬は95％に減額される。なお、介護予防訪問入浴介護は、看護職員1人、介護職員1人で行うのが原則である。

4　✕　利用者が感染症に罹患している場合でも、主治の医師の指導により適正な

感染予防のための措置を行うことにより、訪問入浴介護の**利用は可能となる**。

5　✕　全身入浴の代わりに部分浴や清拭を行った場合は、介護報酬は**70％に減算される**。

問題 51 (p70)　　正解　1、5

1　○　家族の介護負担の軽減も、通所介護の目的の1つである。

2　✕　支給限度基準額や利用回数によっては、いずれかを選択しなければならないこともあるが、基本的には**両方を利用できる**。

3　✕　療養通所介護とは、**難病等を有する重度要介護者またはがん末期の人**に提供されるサービスである。単なる虚弱高齢者に提供されるサービスではない。また、これは地域密着型通所介護に位置づけられているものである。

4　✕　適切な通所介護計画を作成するためには、利用者に関する情報だけでなく、**家族に関する情報も不可欠**である。

5　○　加算には、延長加算のほかに、入浴介助加算、栄養改善加算、口腔機能向上加算、若年性認知症利用者受入加算、個別機能訓練加算などがある。なお、延長加算は、5時間を限度として算定できる。

■ポイント

通所介護の介護報酬は、提供時間により3時間以上4時間未満、……、8時間以上9時間未満のように、1時間きざみの6段階で算定される。

問題 52 (p70)　　正解　1、2、4

1　○　**単独型**は単独でサービスを提供するもので、老人短期入所施設などで行われる。**併設型**は本体施設に併設して実施するもので、介護老人福祉施設（特別養

護老人ホーム)、養護老人ホーム、特定施設入居者生活介護を行う施設などの本体施設に併設される。**空床利用型は、特別養護老人ホーム**の空きベッドを利用するものである。

2 ○ なお、併設型と空床利用型の事業所の利用定員は、20人未満でもよい。

3 × 短期入所生活介護の利用には、施設入所をスムーズに進める**体験入所的役割**もある。施設を十分に理解できていない要介護者に、施設を理解してもらうよい機会である。

4 ○ 在宅生活の安定を支援したり、サービスの連続性を考慮したりすることが必要である。

5 × おむつ代は保険給付の対象となるが、**理美容代**は日常生活費とされ、**保険給付の対象とはならない**。この点では施設サービスと同様である。

問題 53 (p71)　　[正解]　**1、5**

1 ○ 小規模多機能型居宅介護は、**通い**を中心として、利用者の様態や希望に応じて、**訪問**や**宿泊**を組み合わせたサービスを提供する。

2 × 小規模多機能型居宅介護では**介護支援専門員は必置**とされる。事業所の登録者に対して居宅介護支援は行われないため、小規模多機能型居宅介護事業所の介護支援専門員が、登録者の**居宅サービス計画の作成**や居宅サービス等についての**給付管理**を行う。

3 × 小規模多機能型居宅介護では、利用者と従業者がなじみの関係を築きながらサービスを提供するという観点から、また、介護報酬は1か月当たりの定額で算定されることから、利用者は**1か所の事業所にしか利用者登録はできない**。

4 × 利用者の家族や地域住民との交流ができるように、**住宅地の中**などにある

ようにしなければならない。

5 ○ **サテライト事業所**では、人員基準が緩和されている。また、登録定員や利用定員も少ない。

問題 54 (p71)　　[正解]　**3、4**

1 × 認知症対応型共同生活介護では、居住費や食費は**利用者負担**であり、その額は事業者との契約で定められる。

2 × 記述の内容は、**随時訪問サービス**である。**オペレーションセンターサービス**は、随時、利用者からの通報を受け、通報内容等を基に訪問介護員等の**訪問の要否等を判断するサービス**である。

3 ○ 基準の基本方針に規定されている。**認知症の原因疾患が急性の状態にある者**は、認知症対応型通所介護事業所において日常生活を送るのに支障があると考えられるため、対象者から除かれる。

4 ○ **登録定員は29人以下**、**通いサービスの利用定員は登録定員の2分の1から18人以下**で定めるものとされる。なお、宿泊サービスの利用定員は、通いサービスの利用定員の3分の1から9人までの間で定める。

5 × 地域密着型特定施設に入居できる人には、要介護者とその配偶者のほか、**①入居の際に要介護者だったが現在は要介護者でない人**、②入居者の三親等以内の親族、③特別な事情により入居者と同居させることが必要と市町村長が認めた人が含まれる。

問題 55 (p72)　　[正解]　**4、5**

1 × 入浴や排泄に使う福祉用具は、貸与になじまないものとされ、**特定福祉用具販売の対象**である。ただし、自動排泄処理装置は、福祉用具貸与の対象である(排泄物の経路となる交換可能部品は、

特定福祉用具販売の対象）。

2　✕　福祉用具貸与の介護報酬は、現に要した費用の額をその地域の1単位の単価で除して得た単位数とされる。つまり、**自由価格**である。

3　✕　福祉用具貸与は、居宅サービス等区分に含まれ、**区分支給限度基準額管理の対象**となる。

4　○　福祉用具購入費は、住宅改修費と同様に、償還払いとなる。

5　○　運営基準では、居宅サービス計画に福祉用具貸与を位置づける場合は、居宅サービス計画に**福祉用具貸与が必要な理由**を記載するとともに、介護支援専門員は**必要に応じて随時その必要性を検討**し、継続が必要な場合にはその**理由を居宅サービス計画に記載する**とされている。

ポイント

2017年改正によって、平成30（2018）年10月から全国平均の貸与価格が公表され、商品ごとに「貸与価格の上限設定」が行われた。

問題 56 (p72)　　　　　　　正解　**3、4**

1　✕　水洗化工事の費用は、**住宅改修費の対象とはならない**ため、保険給付はされない。

2　✕　住宅改修費の対象となるのは、スロープの設置に**工事が必要**なものである。工事の必要がなく、持ち運びの容易なスロープは、**福祉用具貸与**の対象となる。

3　○　支給限度基準額の20万円に達するまでは、同一の住宅で複数回、住宅改修費の支給を受けることができる。

4　○　住宅改修費支給限度基準額は、**同一の住宅について**20万円であるが、6段階の「介護の必要の程度を測る目安」が**3段階**上がった場合には、再び20万円の支給限度基準額が適用される。**要支援2と要介護1は同じ段階**とされている。

5　✕　住宅改修費の支給の申請に必要な理由書は、原則として担当する**介護支援専門員**（地域包括支援センターの職員）が作成し、改修の内容や費用の見積り、改修時期などとともに事前に保険者に提出する。

問題 57 (p73)　　　　　　　正解　**2、4、5**

1　✕　要介護1または要介護2の特例的な入所については、**市町村の適切な関与のもと**、施設の入所判定委員会での検討を経て行われる。入所が認められる「やむを得ない事情」としては、①認知症、②知的障害・精神障害、③虐待、④単身世帯（同居家族が高齢または病弱である）がある。

2　○　看護職員の員数は、常勤換算で、入所者が30人を超えない施設では1人以上、30人を超えて50人を超えない施設では2人以上、50人を超えて130人を超えない施設では3人以上、130人を超える施設では3人に50人またはその端数を増すごとに1人を加えた数以上とされている。

3　✕　記述の3職種のほかに、**看護職員、柔道整復師、あん摩マッサージ指圧師、一定の実務経験を有するはり師・きゅう師**を充てることができる。

4　○　居室の形態には、ユニット型個室、ユニット型個室的多床室、従来型個室、多床室などがある。

5　○　2020年改正によって運営基準に新たに定められたものである。**業務継続計画**に沿って、従業者の研修や訓練を定期的に実施する。

問題 58 (p73)　　　　　　　正解　**1、3**

1　○　生活保護には、生活扶助、教育扶助、住宅扶助、医療扶助、介護扶助、出

産扶助、生業扶助、葬祭扶助の８つの扶助がある。

2 × 医療扶助と介護扶助は現物給付、**それ以外は金銭給付**が原則である。介護扶助は原則として現物給付だが、住宅改修や福祉用具購入などは金銭給付である。

3 ○ 介護扶助の対象は、介護給付や予防給付等と同じサービスに介護保険にはない「移送」を加えたものである。

4 × 「介護保険の被保険者でない」者とは、40歳以上65歳未満の**医療保険未加入者**と考えられるが、この場合も、介護保険と同等のサービスが**介護扶助によって行われる**。被保険者の場合は、介護保険で９割が給付され、利用者負担１割分が介護扶助の対象となるが、被保険者でない場合は、10割が介護扶助で給付される。

5 × 介護保険の被保険者が被保護者になっても、介護保険料が**免除されることはない**。生活保護の**生活扶助**で手当されることになる。

問題 59 (p74)　　正解　**1、2、4**

1 ○ **成年後見制度**は、**法定後見制度と任意後見制度**に分かれる。法定後見の審判の申立権があるのは、本人、配偶者、四親等内の親族等であり、申し立てをする人がいない場合には、**市町村長**に申立権が与えられる場合がある。

2 ○ 成年後見人には、記述のような権限が与えられる。ただし、本人の居住用の不動産を処分するには、家庭裁判所の許可が必要である。また、本人が行った契約などについて、本人にとって不利益なものは原則として取り消すことができるが、日用品の購入その他日常生活に関する行為については除かれる。

3 × **保佐人**は、一定の行為についての**同意権**（重要な財産を処分するなどの一定の行為について同意を与える権限）を

もっている。**補助人**には、**家庭裁判所の審判により、同意権や代理権が与えられる**ことがある。

4 ○ 公正証書以外の方式では、任意後見契約として認められない。

5 × 任意後見は、本人の判断能力が不十分になったときに、**家庭裁判所へ任意後見監督人の選任を申し立て、任意後見監督人が選任される**ことにより開始される。この申し立てを行うことができるのは、本人、配偶者、四親等内の親族または任意後見受任者である。

問題 60 (p74)　　正解　**1、3、4**

1 ○ 運営主体は「後期高齢者医療広域連合」である。保険料の徴収、被保険者資格・医療給付に関する届出の受付などの事務は、市町村が行う。

2 × 75歳になると、**それまで加入していた医療保険からは外れ、後期高齢者医療制度に加入する**ことになる。

3 ○ 後期高齢者医療制度の被保険者は、75歳以上の者と、**65歳以上75歳未満であって広域連合の障害認定を受けた者**である。ただし、生活保護を受けている世帯に属する者は除かれる。

4 ○ また、介護保険料と後期高齢者医療保険料の合計額が年金額の２分の１を超える場合は、特別徴収の対象とならない。なお、患者の一部負担金(窓口負担)は、原則として１割で、一定所得以上である者は２割、現役並み所得者は３割である。

5 × 後期高齢者医療制度に要する費用のうち、患者負担を除いた部分については、**１割を被保険者の保険料で賄い、４割を各医療保険からの後期高齢者支援金**(現役世代の支援)で賄い、**５割を公費負担**(税金)により賄う。公費は、国・都道府県・市町村が４：１：１で負担する。

第3回 予想問題　解答・解説

介護支援分野

問題1 (p77)　　　　[正解]　**1、3、5**

1　○　2005年改正で行われた**予防重視型システムへの転換**の一環として、それまで要介護1であった人のうち、予防給付の利用によって状態の軽減・悪化の防止が見込まれる人を要支援2とする改正が行われた。

2　×　制度創設当初は、施設入所者の食費・居住費は保険給付に含まれていた。居宅要介護者との公平を図るため**2005年改正で利用者負担とされ**、同時に低所得者の負担軽減のために**特定入所者介護サービス費が創設された**ものである。

3　○　具体的には、地域密着型サービスの創設、地域支援事業・地域包括支援センターの創設などが行われ、以降、2011年、2014年、2017年の改正で地域の自主性を高める取組みが強化されてきた。

4　×　**地域包括ケアシステムの構築**が目標に掲げられたのは、**2011年改正**であり、介護予防・日常生活支援総合事業の創設、定期巡回・随時対応型訪問介護看護や複合型サービスの創設などが行われた。この施策はその後の改正でさらに具体化、強化されている。

5　○　給付費の増大に伴う介護保険財政の逼迫を回避するための施策として、2014年改正以降さまざまな改正が行われている。一定以上の所得者の利用者負担2割・3割の導入、介護予防訪問介護および介護予防通所介護の総合事業への移行、介護老人福祉施設入所者の重点化などが行われ、さらにさまざまな給付費抑制策が検討されている。

問題2 (p78)　　　　[正解]　**2、3、5**

1　×　「住み慣れた地域での生活の継続を支援するためのシステムの構築」であるというのは正しいが、**自宅に住み続けることを前提にするものではない**。介護・医療・日常生活の支援・介護予防の分野に加えて、必要になったら住替えもできるように、**住まいの分野においても**包括的に支援するシステムをめざしている。具体的には、サービス付き高齢者向け住宅やケアハウスの整備などが行われる。

2　○　急性期から回復期の医療やリハビリを担う病院と、日常の医療を担うかかりつけ医や地域の病院との連携を強化して、地域全体で治し、支える**地域完結型の医療への転換**が図られている。

3　○　具体的には、中学校区を圏域として想定し、必要なサービスが提供されるシステムの構築をめざす。

4　×　都道府県計画においても、**地域包括ケアシステム構築のための支援に関する事項**として、市町村計画に対応して6項目の具体的な事項が規定されている。

5　○　特に、2014年改正で包括的支援事業に位置づけられた、在宅医療・介護連携推進事業、生活支援体制整備事業、地域ケア会議推進事業などは、選択肢4の重点的取組事項に掲げられている。

問題 3 (p78)　　正解　**1、2、4**

1 ○　5つの構成要素とは、住まい・医療・介護・福祉・生活支援である。

2 ○　本人の選択が最も重視されることから、本人・家族がどのような心構えをもつかが地域生活を継続する基礎となることを表している。

3 ✕　生活の基盤となる住まいと住まい方は、**植木鉢**として描かれている。

4 ○　介護予防・生活支援は土として表現され、専門職が関わる地域の多様な主体によって提供される支援を示している。

5 ✕　土の上に描かれているのは、「**医療・看護**」、「**介護・リハビリテーション**」、「**保健・福祉**」という専門的サービスを表す**3枚の葉**である。

問題 4 (p79)　　正解　**1、3、4**

1 ○　住所要件と医療保険加入者という要件を満たした者が、40歳になると第2号被保険者の資格を取得する。

2 ✕　65歳に達したときに初めて資格を取得するのは、その市町村の区域内に住所を有する**医療保険未加入者**、すなわち生活保護の被保護者である。なお、一般に第2号被保険者は65歳に達したときに、第1号被保険者に資格変更になる。

3 ○　住所を有することになった市町村の被保険者となる。

4 ○　第2号被保険者は、医療保険加入者であることが必要である。

5 ✕　資格を取得するのは、**適用除外者でなくなったとき**、すなわち適用除外施設から退所したときである。

ポイント

選択肢**1**・**2**の年齢到達は、民法の規定により誕生日の前日とされている。

問題 5 (p79)　　正解　**1、3**

1 ○　住所地特例終了届を保険者である市町村に提出する。

2 ✕　第2号被保険者については、医療保険者が管理しているため、一律に市町村への**届出義務は課されていない**。ただし、介護保険法上の届出は必要とされないが、住民基本台帳法上の届出は必要である。

3 ○　第2号被保険者については、一律に市町村への届出義務は課されていない。

4 ✕　資格取得の届出がなされなくても、資格要件を満たしていることが判明すれば、**その事実発生の日まで遡（さかのぼ）って資格を取得したものとして扱う遡及（そきゅう）適用がなされる。**

5 ✕　被保険者資格の得喪に関する届出義務者は被保険者であるが、届出そのものについては、本人の属する世帯の**世帯主が代行できる**。

問題 6 (p80)　　正解　**1、2、5**

1 ○　事業者が保険給付を介護報酬として受け取り、利用者は金銭給付の代わりにサービスの現物を受け取るのが現物給付である。

2 ○　現物給付化が認められているサービスであっても、認定の申請前にサービスを利用した場合や、被保険者証を提示しないでサービスを利用した場合は、特

例サービス費として償還払いの扱いとなる。

3 ✕ 居宅介護サービス計画費が現物給付されるためには、あらかじめ**居宅介護支援を受ける旨を市町村に届け出ていること**が必要である。

4 ✕ 基準該当サービスや相当サービスについては、**償還払いが原則**であるが、市町村ごとに手続きを定めれば、**現物給付の扱いとすることもできる**。

5 ◯ 特定入所者介護サービス費は、負担限度額認定証の交付によって、現物給付の扱いとなる。

問題 7 (p80)　　正解　**1、3、5**

1 ◯ 特例居宅介護サービス費は、記述の場合のほかに、**基準該当サービスや離島等における相当サービスを受けた場合、**緊急その他やむを得ない理由により**被保険者証を提示しないで指定居宅サービスを受けた場合**等にも支給される。

2 ✕ 特例施設介護サービス費は、緊急その他やむを得ない理由により要介護認定の**申請前に指定施設サービス等を受けた場合**あるいは緊急その他やむを得ない理由により**被保険者証を提示しないで指定施設サービス等を受けた場合**に支給される。どんな場合であっても、指定を受けていない施設のサービスが施設介護サービス費の対象となることはない。

3 ◯ 特例居宅介護サービス計画費は、記述の場合のほかに、**基準該当居宅介護支援や離島等における相当サービスを受けた場合**にも支給される。

4 ✕ 特例居宅介護サービス費は、原則として**償還払い**の方式で支給される。

5 ◯ 高額介護サービス費は、1か月の利用者負担の合計額が負担上限額を超えた場合に、超えた部分が償還払いで支給される。

問題 8 (p81)　　正解　**2、5**

1 ✕ 1単位の単価の上乗せは、地域の**人件費の高低のみではなく、サービスの種類によるコストに占める人件費の比重も考慮**して設定されている。5級地を例にとれば、通所介護・短期入所療養介護・施設サービス等は4.5％、訪問リハビリテーション・通所リハビリテーション・小規模多機能型居宅介護等は5.5％、訪問介護・訪問看護等では7.0％の上乗せとなり、すべてのサービスについて**同率の上乗せではない**。

2 ◯ 国保連は、請求についての審査を行い、翌月(サービスの提供月の翌々月)に支払いを行う。

3 ✕ 市町村は、介護報酬の支払いの業務も国保連に委託しているので、支払いを行うのは**国保連**である。

4 ✕ 支払いは、**サービス提供月の翌々月**である。

5 ◯ 償還払いの場合、利用者は事業者に介護費用の全額をいったん支払い、利用者負担を除いた部分の請求を**市町村**に対して行う。

問題 9 (p81)　　正解　**1、4**

1 ◯ 予防給付は要支援者に対する保険給付であり、これを提供するのは記述の3つの事業者である。

2 ✕ 介護予防支援事業者の指定対象となるのは**地域包括支援センター**または**居宅介護支援事業者**であるが、指定は**市町村長**が行う。

3 ✕ 介護予防サービス費と地域密着型介護予防サービス費の合計額について、**介護予防サービス費等区分支給限度基準額**が設定されている。

4 ◯ 予防給付の福祉用具購入費支給限度基準額は10万円（利用者負担を含む）、

住宅改修費支給限度基準額は20万円（利用者負担を含む）であり、いずれも介護給付と同じである。

5 ✕ 　**地域密着型特定施設入居者生活介護**の対象は**要介護者**だけである。一方、**介護予防認知症対応型共同生活介護**は要支援2の者も利用することができる（要支援1の者は利用できないことに注意）。

問題 10 (p82)　　　　正解　**3、4、5**

1 ✕ 　第2号被保険者の保険料は、医療保険者が医療保険料の一部として徴収するが、徴収した保険料の**納付先は市町村ではなく、支払基金**（社会保険診療報酬支払基金）である。

2 ✕ 　健康保険の場合、介護保険料分についても、一般保険料と同様に**事業主負担がある**。

3 ◯ 　健康保険組合は、その規約に定めることにより、記述の扱いにすることができる。

4 ◯ 　国民健康保険の場合は、世帯に属する第2号被保険者の保険料を世帯単位で合算して世帯主から徴収する。

5 ◯ 　第2号被保険者が医療保険料を滞納している場合は、市町村は、保険給付の全部または一部の支払いの一時差し止めをすることができる。

問題 11 (p82)　　　　正解　**2、3**

1 ✕ 　記述の内容は、市町村相互財政安定化事業に関するものである。財政安定化基金は、市町村の介護保険財政が赤字になった際に、**保険財政の安定化に必要な費用を交付・貸与する**ために、都道府県が設置するものである。

2 ◯ 　このうち、市町村の負担分は、第1号保険料で賄う。

3 ◯ 　市町村の負担分は、一般財源では

なく、第1号保険料で賄わなければならない。

4 ✕ 　**保険料収納率の悪化**により、保険料収納額が予定よりも不足した場合には、**不足額の2分の1を基準**として交付金が交付される。

5 ✕ 　見込みを上回る**給付費の増大**により、介護保険財政が赤字になった場合には、**必要な資金が貸与される**。貸与された市町村は、借入れをした期の次の期の市町村介護保険事業計画の計画期間（3年間）で、返済しなければならない。この返済も、第1号保険料で賄う。

問題 12 (p83)　　　　正解　**1、4、5**

1 ◯ 　2014年改正により、介護保険法115条の48に位置づけられたが、それ以前から厚生労働省通知に基づき多くの市町村で**地域ケア会議**として行われてきた。

2 ✕ 　会議の主な目的は「第115条の45第2項第三号に掲げる事業の効果的な実施のため」とされている。これは、地域支援事業で行う**包括的・継続的ケアマネジメント支援業務**である。**地域包括支援センターレベル**でのこの会議で、個別事例の検討を通じて多職種協働によるケアマネジメント支援を行うとともに、地域のネットワーク構築につなげる。（そこで把握された地域課題を政策に反映させる市町村レベルの会議も行われる。）

3 ✕ 　記述は、地域支援事業の任意事業として行われる介護給付等費用適正化事業の内容であり、**地域ケア会議で行われるものではない**。

4 ◯ 　居宅介護支援事業者や介護予防支援事業者には、地域ケア会議から資料・情報の提供、意見の開陳その他の協力の求めがあった場合には、これに協力する努力義務がある。

5 ◯ 　地域ケア会議は、地域の高齢者の

医療・福祉に携わる関係者で構成される。

問題 13 (p83) 　正解　2、4、5

1　✕　認定の申請は、**社会保険労務士**や**民生委員、成年後見人、家族・親族**などが代行することができる。

2　○　指定市町村事務受託法人は、新規認定の認定調査を委託できる唯一の機関である。更新認定・変更認定の認定調査も委託することができる。

3　✕　審査判定にあたっては、主治医意見書が必要であるが、**主治医の出席を求めることはない**。ただし、被保険者や家族だけでなく、主治医からも意見を聴くことはできるとされている。

4　○　合議体の委員の定数を5人より少なくすることができるのは、更新認定の場合と委員の確保が著しく困難な場合において審査判定の質が維持されるものと市町村が判断した場合とされている（この場合でも少なくとも3人は必要）。

5　○　被保険者証には、要介護等状態区分のほか、介護認定審査会の意見があればそれも記載される。

問題 14 (p84) 　正解　1、2、4

1　○　一次判定は、コンピュータで要介護認定等基準時間を推計することを主体に市町村が行う。

2　○　要介護度・要支援度は、要介護認定等基準時間により定義されている。

3　✕　要介護認定等基準時間は、実際に提供される介護サービスの時間を表すものではなく、あくまでも**介護の必要性の程度を示すものさし（指標）**である。

4　○　基本調査の内容に不備等がある場合には、再調査が行われることがある。

5　✕　二次判定は、一次判定の結果を適宜参照して行うのではなく、それを**原案**として行う。疑義がなければ原案どおりに判定される。

問題 15 (p84) 　正解　2、5

1　✕　指定居宅サービス事業者でなくても、市町村長が認めた場合には、**基準該当サービス**や**離島等における相当サービス**として、介護保険の給付対象となる居宅サービスを提供することができる。

2　○　指定を受けるためには、都道府県知事の定める人員・設備・運営基準に従い適正な運営ができることが必要である。

3　✕　勧告をしてそれに従わなかった場合、都道府県知事は、**勧告に係る措置をとるように命令する**。その**命令に従わなかったとき**に、**取り消し**の事由になる。

4　✕　こうした権限は**市町村長**にも与えられている。

5　○　都道府県知事は、事業者の指定をしたとき、事業の廃止の届出があったとき、指定の取り消しや効力停止を行ったときには、公示をしなければならない。

問題 16 (p85) 　正解　4、5

1　✕　事業者を基準該当と認めるかどうかは、**市町村長**が判断する。

2　✕　法人格は、基準該当サービスの事業者、離島等における相当サービスの事業者ともに**不要**とされる。

3　✕　居宅サービスのうち、基準該当サービスが認められているのは、**訪問介護、訪問入浴介護、通所介護、短期入所生活介護、福祉用具貸与**の5つである。医療系のサービスが基準該当サービスとして認められることはない。

4　○　基準該当サービスは、地域密着型サービス、施設サービス、医療系の居宅サービスについては認められていない。なお、居宅介護支援については認められ

ている。

5　○　特例サービス費の支給は償還払いが原則であるが、基準該当サービスについては市町村が手続きを定めて現物給付とすることもできる。

問題 17 (p85)　　　　正解　1、2、4

1　○　やむを得ない場合とは、非常災害の場合や緊急の入所が必要な虐待等の場合である。

2　○　利用料等の費用の額については、あらかじめサービスの内容・費用を記した文書を交付して説明を行い、入所者の同意を得なければならない。食費・居住費（入所者が選定する特別な食事や居室の費用を含む）については、この同意は文書によるものとされる。

3　×　介護保険施設は、入所者から、日常生活費として理美容代の支払いを受けることができる。しかし、**おむつ代は保険給付の対象**となっているので、**別途支払いを受けることはできない**。

4　○　記述のほか、退所者を紹介することの対償として、居宅介護支援事業者やその従業者から金品を収受することも禁止されている。

5　×　入所者への身体拘束等は、**緊急やむを得ない場合を除き行ってはならない**とされている。緊急やむを得ない場合とは、入所者または他の入所者等の生命または身体を保護する必要がある場合をいう。

ポイント

身体拘束の適正化を図るため、2017年改正により、運営基準の見直しと身体拘束廃止未実施減算の減算幅の拡大が行われた。

運営基準には、施設は次の措置を講じなければならないと規定された。

① 身体拘束を行う場合、その態様および時間、その際の入所者の心身の状況、緊急やむを得ない理由を記録すること

② 身体拘束等の適正化対策を検討する委員会を3月に1回以上開催し、従業者に周知を図ること

③ 身体拘束等の適正化のための指針を整備すること

④ 従業者に対し、身体拘束等の適正化のための研修を定期的に実施すること

これらの措置を講じていない場合に、身体拘束廃止未実施減算（10%）が行われる。

問題 18 (p86)　　　　正解　1、3、4

1　○　報告徴収、立入検査等の権限は、居宅サービス事業者の場合は都道府県知事と市町村長の双方にあるが、地域密着型サービス事業者の場合は市町村長のみにある。

2　×　期限を定めて改善を勧告し、その期限内に**勧告に従わなかったとき**に初めて公表できるとされる。

3　○　また、市町村長は、事業者が報告・帳簿書類提出等の命令に従わず、または虚偽の報告をしたときにも、指定を取り消すことができる。

4　○　地域密着型介護老人福祉施設は更新認定の調査を委託されることがあるので、この規定がある。

5　×　**経過期間は5年**で、取り消し前科のある者は、5年間は指定を受けられないということにもなる。この規定は、一般の禁錮以上の刑や保健医療・福祉・労働関係の罰金刑などと同様、すべての事業者・施設に共通する指定の欠格事由・取り消し事由である。

問題 19 (p86)　　　　正解　2、5

1　×　介護保険施設への入所を希望する利用者に、施設への紹介その他の便宜の提供を行うことは、居宅介護支援事業所

の**介護支援専門員の責務**である。したが
って、そのことを事由に指定が取り消さ
れることはない。

2　〇　すべての事業者において、サービ
ス費（介護報酬）の請求に関し不正があ
ったときは、指定の取り消し・効力の停
止が行われる。

3　×　指定居宅介護支援事業者が**新規認
定の認定調査の委託を受けることはない**
から、これが取り消しの事由になること
はない。ただし、更新認定の調査につい
ては、これが取り消しの事由になる。

4　×　利用者が国保連に、指定居宅介護
支援事業者の提供したサービスに関し**苦
情を申し立てたこと自体**を事由として、
指定の取り消しが行われることはない。

5　〇　代表者や役員が指定の取り消しを
受けた事業者・施設の役員等であって、
取り消しの日から5年を経過していない
場合などとともに、規定されている取り
消し事由である。

問題 20 (p87)　　　正解　**2、3**

1　×　居宅介護支援事業所の介護支援専
門員は、介護保険施設の常勤専従の介護
支援専門員との兼務を除いて、**他の業務
との兼務が認められている。**

2　〇　管理者は原則として専従でなけれ
ばならないが、記述の場合と、事業所の
介護支援専門員の業務に従事する場合は、
例外とされている。

3　〇　要介護認定の更新申請は、有効期
間満了日の60日前から満了の日までに行
われれば有効であるが、認定には30日間
を要することから、スムーズな更新を行
うために、このように規定されている。

4　×　**特定福祉用具販売**についても、そ
れが**必要な理由を居宅サービス計画に記
載しなければならない。**

5　×　以前は上限が定められていたが、

2012年度より**制限は撤廃された**。なお、
居宅介護支援事業者は、介護予防支援事
業者の指定を受けることができるように
なったが（2023年改正）、従来通り地域
包括支援センターから委託を受けて介護
予防支援を行うこともある。

問題 21 (p87)　　　正解　**3、4、5**

1　×　介護サービスの選択は利用者の生
活を左右する極めて重要な決定である。
利用者の自己決定を支えるためには、介
護支援専門員は**公正・中立の立場で幅広
く情報を提供**しなければならない。

2　×　介護支援専門員は、**職業人として
の援助者**であり、介護保険制度の中に位
置づけられた専門職である。要介護者等
にとってよき隣人、よき友人である相談
相手となるわけではない。

3　〇　自立支援は、要介護者等自身が、
日常生活のすべての側面において、他へ
の依存を極力なくして生活するように支
援するものである。

4　〇　高齢者は、肉体的には機能が低下
していくのは否めないが、人間としての
発達には限りはないという視点をもつべ
きである。

5　〇　ノーマライゼーションとは、健常
者も病気や障害がある人も、みんなが普
通の生活ができる地域社会をつくってい
こうという考え方である。また、QOL(生
活の質）を高めることを支援の目標にす
ることが大切である。

問題 22 (p88)　　　正解　**1、2、4**

1　〇　客観的な課題分析を行うために、
厚生労働省通知によって、課題分析標準
項目が示されている。

2　〇　利用者の日常生活における能力や
介護者の状況等の評価を通じて、解決す

べき課題を把握する。

3　✕　課題分析では、生活課題に対応する**インフォーマルなサポートの力量**も明らかにする必要がある。家族介護者は、そのインフォーマルなサポートの中心的なものである。

4　○　要介護者個々人によって課題分析における項目の重み付けは異なるので、個別化が必要である。

5　✕　要介護者やその家族との面接時間の許容範囲は**1時間～1時間半程度**であり、課題分析表も**1～2回の面接で可能な範囲内の内容**にとどめるべきである。

問題 23 (p88)　　　　[正解]　**3、4、5**

1　✕　モニタリングは**定期的**に行うものであり、要介護者の生活課題が変わりそうなときだけに集中して行うものではない。

2　✕　居宅介護支援の運営基準では、**少なくとも1か月に1回、利用者の居宅を訪問し、利用者に面接して**モニタリングを行うこととされている。これは最低限の基準として定められたものであり、モニタリングの頻度は高いほうが望ましい。

3　○　訪問介護員等のサービス提供者からの情報をモニタリングに役立てることも大切である。

4　○　モニタリングの目的は、次のことについて確認することにある。
　① 居宅サービス計画がどの程度適切に実施されているか。
　② 居宅サービス計画に盛り込まれた援助目標が達成されたか。
　③ 個々のサービスやサポートの内容が適切であったか。
　④ 居宅サービス計画の変更を求めるような要介護者側での新しい生活課題が生じていないか。

5　○　再課題分析において要介護度に変化が生じていると思われる場合には、要

介護状態区分変更の申請をするように勧める。

問題 24 (p89)　　　　[正解]　**1、3、4**

1　○　介護保険施設では、入所者100人に1人以上の介護支援専門員を置かなければならない。

2　✕　現実には記述のような例が多いが、**法的には利用者本人の同意が必要**である。家族がいない場合などは成年後見制度を利用するなどする。

3　○　この場合において、計画担当介護支援専門員は、面接の趣旨を利用者およびその家族に十分に説明し、理解を得なければならない。

4　○　居宅サービスの個別サービス計画が、居宅サービス計画に沿って作成されるのと同じである。

5　✕　介護保険施設の運営基準には共通して退所に関する規定があり、利用者や家族の希望の有無に関係なく、**定期的に退所の可能性を検討する**ことが義務づけられている。

問題 25 (p89)　　　　[正解]　**1、2、4**

1　○　福祉用具の適切な利用により、介護負担の軽減を図ることができる。

2　○　家族のレスパイトケアとして、短期入所サービスの利用は適切な提案といえる。

3　✕　居宅サービス計画の見直しを行った場合には、新規に作成した場合と同様に、その内容について、利用者である**Aさんの同意を得る必要がある**。

4　○　介護保険施設の情報の提供については、現時点では入所するかどうかの結論は出ていないものの、情報を入手しておくことはAさんや息子夫婦にとって有益だと思われるので、適切な対応といっ

ていいだろう。

5　×　この段階で記述のようにするのは行き過ぎだと思われる。**Aさんと息子夫婦が合意に達するように働きかけるべきである。**

保健医療サービス分野

問題 26 (p90)　　　正解　**2、3、4**

1　×　加齢性難聴は**両側性（両耳に症状が現れる）**であることが多い。高い音が聞こえにくい、というのは正しい。

2　○　ウイルス性肝炎（B型肝炎、C型肝炎）、アルコール性肝炎などの**慢性肝炎**が進行すると、肝臓全体で線維化が起こり**肝硬変**となる。肝不全や肝がんに至らないように、悪化の予防が重要である。

3　○　緑内障では、視野の中に見えない部分（暗点）が生じたり、視野が狭くなったりする症状がある。

4　○　しばらく歩くと下肢に痛みやしびれを生じ、少し休むと治る**間欠性跛行**は、閉塞性動脈硬化症でもみられるが、座位や前屈位で症状が軽快するのは、脊柱管狭窄症の特徴である。

5　×　筋萎縮性側索硬化症（ALS）は、下肢だけでなく**全身の骨格筋**が萎縮する疾病である。症状は進行性で、数年で自立が困難になる。介護保険の特定疾病に指定されている。

問題 27 (p91)　　　正解　**2、4**

1　×　狭心症には、労作性狭心症と異型狭心症がある。運動時に心拍数の増加とともに前胸部に圧迫感を起こすものは、**労作性狭心症**という。**異型狭心症**は、労作の有無によらず、夜間・未明・睡眠中の前胸部の圧迫感が典型的である。

2　○　心不全の一般的な症状は、呼吸困

難、食欲低下、浮腫、尿量低下などであるが、高齢者では記述のような症状として現れることがある。

3　×　**急性**の気道閉塞を主症状とする**気管支喘息**は、慢性閉塞性肺疾患に含まれない。慢性閉塞性肺疾患が特定疾病に指定されているのは正しい。

4　○　ほかにも、大量の飲酒、長時間座ったままでいる、冷えなどでも尿閉は起こりやすい。

5　×　帯状疱疹は、水痘（みずぼうそう）ウイルスの再活性化によって起こるウイルス性の疾患であるが、成人のほとんどは小児期に水痘に罹患しているため、**伝染することはほとんどない。**

ポイント
選択肢5の帯状疱疹は、小児期に水痘（みずぼうそう）にかかったときから体内に潜伏しているウイルスに対する免疫が低下してきて、再度出現したものである。通常は体の左右どちらかの側に、帯状に痛みを伴う水ぶくれ（水疱）が現れる。顔や四肢に現れることもある。

問題 28 (p91)　　　正解　**1、2、4**

1　○　発熱の場合は、いつ、どこで熱が出たか、また同時にどんな症状があったかが重要である（鼻汁、咽頭痛、腹痛、下痢、意識障害など）。

2　○　**狭心症、心筋梗塞**は、胸部のしめつけるような重苦しい痛みが特徴である。狭心症の胸痛は30分以内で治まるが、心筋梗塞ではそれ以上続く。

3　×　黒色便（タール便）は、胃潰瘍など**上部消化管出血**で起こることが多い。痔核、大腸憩室炎、大腸がんなど下部消化管出血で、肛門に近い場合は、赤色の血便になることが多い。

4　○　脳卒中（脳血管障害）の症状には、片麻痺、失語、失行、構音障害などがあ

る。緊急の診断・治療が必要である。**一過性であっても検査を受ける。**

5 ✕ **吐血**は、上部消化管からの出血で起こり、**胃潰瘍**、**十二指腸潰瘍**、**食道静脈瘤**、**胃がん**などが原因となる。結核、肺がんなどでは喀血が起こり、血液に泡が混じっていたり、咳と一緒に排出されることが多い。

問題 29 (p92) 　　正解　**1、3、5**

1 ◯ そのため、血圧測定は左右両方の腕で行う。また、上肢の拘縮があって上腕での血圧測定が難しい場合は、下肢で測定する方法もある。

2 ✕ うっ血性心不全や甲状腺機能亢進症で生じるのは**頻脈**である。頻脈はほかに、感染症、脱水などで起こる。

3 ◯ 回帰熱は、有熱期と解熱期を繰り返すものである。熱型には、ほかに稽留熱、間欠熱、弛張熱がある。

4 ✕ **悪性症候群**は、抗精神病薬の増量時や抗パーキンソン病薬の急激な中止・減量などで発症するもので、**高熱がみられる。**

5 ◯ 1分間に9回以下の呼吸を徐呼吸といい、25回以上を頻呼吸という。頻呼吸は、発熱、心不全、呼吸器疾患などでみられる。

問題 30 (p92) 　　正解　**1、3、5**

1 ◯ 身長の短縮は、**脊椎圧迫骨折、円背**などでみられ、骨粗鬆症の発見の指標となる。

2 ✕ **HDLコレステロール**の低値は、虚血性心疾患を引き起こす危険因子である。LDLコレステロールと中性脂肪は**高すぎる**ことが問題となり、HDLコレステロールは**低すぎる**ことが問題となる。

3 ◯ 高齢者は低栄養になりやすく、血清アルブミンは高齢者にとって重要な検査値である。

4 ✕ 血中尿素窒素（BUN）の**上昇**は、腎機能の低下を反映する。

5 ◯ 24時間の心電図を調べることで、短時間の心電図検査では現れなかった不整脈や狭心症を発見することができる。

問題 31 (p93) 　　正解　**1、2、5**

1 ◯ 食塊が咽頭に入ると、喉頭蓋が下に倒れて気道が閉じられ、食塊は食道に入る。この一連の働きを支配する神経の**働きを嚥下反射**という。

2 ◯ 利用者の状態については、身体機能、精神機能、嗜好・習慣・食生活状況、食に関する意欲、食に関する知識・技術などをアセスメントする。

3 ✕ 嚥下困難がある場合には、一口に食べる量は、**ティースプーン1杯程度に**する。量が少なすぎると嚥下できずに、口腔にたまってしまうので注意する。

4 ✕ むせが強い場合は、背もたれなどに寄りかかり、**あごを引く**姿勢をとる。

5 ◯ 嚥下しにくい食品には、ほかに液体、スポンジ状（食パン、凍り豆腐）、練り製品、イカ、こんにゃく、餅、めん類、酢の物がある。

問題 32 (p93) 　　正解　**1、4**

1 ◯ 褥瘡は、発赤の段階で医療職種と連携をとり、進行を阻止する。

2 ✕ 入浴は、血液の循環を促進するので、**褥瘡に効果的である。**清拭は、全身状態が悪く、入浴が制限されている場合に行う。

3 ✕ おむつは、**汚れたら、そのつどすぐに**交換する。

4 ◯ マッサージは**発赤部は避け、発赤部の周辺**に行うようにする。

5　✕　褥瘡の処置は診療の補助にあたる行為で、**訪問看護**でなければ提供できない。

問題 33 (p94)　　[正解]　**2、3、4**

1　✕　MCI（軽度認知障害）は、健常と認知症の中間の状態であり、放置すると多くが認知症に移行するが、身体活動を増やす、社会的交流を増やすなど、**ライフスタイルの改善**を行えば、認知症の発症を遅延したり、**健常に戻ったりすることも可能**である。

2　〇　良性健忘では物忘れが多くなったことを自覚しているが、認知症の場合は自覚に乏しい。

3　〇　記憶の再認（指摘されたとたんに思い出すなど）、再生（あとで思い出すなど）ができるのは、加齢に伴う良性の健忘である。認知症の場合は、記憶にまったく残っていない。

4　〇　認知症が疑われる人に対する専門医による問診で、記述のような取り繕いや振り向き徴候がみられる場合は、認知症が疑われる。

5　✕　**せん妄**は**意識障害**であり、認知症に合併することも多いが、**認知症の周辺症状とはいえない**。せん妄には誘因があり、誘因となっている薬剤を中止したり、せん妄治療薬を投与したりすることで症状はなくなる。

問題 34 (p94)　　[正解]　**4、5**

1　✕　本人は**失敗だと認識していない**ので、かえって**反発をまねく**ことになり、BPSD の発症につながりかねない。

2　✕　ケアの対象は「認知症」ではなく、「**認知症という困難を抱えて生きる一人の人間**」である。

3　✕　パーソン・センタード・ケアでは、

徘徊は「**探検、探索、捜し物**」であるととらえて対処する。「注意された不満の表れ」ととらえるのは「暴言」である。

4　〇　レビー小体型認知症は、**リアルな幻視、レム睡眠行動障害**に加え、**便秘や立ちくらみ**（起立性低血圧）、**失神**などの自律神経症状が特徴である。

5　〇　運動習慣のほか、食事、社会交流、知的活動などが認知症の予防や進行遅延に有効である。

問題 35 (p95)　　[正解]　**2、3、4**

1　✕　自分を責める内容の妄想は、**罪業妄想**という。老年期うつ病では、**罪業妄想**、お金がなくなり生活できないという**貧困妄想**、不治の病にかかったという**心気妄想**がみられることがある。

2　〇　うつ病では、病前の性格が発症に関与する傾向がある。

3　〇　ほかに、妄想の対象に対して強い攻撃性を示すが、実際に攻撃することは多くないこと、妄想を除けば日常生活に破綻をきたさないことなども特徴である。

4　〇　残遺状態では統合失調症に特有の症状は目立たなくなり、感情鈍麻、思考・動作の緩慢などの症状が目立つ。

5　✕　老年発症型のアルコール依存症では、**家族歴や遺伝負因はなく**、若年発症型に比べて**飲酒量が少ない**傾向がある。家族歴や遺伝負因があり、飲酒量が多いのは若年発症型の特徴である。

問題 36 (p95)　　[正解]　**1、3、5**

1　〇　入浴で**脳血管障害や心臓発作**などを引き起こすこともある。事前に全身状態の観察やバイタルサインのチェックを行って、入浴の可否を判断する。

2　✕　**空腹時**と**食事の直後**に入浴することは避ける。

3　〇　石けんや清拭剤は、脂肪分を除去しすぎない保護機能のある成分のものを用いる。

4　✕　陰部の清浄や清拭は、できるだけ**自分で行ってもらう**。

5　〇　家に閉じこもりがちなために整容を行わなかったり、整容行動をとらないために外出をしなかったりする。

問題 37 (p96)　　　正解　**1、2、3**

1　〇　**基本動作**は、寝た位置から起き上がり、立ち上がって歩くまでの動作である。

2　〇　介助においては**残存能力**を積極的に使い、可能な限り自立できるよう援助することが重要で、介助は最低限にとどめるという意図である。

3　〇　関節可動域訓練では、痛みへの反応を観察しながら、徐々に可動域を広げる。できるだけ**自動運動**で行う。

4　✕　筋力増強のための運動は、**誤用症候群**（関節炎・靱帯損傷・疲労骨折・過度の筋肉痛や疲労など）を引き起こすことがある。

5　✕　適切な自助具を使用することにより、**自立が促される**。

問題 38 (p96)　　　正解　**1、5**

1　〇　グレープフルーツジュース・納豆・クロレラ・緑色野菜・牛乳・アルコールなど、相互作用によって特定の薬の作用に影響を与える食品もある。

2　✕　肝機能や腎機能が低下していると、**薬剤の作用は強められる**。肝機能の低下によって薬の**代謝**の速度が遅くなり、腎機能の低下によって薬の**排泄**が遅くなるためである。

3　✕　製剤学的な工夫がされている薬には**つぶしを避けるべきもの**も多い。また、

食事中の服用を避けるべき薬もある。嚥下障害がある場合には、ゼリー剤、OD錠（口腔内崩壊錠）、坐剤など、他の剤形への変更も考えられる。作用時間の長い薬に変更して服薬回数を減らす方法もある。

4　✕　食事がきちんととれなかったときの対応は、**薬剤によって異なる**ため、あらかじめ確認しておく。

5　〇　冷蔵庫への出し入れにより湿気を帯びやすくなることもあるので、指示がなければ室温で保管する。

問題 39 (p97)　　　正解　**2、5**

1　✕　インスリンの自己注射を行っている場合、食事摂取量が少ないと**低血糖**を生じることが多い。

2　〇　経口摂取ができなくても、経腸摂取が可能な場合は、**経管栄養法**となる。

3　✕　経管栄養法は、経管栄養剤を**カテーテルを通して胃や腸などに**注入する方法である。血管に点滴投与するのは、中心静脈栄養法である。

4　✕　シャントの圧迫を避けるため、**シャント側で血圧測定は行わない**。重いものを持ったり、腕時計をしたりすることも避ける。

5　〇　在宅酸素療法を行う場合は、火気から**2m**以上離れる。

問題 40 (p97)　　　正解　**2、4**

1　✕　半側空間無視は**左側空間**の無視が多く、**左片麻痺**の患者に多くみられる。

2　〇　通常、睡眠中に分泌された唾液は無意識のうちに嚥下されるが、嚥下反射に障害がある高齢者では、睡眠中に気づかぬうちに**不顕性誤嚥**を引き起こし、**誤嚥性肺炎**が起こる。

3　✕　ヘリコバクター・ピロリ菌は、**胃**

がんのリスクを高める。

4　○　胃ろうのカテーテルは自然抜去することがあり、すぐに代用のカテーテルを挿入しなければ閉鎖してしまう。

5　×　在宅での症状緩和が難しい場合や、家族の負担が過重になった場合は、在宅ケアに固執することなく、病院での看取りや一時的な入院も検討する。

問題 41 (p98)　　　　正解　**2、4**

1　×　**訪問看護計画書**は、利用者の希望、主治の医師の指示および心身の状況等を踏まえて、**看護師等**（准看護師を除く）が作成する。

2　○　訪問時には、身体状況に関する情報だけでなく、心理・社会的な側面、生活環境、家族関係などの情報を収集してアセスメントする。これによって、訪問看護計画が変更されることもある。

3　×　末期の悪性腫瘍や神経難病の患者に対する訪問看護は、**医療保険**の給付の対象になる。

4　○　指定訪問介護についても同様に、同居家族に対するサービス提供の禁止の規定がある。

5　×　指定訪問看護ステーションの理学療法士等により提供されるリハビリテーションは、**訪問看護**として介護保険から給付される。

問題 42 (p98)　　　　正解　**1、4、5**

1　○　病院・診療所、介護老人保健施設、介護医療院には、通所リハビリテーションについて**みなし指定**が適用される。

2　×　通所リハビリテーションだけでなく、介護保険のサービスでは、**生活期（維持期）のリハビリテーション**を行う。**急性期**や**回復期**のリハビリテーションは、**医療保険**で提供される。

3　×　介護報酬は、現に要した時間ではなく、**通所リハビリテーション計画に位置づけられた内容のサービスを行うのに要する標準的な時間**により算定される。所要時間によって介護報酬が決められているサービスは、すべて同様である。

4　○　リハビリテーションマネジメント加算は、定期的に**リハビリテーション会議**を開催することなどが要件である。

5　○　介護予防通所リハビリテーションの介護報酬が**1か月単位**で算定されるのは、要介護者の介護報酬と決定的に異なる点である。このため、**同じ月に2か所以上の事業所を利用することはできない。**

問題 43 (p99)　　　　正解　**4、5**

1　×　短期入所療養介護で「**必要な医療**」を行うことはあるが、「医療を集中的に行う」ことが最大の役割というわけではない。医療上の問題を有している利用者が対象であることと混同しないように。

2　×　認知症高齢者も短期入所療養介護を**利用することができる**。特に行動・心理症状（BPSD）が顕著になってきた場合には、老人性認知症疾患療養病棟への短期入所を考慮すべきである。

3　×　短期入所療養介護は、一般に**空床利用型の運用**がなされていて、短期の利用者と入所サービスの利用者を合わせた数が施設全体の定員を超えなければ、**それぞれの定員を定める必要はない。**

4　○　短期入所療養介護の介護報酬は、介護老人保健施設、介護医療院、療養病床を有する病院、診療所、老人性認知症疾患療養病棟を有する病院などの施設によって異なり、さらに従来型とユニット型では介護報酬が異なる。

5　○　短期入所から在宅に復帰した後のことを意識し、担当の介護支援専門員と連携することが大切である。

問題 44 (p99)　　　[正解] 2、4、5

1 ✕　定期巡回・随時対応型訪問介護看護は**24時間対応**のサービスである。

2 ◯　定期巡回・随時対応型訪問介護看護は、**定期巡回サービス、随時対応サービス、随時訪問サービス、訪問看護サービス**を適宜適切に組み合わせて提供する。

3 ✕　常勤換算方法で2.5人以上の保健師、看護師または准看護師を配置しなければならないのは、**一体型**定期巡回・随時対応型訪問介護看護事業所である。一体型の事業所には、訪問看護サービスを行うために、理学療法士、作業療法士または言語聴覚士も適当数置くこととされている。**連携型**においては、指定訪問看護事業者と連携することになるので、**この人員基準は適用されない。**

4 ◯　定期巡回・随時対応型訪問介護看護計画は、原則として、**主治の医師**に提出しなければならない（訪問看護サービスの利用者に係るものに限る）。

5 ◯　訪問看護サービスは医師の指示に基づき実施されるものであるため、**訪問看護サービスを利用しない利用者**（介護のみの利用者）もいることになる。

問題 45 (p100)　　　[正解] 3、4、5

1 ✕　食事は、できるだけ離床して**食堂**（ユニット型の場合は**共同生活室**）で行われるよう努めなければならない。

2 ✕　入所者が退所できるかどうかの検討および判断は、医師、薬剤師、看護・介護職員、支援相談員、介護支援専門員等の**従業者の間で協議しなければならない。**

3 ◯　かかりつけ医連携薬剤調整加算である。

4 ◯　退所時情報提供加算、入退所前連携加算である。

5 ◯　訪問看護指示加算が算定される。

問題 46 (p101)　　　[正解] 1、4、5

1 ◯　ICFは、利用者を包括的にとらえるもので、当事者と専門家の共同作業を支える共通言語である。

2 ✕　ICFは、国際障害分類（ICIDH）を改訂したものであり、**生活機能**を、**心身機能**(生物レベル)、**活動**(個人レベル)、**参加**（社会レベル）の3つのレベルに分類している。障害を、記述の3つのレベルで分類したのは、ICIDHである。

3 ✕　ICFの障害は、心身機能レベルだけでなく、活動レベル、参加レベルに問題が起こった状態のすべてを含む。それぞれのレベルの問題を、**機能障害・構造障害、活動制限、参加制約**という。

4 ◯　年齢・性別・ライフスタイル・価値観等の個人因子と、物的・人的背景、制度・サービス等の環境因子が、生活機能の各レベルに働きかける。

5 ◯　潜在的生活機能は、適切な働きかけによって引き出すことができるものである。マイナス面だけでなく、それを上回るプラス面を見つけることが大切である。

問題 47 (p102)　　　[正解] 2、4

1 ✕　インテーク面接は、必ずしも**1回で終わるとは限らず**、数回の面接が必要なこともある。

2 ◯　傾聴を通して、援助目標・援助方法を設定するための観察と情報収集を深めていく。

3 ✕　インテーク面接においては、クライエントの主訴を手がかりに、その内容と背景を明らかにするとともに、援助機関の機能を十分に説明して、本人や家族の理解を得る。インテーク面接における

情報提供は、**双方向的なもの**である。

4　○　この際には、非審判的な態度を堅持することが特に重要である。

5　✕　インテーク面接には、特に**正確かつ迅速な記録が求められる**。

問題 48 (p102)　　　正解　**3、4**

1　✕　家族・親族がさまざまな課題を抱えていたり、高齢者本人と折り合いが悪く問題の解決を困難にしたりしていることがある。また、家族・親族の間に対立があり、解決策について意見がまとまらないことがある。

2　✕　孤立が生じる背景には多様な要因があり、家族と**同居している世帯でも地域からの孤立は起こり得る**。

3　○　地域社会がもつ価値観や偏見が支援困難事例を生み出すこともある。

4　○　**単身世帯の増加**、**個人主義の浸透**、**相互扶助機能の低下**が、社会的要因の背景にある。

5　✕　社会資源が不足している場合は、支援する側から声を上げて、**社会資源の開発**を訴えていかなければならない。

問題 49 (p103)　　　正解　**2、5**

1　✕　リハビリテーションは医療サービスであり、**訪問介護では行わない**。当然、身体介護には含まれない。

2　○　例えば、洗濯を利用者に代わって訪問介護員が行う場合は生活援助だが、利用者が自分でできるように、できない部分は支援しながらともに行って意欲を高めていく場合は**身体介護**となる。

3　✕　同居している家族がある場合でも、家族が障害や疾病等で家事を行うのが困難な場合は、**生活援助の提供が認められる**。

4　✕　利用回数の上限が示されたのは正

しいが、**上限を超える利用が直ちに利用者負担となるものではない**。

5　○　また、訪問介護計画の実施状況の把握を行い、必要に応じて計画の変更を行う。

ポイント

居宅サービス計画に位置づけた生活援助中心型の訪問介護が「全国平均利用回数＋2標準偏差」以上の場合、介護支援専門員は、市町村にケアプランを届け出なければならない。市町村は、地域ケア会議の開催等によってケアプランを検証し、必要に応じ是正を促すことになる。1か月当たりの上限は、要介護1は27回、要介護2は34回、要介護3は43回、要介護4は38回、要介護5は31回である（2021年12月現在）。

問題 50 (p103)　　　正解　**1、3、5**

1　○　このうち、**看護職員を配置しなかった場合は、利用者の状態像に応じて、病院、診療所、訪問看護ステーションとの密接な連携**により看護職員を確保する。

2　✕　医師は、事業所ごとに1人以上**配置しなければならない**。

3　○　運営基準に定められている。

4　✕　区分支給限度基準額の範囲内であっても、連続して30日を超えて、短期入所生活介護**利用することはできない**。なお、30日を超えて利用する分については、保険給付の対象とならず、**費用は全額自己負担**となる。また、31日目を自費利用とするとリセットされ、ふたたび利用を継続することができるが、以降は1日につき30単位の減算が行われる。

5　○　通所介護とは異なり、送迎は基本サービスに含まれていないので、費用は利用者負担である。ただし、送迎加算を算定して利用料に含むことができる。

問題 51 (p104)　　正解 **2、3、4**

1 ✕　要介護者だけでなく、**要支援者**も、サービスの対象者となる（介護予防特定施設入居者生活介護）。ただし、地域密着型は要介護者だけを対象とする。

2 ◯　特定施設入居者生活介護事業者の指定を受けることができるのは、**有料老人ホーム**（サービス付き高齢者向け住宅を含む）、**養護老人ホーム、軽費老人ホーム**である。

3 ◯　機能訓練指導員、生活相談員、介護・看護職員、計画作成担当者などが必要とされる。

4 ◯　指定特定施設に配置される計画作成担当者は、**介護支援専門員**でなければならない。

5 ✕　指定特定施設の入居者は、その特定施設が提供する**特定施設入居者生活介護を利用するか、他の居宅サービスを利用するか**を、任意に選択できる。また、事業者は、入居者が他の介護サービスを利用することを妨げてはならないとされている。

問題 52 (p104)　　正解 **1、3、5**

1 ◯　共同生活住居（ユニット）の数は、「１または２を標準とする」とされていたが、2020年改正で「３以下」となった。

2 ✕　１つの共同生活住居の入居定員は、**５人以上９人以下**とされている。なお、夫婦で入居する場合には、居室の定員を２人とすることができる。

3 ◯　介護従業者は、共同生活住居ごとに、夜間・深夜以外の時間帯には、利用者の数が３またはその端数を増すごとに１人以上とする。

4 ✕　認知症対応型共同生活介護事業所に**看護職員を配置することは義務づけられていない**。

5 ◯　また、管理者は、厚生労働大臣が定める研修を修了している者でなければならない。

問題 53 (p105)　　正解 **1、5**

1 ◯　また、**面接時、初回訪問時**にも、身分証を提示することになっている。

2 ✕　オペレーターは、原則として、**看護師、介護福祉士、医師、保健師、准看護師、社会福祉士、介護支援専門員**のいずれかでなければならない。

3 ✕　通報を受けたオペレーターは、まず**派遣の要否を判断する**（オペレーションセンターサービス）。その上で必要であれば訪問介護員等を派遣する。

4 ✕　ケアコール端末に係る設置料、リース料、保守料等の費用を、**利用者から徴収してはならない**。

5 ◯　夜間対応型訪問介護では、利用者宅の合鍵を預かることができるが、従業者であっても容易に持ち出すことができないよう厳重な管理を行わなければならない。

問題 54 (p105)　　正解 **2、4**

1 ✕　通所介護では**個別サービス計画（通所介護計画）の作成は必須**である。居宅サービス計画が作成されている場合はその内容に沿って作成し、利用者の同意を得なければならない。

2 ◯　おむつ代は、通所サービスでは保険給付の対象外であり**利用者負担**となる。

3 ✕　通常の送迎は保険給付に含まれるため、別に**加算が行われることはない**。逆に、利用者の都合であっても、送迎を行わなかった場合には減算が行われる。

4 ◯　利用者が**居宅で入浴できるようになること**を目的としたものである。ほかに、通常の入浴介助に対する加算もある。

5　×　地域密着型サービスに移行したのは、**利用定員19人未満**の小規模通所介護事業所である。

ポイント

2014年改正により通所介護が大きく見直され、要支援者対象の通所介護の地域支援事業への移行、小規模事業所の地域密着型サービスへの移行が行われた。また、保険外サービスとして行われている宿泊サービス（いわゆるお泊りデイサービス）に届け出制が導入された。

問題 55 (p106)　　　　正解　**2、3、5**

1　×　**要支援者**に対する介護予防小規模多機能型居宅介護もある。

2　○　なお、夜間・深夜以外の時間帯では、常勤換算方法で、通いサービスの提供を行う従業者は利用者3人に対して1人以上、訪問サービスの提供を行う従業者は1人以上必要とされる。

3　○　小規模多機能型居宅介護は、1人の利用者に対して、通い・宿泊・訪問サービスを合わせておおむね**週4回以上**行うことが目安である。通い・宿泊・訪問サービスを提供しない日であっても、**電話による見守り**を含め、利用者になんらかの形でかかわることが望ましい。

4　×　登録者について、**種類ごとのサービス量の制限はない**。逆に、平均して1人当たりのサービス提供回数が週4回未満の場合は、減算が行われる。

5　○　**運営推進会議**は、利用者、利用者の家族、地域住民の代表、市町村または地域包括支援センターの職員、有識者等で構成される。設置が義務づけられているのは、小規模多機能型居宅介護のほか、認知症対応型共同生活介護・認知症対応型通所介護・地域密着型通所介護・地域密着型特定施設入居者生活介護・地域密着型介護老人福祉施設入所者生活介護・

看護小規模多機能型居宅介護である。開催の頻度は、サービスにより異なる。

問題 56 (p106)　　　　正解　**1、4、5**

1　○　商品ごとの**全国平均貸与価格**は、2018年度から公表されている。また、機能や価格帯の異なる**複数の商品を提示**することも義務づけられている。

2　×　**福祉用具専門相談員は2人以上**配置しなければならない。

3　×　**福祉用具貸与計画**、**特定福祉用具販売計画**の作成が義務づけられている。これらは事業所の福祉用具専門相談員が作成する。

4　○　**要支援1・2、要介護1**の人は、例外になる場合を除いて、福祉用具貸与の種目のうち、**手すり**、**スロープ**、**歩行器**、**歩行補助つえ**の4種目しか利用できない。また、**自動排泄処理装置**は、**要介護2・3**の人も利用できない（尿のみを自動的に吸引する機能のものを除く）。

5　○　自動排泄処理装置は**福祉用具貸与**の対象だが、その交換可能部品は**特定福祉用具販売**の対象である。

問題 57 (p107)　　　　正解　**2、3**

1　×　ユニットは、少数の居室とそれに近接した**共同生活室**により構成される。

2　○　1ユニットの定員は、これまで「おおむね10人以下」と定められていたが、2020年改正で記述のように緩和された。

3　○　入居者がユニットにおいて社会的関係を築くことができるよう、日常生活における家事を含めて、役割をもって生活を営めるように配慮する。

4　×　日中は、**1ユニット**に1人以上の介護職員または看護職員を常時配置しなければならない。2ユニットに1人以上

とされるのは、夜間と深夜である。

5 ✕ **ユニットごとに**ユニットリーダー（原則として常勤）を配置しなければならない。

問題 58 (p107)　　　[正解]　**2、4、5**

1 ✕ 市町村が独自に行う記述のサービスは、**フォーマルなサービス**である。フォーマルなサービスには、保険給付を含む行政のサービスや職員、指定・許可を受けた民間機関・団体のサービスや職員がある。

2 ○ インフォーマルなサポートには、家族、親戚、友人、同僚、近隣、ボランティア、相互扶助団体などがある。

3 ✕ インフォーマルな分野のサポートは、柔軟な対応が可能であるが、**安定した供給には難がある。専門性も低い。**

4 ○ 包括的支援事業の「在宅医療・介護連携推進事業」では、**社会資源リスト（マップ）**を作成する事業を行うことになっている。

5 ○ 共通するニーズをもった利用者がいるのにそれを充足する社会資源が地域に存在しない場合、介護支援専門員は声を上げて開発を促していく。

問題 59 (p108)　　　[正解]　**3、5**

1 ✕ **介護保険の保険給付が優先**して行われ、生活保護の介護扶助は、自己負担分について行われる。

2 ✕ 40歳以上65歳未満の被保険者でない被保険者についても、特定疾病による要支援・要介護の状態であれば、介護扶助の給付を受けることができる。この場合の要介護認定等は、福祉事務所から**市町**

村の**介護認定審査会に委託**して行われる。

3 ○ 介護保険で行われるサービスは、すべて介護扶助の対象である。

4 ✕ 介護保険施設に入所している被保護者の日常生活費は、介護扶助ではなく**生活扶助**の介護施設入所者基本生活費で賄われる。

5 ○ 第1号被保険者であって普通徴収によって保険料を納付する被保護者には、**生活扶助**に介護保険料加算が行われる。

問題 60 (p108)　　　[正解]　**2、3**

1 ✕ 利用の対象となるのは、**判断能力が不十分な人**である。「判断能力を欠く常況にある人」は、成年後見制度の対象である。

2 ○ 支援計画は基幹的社会福祉協議会に配された**専門員**がつくり、これらの具体的支援は**生活支援員**が行う。

3 ○ また、定期的な訪問により生活状況の変化を察知することに努める。

4 ✕ 福祉サービスの利用援助が主な支援内容であり、記述の介護保険関係の手続きについての支援は、当然**援助内容に含まれる。**

5 ✕ 利用料は**有料**であり、援助活動1回当たり1,000〜1,500円程度かかる（実施主体によって異なる）。ただし、生活保護受給者は無料である。

◆ポイント◆

日常生活自立支援事業は、福祉サービスの利用に関する援助を行う事業である。対象者は認知症・知的障害・精神障害等で判断能力が不十分な者だが、契約に基づいて行われるため、契約を締結する能力を有することが要件である。

第４回　予想問題　解答・解説

介護支援分野

問題 1 (p111)　　正解　1、3、4

1　○　**一般介護予防事業**は、記述の**介護予防把握事業**のほか、**介護予防普及啓発事業、地域介護予防活動支援事業、一般介護予防事業評価事業、地域リハビリテーション活動支援事業**を行うものである。

2　×　事業者を指定するのは**市町村長**である。

3　○　第１号事業に要した費用は、利用者から徴収する利用者負担分を除いて、**第１号事業支給費**として、国保連から指定事業者に支払われる。

4　○　**包括的支援事業**は、従来から行われてきた**総合相談支援業務、権利擁護業務、包括的・継続的ケアマネジメント支援業務**に、記述の事業や**在宅医療・介護連携推進事業、生活支援体制整備事業**などが加わって強化された。

5　×　**総合事業の財源構成**は居宅給付費の財源構成と同じであり、**第２号保険料も使われる**。包括的支援事業と任意事業の財源には第２号保険料は使われず、その分を国・都道府県・市町村が２：１：１で負担する。

ポイント

地域支援事業の財源構成は、介護予防・日常生活支援総合事業とその他の事業（包括的支援事業と任意事業）では異なる。

介護予防・日常生活支援総合事業では、第１号保険料23％、第２号保険料分の地域支援事業支援交付金27％、国25％、都道府県12.5％、市町村12.5％であり、介護給付費の居宅給付費の場合と同様である。

その他の事業では、第２号保険料の負担はなく、その分を公費で賄うので、国38.5％、都道府県19.25％、市町村19.25％、第１号保険料23％の財源構成となる。

問題 2 (p112)　　正解　1、4、5

1　○　市町村が自ら設置する場合と、委託によって設置する場合とがある。

2　×　被保険者ではなく、**第１号被保険者**の数が3,000〜6,000人の圏域ごとに設置される。

3　×　**主任介護支援専門員**（５年以上の実務経験を有し、指定の研修を修了した介護支援専門員）、**保健師、社会福祉士**を置くことになっている（準ずる者も含む）。看護師または准看護師、生活相談員についての規定はない。

4　○　中立性・公正性の確保、人材確保の支援のために設置されるものである。

5　○　地域ケア会議では、まず、介護支援専門員等の多職種が協働して、個別ケースの支援内容を検討して、**個別課題の解決**を図る。その過程で記述のように**地域課題を発見**し、**政策の立案・提言**につなげていく。

問題 3 (p112)　　正解　4、5

1　×　施設等給付については、国20％、都道府県17.5％、市町村12.5％であり、それ以外の保険給付については、国25％、都道府県12.5％、市町村12.5％であ

る。つまり給付によって**負担割合は異なっている**。

2　×　調整交付金が５％を超えて交付される市町村では、第１号保険料の**負担割合が23％より低くなり**、調整交付金が５％未満である市町村では、第１号保険料の**負担割合が23％より高くなる**。

3　×　第１号保険料と第２号保険料の負担割合は、介護保険事業計画の計画期間に合わせて**３年に１度**、政令で定められる。他の記述は正しい。

4　○　市町村特別給付の財源には公費は使われず、第１号保険料で賄われる。

5　○　総合事業には第２号保険料も使われるが、それ以外の地域支援事業には第２号保険料は使われないことに注意。

問題 4 (p113)　　[正解] **2、5**

1　×　調整交付金は、**国が交付するもの**で、総額で介護給付費の５％に当たる。

2　○　要介護状態になる危険性が高い後期高齢者、とりわけ85歳以上の比率が高ければ、給付費が増大する可能性が高くなる。

3　×　第２号被保険者の所得格差は、関係しない。**第１号被保険者の所得（保険料の負担能力）の格差**を調整するものである。

4　×　第１号保険料の**収納率の格差を調整するものではない**。

5　○　記述のような保険者の責によらない事由による財政格差の調整も行う。これを特別調整交付金という。

問題 5 (p113)　　[正解] **1、3、5**

1　○　この徴収方法を、特別徴収という。遺族年金、障害年金を含むほとんどの年金が対象となる。

2　×　第１号保険料の保険料率が３年に

１度設定されるというのは正しいが、**被保険者の所得は毎年度把握される**ので、所得段階によって決まる**特別徴収の額が変わることはあり得る**。

3　○　第２号保険料は、健康保険や国民健康保険の医療保険者が、医療保険各法の定める保険料率によって、賦課・徴収を行う。

4　×　国民健康保険では記述のような**加入者割**で徴収が行われるが、2017（平成29）年度から、**被用者保険間**では、記述のような**加入者割**に代えて、**総報酬割が導入されている**。

5　○　福祉事務所等は、保護の目的達成に必要があるときは、直接市町村に介護保険料等を支払うことができる。

問題 6 (p114)　　[正解] **1、4**

1　○　国民健康保険でも、住所地特例が設けられている。後期高齢者医療についても、都道府県単位で同様の取扱いがされている。

2　×　住所地特例対象施設は、介護保険施設、特定施設、養護老人ホームの３つである。**認知症対応型グループホームは住所地特例対象施設ではない**。

3　×　２か所以上の施設に順次入所して住所を移した場合は、最初の施設に入所する前の住所地であった市町村が保険者となる。よって、保険者は**A市**である。

4　○　B市の長男宅に住所を移したのは、施設に入所するためではなく、実質的な住所移転と認められるので、保険者はB市である。

5　×　住所地特例に該当する被保険者は、**保険者である市町村**に対して、**転出届**と**住所地特例適用届**を提出する。

ポイント

住所地特例対象施設の「特定施設」は、有料老人ホーム（サービス付き高齢者向け

住宅を含む）と軽費老人ホームである。

問題7 (p114)　　正解　**1、5**

1　○　高額サービス費は、1か月の利用者負担を一定の範囲にとどめるための補足給付である。

2　✕　高額サービス費については、利用者の所得に応じた**5段階**の上限額が設定されている。第4段階（一般）の上限額は、2017年8月から、第5段階（現役並み所得世帯）と同額の44,400円に引き上げられた。さらに2021年度からは、第5段階の所得区分が細分化され、93,000円、140,100円の上限額が設定された。

3　✕　利用者負担の上限額は、**世帯を単位として**適用される。すなわち、高額サービス費は、その世帯に属する要介護者等の自己負担額の合計が利用者負担の上限額を超えた場合に支給される。

4　✕　基準該当サービスは、高額サービス費の**支給対象となる**。

5　○　福祉用具購入費および住宅改修に係る利用者負担は、**対象にならない**。

問題8 (p115)　　正解　**2、3、4**

1　✕　対象となるのは、**介護保険施設・地域密着型介護老人福祉施設**の入所者、**短期入所サービス**の利用者である。基準に該当する低所得者が、要介護者として施設サービスを利用する場合などに、市町村に申請して特定入所者に認定される。

2　○　特定入所者介護サービス費は、負担限度額認定証によって、負担限度額を超える費用が現物給付されることになる。

3　○　所得段階は第1段階、第2段階、第3段階①、第3段階②、第4段階とされ、このうち第1～第3段階②について、異なる負担限度額が定められている。

4　○　記述の人の場合は所得段階が第2

段階になるが、**資産も勘案**すると、特定入所者介護サービス費の対象とならない。第1段階の預貯金等の基準は、単身で1,000万円以下、夫婦で2,000万円以下とされ、第2段階～第3段階②については、より低い上限が定められている。

5　✕　要支援者についても、施設での**ショートステイの食費・滞在費**について、**特定入所者介護予防サービス費**が支給される。

問題9 (p115)　　正解　**2、3、5**

1　✕　**単に低所得者であるという理由で、1割の定率負担が減額・免除されることはない**。低所得者に対しては、高額サービス費等に係る負担上限額の引き下げや、特定入所者介護サービス費等の支給で配慮されている。

2　○　災害で住宅等の財産が著しく損害を受けたり、農作物の不作で著しく収入が減少したりしたために、**一時的に1割の利用者負担が困難になった場合**に、市町村が行うものである。

3　○　**高額医療・高額介護合算制度**により、政令で定めた一定額を超えた分を医療保険と介護保険で按分して支給するものである。介護保険からの給付は、**高額医療合算介護サービス費**（要介護者の場合）、**高額医療合算介護予防サービス費**（要支援者の場合）という。

4　✕　社会福祉法人により行われる利用者負担の軽減は、生計困難者を対象に行われるもので、生活保護受給者も**対象となる**。

5　○　社会福祉法人が行うサービスの1割負担、食費、居住費（滞在費）、宿泊費について、低所得者を対象に軽減が行われる。軽減の程度は、4分の1を原則として個別に決定される。

問題 10 (p116) 　　[正解] 1、4、5

1 ○　**任意報告情報**は、介護サービスの**質**および**介護サービスに従事する従業者に関する情報**（介護サービス情報に該当するものを除く）であって、提供を希望する事業者から提供されたものである。

2 ✕　**地域密着型サービス**も介護サービス情報の**公表の対象**となっている。

3 ✕　2011年改正により、事業者から手数料を徴収できるという規定は**削除された**。（ただし、都道府県の判断により地方自治法に基づき手数料を徴収することは可能である。）

4 ○　記述のような段階を踏んだ処分が行われる。

5 ○　都道府県知事は、**介護サービス情報の報告に関する計画**を毎年定めて公表するので、年1回程度の報告と公表が行われる。

問題 11 (p116) 　　[正解] 1、3、4

1 ○　新規認定の認定調査は市町村の職員が行うものとされるが、指定市町村事務受託法人に委託することもできる。更新認定の場合は、介護保険施設や居宅介護支援事業者等に委託することもできる。

2 ✕　新規認定の認定調査を行うのは市町村の職員であるが、認定調査を行う**市町村の職員は**、認定調査員研修を修了した職員であれば、必ずしも**介護支援専門員である必要はない**。

3 ○　特別な理由としては、主治医意見書の提出の遅れ、認定調査の遅れなどがある。

4 ○　第2号被保険者は、要介護状態等の原因である身体上・精神上の障害が特定疾病に起因すると認められる場合に限って認定される。

5 ✕　要介護者等が住所を移転して、保険者である市町村が変わる場合には、新しい市町村において改めて認定を受ける必要がある。しかし、その場合、**改めて審査判定を行うことなく、移転前の市町村における認定を証明する書類に基づいて**、認定を行うことができる。

問題 12 (p117) 　　[正解] 1、5

1 ○　基本動作には、寝返り・起き上がり・座位保持・両足での立位保持・歩行・立ち上がり・片足での立位保持という7つの細項目が含まれている。

2 ✕　薬の内服、金銭の管理は、日常の意思決定、集団への不適応、買い物、簡単な調理とともに、**社会生活への適応に関連する項目**に含まれる。

　「生活機能に関連する項目」には、移乗、移動、嚥下、排尿、排便、上衣の着脱など12の小項目がある。

3 ✕　徘徊、外出して戻れないは、**認知機能に関連する項目**に含まれる。

4 ✕　**特別な医療に関連する項目**では、過去14日間に受けた12種の特別な医療（点滴の管理、経管栄養、褥瘡の処置など）についてチェックする。

5 ○　障害高齢者の日常生活自立度（寝たきり度）、認知症高齢者の日常生活自立度は、**日常生活自立度に関連する項目**である。

問題 13 (p117) 　　[正解] 2、3、5

1 ✕　新規認定の場合、認定の有効期間は、**要介護認定、要支援認定**とも、**原則6か月**である。

2 ○　新規認定の場合、認定可能な有効期間の範囲は3〜12か月であり、原則6か月を短縮することも延長することもできる。

3 ○　更新認定の有効期間は原則12か月

であり、介護認定審査会の意見に基づき3～36か月の範囲で短縮・延長が可能である。ただし、2020年改正により、前回の要介護等状態区分と変わらない場合には、48か月までの延長が可能となった。

4　✕　変更認定の場合の有効期間は、**新規認定の場合と同じ原則6か月**であり、3～12か月の範囲で短縮・延長が可能である。

5　○　有効期間は、〔申請日から月末までの日数＋6か月〕となる。

問題 14 (p118)　　　　正解　**2、3、5**

1　✕　介護保険審査会は、各**都道府県**に1つずつ設置される。

2　○　3人以上とされる公益を代表する委員の定数は、政令で定める基準に従い条例で定める数とする。

3　○　認定に係る審査請求件数が多数になることも予想されることから、このように取り扱われる。

4　✕　審査請求は、処分があったことを**知った日**の翌日から起算して3か月以内に行わなければならない。

5　○　**審査請求前置**という。裁判に至る事件の数を絞り込むためである。

問題 15 (p118)　　　　正解　**1、2、4**

1　○　正当な理由なくサービスの提供を拒否することは禁止されているが、この場合は正当な理由と認められる。

2　○　被保険者証に「サービスの適切かつ有効な利用に関し被保険者が留意すべき事項」についての介護認定審査会意見が記載されている場合は、事業者・施設はこの意見に配慮してサービス提供を行うよう努める義務がある。

3　✕　指定居宅サービス事業者は、個別サービス計画を作成した際には、**利用者**の求めの有無にかかわらず、それを利用者に交付することとされている。

4　○　従業者の就業環境が害されることを防止するため、2020年改正で新設された規定である。いわゆる「セクハラ」および「パワハラ」を防止するための方針を明確に示すことが求められている。

5　✕　居宅サービス事業者の基準は都道府県の条例に委任されているが、その際に「国の基準に従うべき項目」、「国の基準を標準とすべき項目」、「国の基準を参酌すべき項目」が規定されている。**記録の整備**は国の基準を**参酌すべき項目**であり、保存期間を5年(国の基準では2年)とする都道府県も多い。

問題 16 (p119)　　　　正解　**4、5**

1　✕　計画担当介護支援専門員は、課題分析（アセスメント）にあたっては、必ず入所者およびその家族に**面接して**行わなければならない。

2　✕　居室・療養室の広さの基準は、**介護保険施設の種類により異なる。**

入所者1人当たりの床面積で、介護老人福祉施設は10.65m² 以上、介護老人保健施設と介護医療院は8m² 以上となっている。ただし、ユニット型の個室については、どの施設でも10.65m² 以上である。

3　✕　食事は、入所者が可能な限り離床して、**食堂**（ユニット型の場合は**共同生活室**）でとるよう支援しなければならない。

4　○　食費・居住費は、施設と利用者の間の契約で定められる。

5　○　事故の状況および事故に際して採った処置について記録しなければならないこと、賠償すべき事故が発生した場合には、損害賠償を速やかに行わなければならないことが定められている。また、

事故発生の防止および発生時の対応を行う「担当者」を置くことが新たに定められた。

である。

5　✕　**モニタリングの結果の記録**は、少なくとも**1か月に1回**は行うこととされている。他の記述は正しい。

問題 17 (p119)　　正解　**2、3、4**

1　✕　他の事業者と同様、指定の有効期間は**6年**で、6年ごとに更新される。

2　○　介護保険施設は更新認定の認定調査を委託されることがあるので、この規定がある。

3　○　2011年改正で、指定の禁止や取り消しの事由に、労働法規によって罰金刑に処せられること、労働保険の保険料を滞納していることが加わった。

4　○　市町村には、指定権者である都道府県知事に通知をする義務がある。

5　✕　地域密着型に限らず、介護保険施設や居宅サービス事業者などについても、**市町村長も同様の権限をもっている**。

問題 18 (p120)　　正解　**2、3、4**

1　✕　サービスの提供開始に際し、重要事項の説明は利用申込者またはその家族に対して行うが、サービスの提供開始についての同意は、**利用申込者**から得なければならない。

2　○　利用者は、交付された指定居宅介護支援提供証明書を添付して、市町村に償還払いの請求を行う。

3　○　**医療と介護の連携を強化**する目的で、選択肢**4**の内容とともに2018年度から基準13条（指定居宅介護支援の具体的取扱方針）に追加されたものである。従来は居宅サービス計画を交付しなければならないのは、利用者およびサービス提供事業者のみであった。

4　○　介護サービス事業者側から医療サービス側への情報提供を義務づけて、医療と介護の連携を強化しようとするもの

問題 19 (p120)　　正解　**1、3、5**

1　○　開催が義務づけられているサービス担当者会議の内容の記録は、照会の内容を含めて保存しなければならない。

2　✕　利用者の主治の医師より受けた指示の文書の整備・保存は、**訪問看護事業者等**に義務づけられているものである。

3　○　利用者等からの苦情の内容等の記録も保存が義務づけられている。

4　✕　身体拘束等を行った場合の態様や時間等の記録の整備・保存は、**介護保険施設等**に義務づけられているものである。

5　○　事故が発生した場合には、市町村、利用者の家族等に連絡を行うとともに必要な措置を講じ、事故の状況や採った処置について記録しなければならない。

問題 20 (p121)　　正解　**3、4**

1　✕　介護支援専門員証の有効期間は**5年**である。事業者・施設の指定の有効期間6年と混同しないこと。

2　✕　登録移転の申請は、**現に登録している都道府県の知事を経由**して行われる。

3　○　利用者の主体性を尊重する倫理的な観点から、記述のような意識や言動は厳に慎まなければならない。

4　○　居宅介護支援事業者には、過去に事業所の介護支援専門員であった者が、利用者またはその家族の秘密を漏らすことのないよう必要な措置をとることが義務づけられている。

5　✕　記述の報告徴収の権限があるのは**都道府県知事だけ**である。事業所・施設については市町村長にも報告徴収などの

権限があるから、**市町村長**は、介護支援専門員個人としてではなく、**事業所・施設に報告を求める**ことになる。

問題 21 (p121)　　　　正解　**3、4、5**

1　×　介護保険の保険給付は、要介護者等が自立した日常生活を営むことができるように行うこととされている。**自立に**は、身辺自立、経済的自立、人格的自立などさまざまな側面がある。自立の形は利用者それぞれによって異なる個別的なものであり、**身辺自立がいつでも最終目標とはいえない。**

2　×　介護保険の保険給付は「要介護状態等の軽減又は悪化の防止に資するよう」に行われなければならないとされている。介護支援専門員は、制度と利用者の間にあって、**利用者がより良い自己決定ができるように**、専門職としての努力を惜しんではならない。

3　○　家族介護者には、心理的、身体的、社会的、経済的にさまざまな負担がある。これらについて十分なアセスメントを行い支援していく。

4　○　利用者に接するさまざまな局面で、バイステックの7原則等で示されている対人援助における援助者のとるべき態度に徹することで、信頼関係を築いていく。

5　○　地域包括ケアシステムの構築が目標に掲げられている中で、介護支援専門員には記述の役割が求められている。

問題 22 (p122)　　　　正解　**3、4**

1　×　要介護者を対象とする居宅介護支援の介護報酬については、取扱件数が**45件（40件）未満、45件（40件）以上60件未満、60件以上の3段階について、要介護1・2、要介護3・4・5の2つに分けて設定されている**（令和5年度）。

2　×　介護報酬は3段階に設定され、45件（居宅介護支援費（Ⅰ）では40件）以上60件未満、60件以上の場合は、**該当する部分**の1件当たりの単価が**低くなる**逓減制がとられている。全体の単価が低くなるものではない。2020年改正により、記述の要件のもとに**45件以上**に逓減制を適用する居宅介護支援費（Ⅱ）が新設され、さらに2023年度改正では、40件→45件、45件→50件とする見直しが行われた。

3　○　**特定事業所集中減算**と呼ばれる。いったんはすべてのサービスに適用するとされたが、2017年改正で訪問介護、（地域密着型）通所介護、福祉用具貸与についてのみ適用されることになった。

4　○　**運営基準減算**が適用される事例の1つである。

5　×　居宅介護支援の介護報酬は、居宅サービスの**特定施設入居者生活介護**や、地域密着型サービスの**小規模多機能型居宅介護・認知症対応型共同生活介護・地域密着型特定施設入居者生活介護・看護小規模多機能型居宅介護**（すべて、短期利用の場合を除く）を利用する場合には算定されないことになる。

問題 23 (p122)　　　　正解　**1、3、4**

1　○　地域支援事業で行う第1号介護予防支援事業の対象者は、基本チェックリストによる該当者である。

2　×　事業所には「1以上の指定介護予防支援の提供に当たる必要な数の保健師その他の指定介護予防支援に関する知識を有する**担当職員を配置する**」ものとされ、**介護支援専門員に限らない。**この担当職員は、保健師、介護支援専門員、社会福祉士、経験ある看護師、3年以上高齢者保健福祉に関する相談業務に従事した社会福祉主事のいずれかでなければならない。

3 ◯　2023年改正により、地域包括支援センターのほかに、居宅介護支援事業者が介護予防支援事業者の指定の対象となった。

4 ◯　記述の業務の委託は、従来から行われているものである。この場合、責任主体はあくまで介護予防支援事業者（地域包括支援センター）にある。

5 ✕　要支援者のケアマネジメントには、**介護予防サービス・支援計画書**の書式が示され、その内容は居宅サービス計画書の書式とは異なる。

問題 24 (p123)　　　　正解　**1、3、5**

1 ◯　同種のサービスについては介護保険サービスが優先されるため、65歳に到達すると介護保険の事業所からのサービスを受けなければならなかった。障害福祉サービス事業所が介護保険法の共生型サービス事業所の指定を受けることによって、従来からのサービスを継続することができるようになった。

2 ✕　共生型サービスの創設は、指定基準を完全には満たしていない場合であっても、**指定の特例**を設けて、一定の**共生型居宅サービス**などの指定を受けやすくしたものである。

3 ◯　中山間地域など、介護保険サービス、障害福祉サービスともに、社会資源が限られた地域では、1つの事業所で双方のサービスを提供することで、福祉人材を有効に活用することができる。

4 ✕　障害福祉サービスの**生活介護**は、介護保険の**通所介護に該当**する。介護保険の訪問介護に該当するのは、障害福祉サービスの**居宅介護**および**重度訪問介護**である。そのほか、共生型居宅サービスの対象になるのは、障害者支援施設の併設型・空床利用型の**短期入所**である。

5 ◯　共生型サービスは、双方向の指定

を受けやすくしたものである。指定を受けた通所介護事業所は、65歳以上の障害者に通所介護を提供するだけでなく、65歳未満の障害児（者）に、生活介護、自立訓練、児童発達支援、放課後等デイサービスを提供することもできる。

問題 25 (p123)　　　　正解　**1、2、4**

1 ◯　介護予防支援事業者は、利用者に対する支援が一貫性をもって行われるよう配慮する義務があり、情報の提供を行う等の連携が図られる。

2 ◯　居宅介護支援事業所の介護支援専門員は、認定の申請の代行を行うことができる。

3 ✕　徘徊感知機器は、**介護予防福祉用具貸与の対象種目にはなっていない**。

4 ◯　利用者の安全を図る住宅改修についての情報提供は、適切な対応である。

5 ✕　**同居家族がある場合**は、原則として訪問介護による**生活援助は利用できない**とされている。総合事業による訪問介護にあっても、利用が認められる可能性は低い。

保健医療サービス分野

問題 26 (p124)　　　　正解　**1、5**

1 ◯　**労作性狭心症**は、運動時に起こるものである。**異型狭心症**は、労作の有無によらず冠動脈が攣縮して起こるもので、夜間・未明・睡眠中に起こりやすい。

2 ✕　心不全による呼吸困難時には、**起座位**（体を起こして座った姿勢）にすると自覚症状、血行動態の改善がみられる。搬送時にも、仰臥位にせず起座位で行うのが望ましい。

3 ✕　人工透析療法を始めていない段階の慢性腎不全の食事療法では、**たんぱく**

質、水分、食塩、カリウムを**制限**し、高カロリー食とする。

4 ×　筋萎縮性側索硬化症（ALS）は、常に進行性であり**症状が軽くなることはない**。筋力低下や筋萎縮は筋力トレーニングで回復しない。

5 ○　薬疹の治療は、原因薬剤（被疑薬）の投与の中止が原則だが、複数の薬剤を服用している場合は対応が困難になる。

問題 27 (p125)　　正解　1、3

1 ○　糖尿病で、食事療法と運動療法によっては血糖値のコントロールができない場合、**血糖降下薬**や**インスリン注射**が必要になる。

2 ×　「LDLコレステロールが基準値より高い」、「中性脂肪が基準値より高い」、「HDLコレステロールが基準値より低い」のうちいずれか**1つでも該当すれば、脂質異常症である**。

3 ○　半側空間無視、片方の手が勝手に動く、麻痺はないのに慣れた動作ができない、口頭指示による運動や真似をすることができないなどの症状がみられる。

4 ×　慢性閉塞性肺疾患の患者には、インフルエンザや肺炎球菌の**ワクチンの接種が推奨される**。

5 ×　後縦靭帯骨化症は、40歳以上の**男性**に多く発症する。特定疾病に指定されているのは正しい。

問題 28 (p125)　　正解　3、4

1 ×　脳血管障害の急性期治療のあとでは、**早期に離床**してリハビリテーションを行うほうが予後がよい。

2 ×　記述のように目的の動作がうまくできないのは、**失行**の症状である。

3 ○　**不感蒸泄**とは、呼吸や皮膚からの蒸発によって失われる水分をいう。また、

代謝水とは、体内でつくられる水分のことである。標準的な体重で、**1000ml/日**以上の水分を摂取する必要がある。

4 ○　せん妄には原因・誘因があり、それを取り除くと消失する。

5 ×　記述のように患者などの求めに応じて訪問するのは、**往診**である。訪問診療は、医師が計画的な医学管理の下に**定期的に**訪問するものである。

問題 29 (p126)　　正解　3、4、5

1 ×　血中尿素窒素（BUN）、血清クレアチニン（Cr）の上昇は、**腎機能の低下**を反映する。

2 ×　白血球数は、炎症や白血病では**増加する**。再生不良性貧血で低下するのは正しい。

3 ○　LDLコレステロール値は測定精度が低いため、代わりにnon-HDLコレステロール値が用いられることがある。

4 ○　このうちAST（GOT）は、肝・胆道疾患のほか、心臓、筋肉などの疾患や溶血性疾患でも上昇する。

5 ○　健康な人の酸素飽和度は、97％以上とされる。

問題 30 (p126)　　正解　1、2、4

1 ○　下痢や便秘は、排便回数だけでなく、便の性状も考慮して判断する。1日に1回でも水様便なら下痢であるし、逆に毎日排便があっても、硬く乾燥した便で、排便が困難であれば便秘とみなす。

2 ○　歯の欠損により、咀嚼が不十分になることで下痢となり、食事が軟らかいものに偏ることで便秘となる。

3 ×　尿失禁のある人の多くが**尿意を感じている**。トイレに間に合わない、我慢ができない、認知症などのために適切な排泄動作ができないなどの原因で失禁が

起こることが多い。

4　○　一方、排便コントロールにおいては、食事内容（食物繊維や水分摂取量）、日中の活動状況、排便周期などを把握する。日中の活動を活発にすることで腸の蠕動（ぜんどう）運動が盛んになり、排便が促されることが期待される。

5　✕　おむつを**安易に着用させることは戒めるべきである**。トイレに移動できなくても座位が保持できれば、ベッドサイドでのポータブルトイレの使用が可能である。

問題 31 (p127)　　　　　[正解]　**1、4、5**

1　○　咽頭（いんとう）期以降の嚥下は不随意運動によって進行するが、食物が口腔内にあるうちは、随意運動によってコントロールできる。

2　✕　取り外せる義歯は**取り外して**、歯は歯ブラシでブラッシングし、粘膜部分は洗口により汚れを取る。義歯はブラシを使用して流水で洗う。

3　✕　口腔清掃はできるだけ**自力で行い**、足りないところだけを介助する。

4　○　気道の感覚が低下している高齢者では、気道の防御反応である咳やむせが生じないこともあるので、記述のような状態に注意する。

5　○　口腔内の清潔を保ち、乾燥を防ぐには、歯科専門職と相談し、水で濡らして固く絞ったスポンジブラシや口腔ケア用ウェットティッシュなどでこまめに口腔内を拭く。

問題 32 (p127)　　　　　[正解]　**1、3、4**

1　○　また、高齢者は睡眠が浅く、**夜間の中途覚醒**も増える傾向がある。

2　✕　高齢者は、ほかの年齢層に比べて、**不眠の訴えが多い**。

3　○　認知症、うつ病、睡眠時無呼吸症候群、むずむず脚症候群、周期性四肢運動異常症などの疾患が、不眠を引き起こすこともある。

4　○　そのため、睡眠薬の服用はできるだけ控え、まずは環境の整備やイブニングケアなどの対策をとることを考える。

5　✕　睡眠薬の乱用は、**不眠の原因ともなる**。

問題 33 (p128)　　　　　[正解]　**1、4**

1　○　**代償的アプローチ**には、残存機能の活用、補助具の活用、環境の調整がある。

2　✕　長期の**安静臥床**は、関節の**拘縮**とともに、骨に対する刺激が減ることにより急激に骨量が減少し、**骨粗鬆症の原因となる**。

3　✕　脳や脊髄の病気によって生じるのは、**中枢性麻痺**である。末梢性麻痺は、末梢神経や筋肉の疾患によって起こる。

4　○　ズボンをはくときは、患側下肢を健側下肢の上に組み、患側下肢からはく。

5　✕　記述は「**拘縮**（こうしゅく）」についてのものである。**痙縮**（けいしゅく）とは、**筋肉の緊張が異常に高まった状態**のことで、日常生活に支障をきたす。

問題 34 (p128)　　　　　[正解]　**2、3、5**

1　✕　改訂長谷川式認知症スケールや Mini-Mental State Examination（MMSE）などの**検査結果のみで、認知症と診断してはならない**。

2　○　この3剤に加えて、**メマンチン**がアルツハイマー型認知症に対する薬として保険適応されている。ただし、認知症を根治する薬はない。

3　○　主に前頭葉が萎縮する行動障害型前頭側頭型認知症では、記述の症状や、脱抑制・易怒性、社会のルールを守れな

くなるという特徴があり、介護が大変である。側頭葉が萎縮するものは、意味記憶が障害され、意味性認知症といわれる。

4　✕　認知症初期集中支援チームの訪問支援対象者は、原則として、40歳以上で、在宅で生活しており、かつ**認知症が疑われる人**または**認知症の人**である。必要な医療や介護につなげる役割もある。

5　〇　認知症高齢者に接するときは、ほかにも、話をよく聴くこと、安心感を与えること、高齢者のニーズやテンポに合わせること、自尊心を傷つけないこと、やさしくスキンシップすることなどに心がける。

問題 35 (p129)　　　正解　**1、3、5**

1　〇　虐待の重症度（緊急度）を判定し、生命や病状悪化などの危険性が大きい場合は、必要な対応を行う。

2　✕　通所介護や通所リハビリテーションは、心身へ適度な緊張や刺激を与えることになるので、リハビリテーション効果が大きい。**通所サービス**は、認知症高齢者と家族にとって、最も重要なサービスといえる。

3　〇　認知症になってしまっても、自尊心は維持される。不適切なコミュニケーションは、BPSD を引き起こしやすい。

4　✕　BPSD には、**非薬物療法**が第一の選択となる。薬物の使用も BPSD の誘因となる。

5　〇　認知症高齢者の介護は、身体的・心理的ストレスが大きい。認知症施策推進大綱では、在宅介護を支える家族を支援するさまざまなプランを実施していく。

問題 36 (p129)　　　正解　**1、2**

1　〇　また、老年期のうつ病では心気的傾向を示しやすく、頭痛や全身倦怠感な

どの**身体症状を訴える**ことがある。

2　〇　遅発パラフレニーは、老年期の妄想性障害の代表的な疾患とされている。

3　✕　若年に発症し老年期に至った統合失調症では、特有の症状が持続する場合もあれば、寛解、欠陥治癒、認知症化など、**さまざまな経過をたどる**。特有の症状は影をひそめ、感情鈍麻、寡黙、自発性減退などが目立ってくることもある。

4　✕　うつ状態の**初期や回復期**は、行動の抑制が軽度のため、自殺を企てることが多い。

5　✕　他の年代と同様に、老年期でも精神疾患の発症に**病前の性格が深く関与している**。

問題 37 (p130)　　　正解　**2、3、5**

1　✕　BMI は、**18.5未満**で低体重（やせ）、**25以上**で肥満とされる。

2　〇　何を残しているか、なぜ食が進まないのかなどを観察して対処することが大切である。

3　〇　認知症の場合は、食事中の傾眠、失認、拒食、偏食、徘徊、異食などにより、低栄養や食べ過ぎになることがある。

4　✕　糖尿病、高血圧、脂質異常症ではエネルギーを抑える食事療法を行うが、高齢期には**フレイル予防のためにエネルギーやたんぱく質を十分に摂取する**ことが必要になる人もいる。

5　〇　上腕周囲長や下腿周囲長は、寝たきりなどで体重測定が難しい場合の低栄養判定に使われる。

問題 38 (p130)　　　正解　**2、3、4**

1　✕　鎮痛剤の経口投与で疼痛がコントロールできない在宅の末期の悪性腫瘍患者に対して、**注射による鎮痛剤投与**が行われることもある。また、座薬やパッチ

製剤もある。

2 ○ 自宅では**酸素濃縮器**を、外出時や停電時には**携帯用酸素ボンベ**を使用する。携帯用酸素ボンベを用いる際は、医師の指示により、酸素供給時間を延ばすために呼吸同調器を使用することもある。

3 ○ ストーマには、**消化管ストーマ**（結腸ストーマ・回腸ストーマ）と、**尿路ストーマ**（腎ろう・膀胱ろう・回腸導管・尿管皮膚ろう）がある。

4 ○ 在宅自己導尿は、患者自らまたは介護者が、膀胱内にカテーテルを挿入して尿を排泄する方法である。

5 × 一定の研修を受けた介護職員等は、**喀痰の吸引**や**経管栄養剤の処置**を行うことができる。

問題 39 (p131)　　　　[正解]　**2、4**

1 × **飛沫感染**の場合は、咳や会話などで飛散した飛沫粒子で伝播する。**空気感染**の飛沫核のように空中に浮遊し続けることはないが、利用者にマスク着用などの咳エチケットへの協力を求めるのは適切である。

2 ○ 記述の疾患は、ワクチンで予防可能な感染症である。入職時に既往や予防接種の状況、抗体価を確認し、抗体がなければ予防接種を勧める。

3 × 介護保険施設は、MRSAの感染を理由に、**入所を拒むことはできない**。

4 ○ ノロウイルス感染症や多剤耐性菌感染症も、接触感染する感染症である。ただし、ノロウイルス感染症の吐物などの処理時は飛沫感染である。

5 × 胸部レントゲン撮影で肺に影が発見され、結核菌が排菌されている状態であると診断された場合は、指定された施設に入院するが、**結核菌が排菌されていなければ、その必要はない**。

問題 40 (p131)　　　[正解]　**1、4、5**

1 ○ 病院で死を迎えるケースのほかに、自宅や介護保険施設、特定施設やグループホームなど、終末期を迎える場所の選択肢は広がっている。

2 × アドバンス・ケア・プランニングにおいて、本人の意思が確認できない場合で、家族等が本人の意思を推定できる場合は**推定意思を尊重する**。推定できない場合は、**家族等と医療・ケアチームが話し合って最善の方針をとる**。家族等がいない場合や家族等が判断を委ねる場合は、**医療・ケアチームが慎重に判断する**。

3 × 亡くなる数日前には、尿量が減り、尿の色は**濃くなる**。

4 ○ 救急隊が到着した時点で明らかに死亡していると判断されると、警察に通報され検死が行われる。かかりつけ医の死亡診断を受けるほうがよい。

5 ○ 医療器具の抜去、体液や排泄物が漏れないようにする処置、外見を整えるケアなどを行う。

問題 41 (p132)　　　　[正解]　**2、3**

1 × 訪問看護は、「居宅において看護師その他厚生労働省令で定める者により行われる療養上の世話または必要な診療の補助をいう」と定義されている。すなわち、**生活支援と医療処置**を行うものである。

2 ○ 急性増悪等で医師から**特別指示書**が交付された場合は、**14日間、毎日**訪問看護を行うことができるが、この場合は**医療保険**から給付される。このほか、末期がん患者への訪問看護、神経難病などの患者への訪問看護、精神科訪問看護は、医療保険の適用である。

3 ○ 身体状況だけでなく、心理的・社会的な側面、生活環境、家族関係など、

生活全体の把握が必要である。

4 ✕ 記述の場合には**複数名訪問加算（Ⅰ）が算定される**。暴力行為、著しい迷惑行為、器物破損行為等が認められる場合に複数の看護師等が訪問看護を行った場合も同様である。

5 ✕ ターミナルケア加算、特別地域訪問看護加算は、区分支給限度基準額に算入されず**管理の対象外**である。

問題 42 (p132)　　正解　**3、4、5**

1 ✕ 訪問リハビリテーションは、**訪問看護ステーションからは提供できない**。訪問看護ステーションの理学療法士、作業療法士、言語聴覚士が行うサービスは、**訪問看護**である。

2 ✕ 廃用症候群は生活の不活発化が原因であり、改善のためには日常生活を可能な限り活動的なものにしなければならない。訪問リハビリテーションを活用して離床を促進することは、**廃用症候群の予防・改善に有効**である。

3 ◯ 原則として、１週間に６回を限度として算定される。また、連続して40分サービスを提供した場合は、２回として算定できる。

4 ◯ ３か月に１回以上のリハビリテーション会議の開催等を要件にして訪問リハビリテーション計画を作成し、介護支援専門員に提供すると、リハビリテーションマネジメント加算として評価される。

5 ◯ 短期集中リハビリテーション実施加算である。退院・退所日だけでなく、新規の要介護認定の**認定日**から３か月以内にも加算できることに注意する。

問題 43 (p133)　　正解　**1、4、5**

1 ◯ 短期入所中に、在宅ではできない検査や処置、診療を行うことが、在宅で

の療養生活に役立つことになる。

2 ✕ 喀痰吸引や経管栄養などの医療ニーズの高い利用者は、病院・診療所である短期入所療養介護事業所のほうが多い傾向にあるが、**介護老人保健施設で経管栄養などの処置を行う場合もある**。

3 ✕ 短期入所生活介護では基準該当サービスが認められているが、医療系の短期入所療養介護では基準該当サービスは**認められていない**。

4 ◯ 短期入所療養介護費は、提供する施設のタイプごとに非常に細かく定められている。

5 ◯ 認知症の行動・心理症状が認められるため、在宅生活が困難であり、緊急の利用が適当であると、**医師が判断した利用者**について算定される。

問題 44 (p133)　　正解　**1、3、4**

1 ◯ 利用者や家族に対する指導・助言は、療養上必要な事項等を記載した**文書を交付**するよう努めなければならない。

2 ✕ 病院・診療所の薬剤師であっても、薬局の薬剤師と同様に、**医師・歯科医師の指示**は必要である。

3 ◯ 看護師・准看護師・保健師は、**歯科衛生士が行う居宅療養管理指導に相当するもの**（口腔内の清掃または有床義歯の清掃に関する指導）を行うことがある。

4 ◯ サービス担当者会議で、居宅サービス計画の作成、居宅サービスの提供等に必要な情報提供や助言を、主治医から受けることができる。

5 ✕ 居宅療養管理指導は通院が困難な利用者を対象に行うものであり、利用者が定期的に通院している場合は、**居宅療養管理指導の対象にならない**。

問題 45 (p134)　　　正解　3、4

1　✕　看護小規模多機能型居宅介護事業所には選択肢**3**にあるように看護職員が配置され、**看護サービスを自ら提供する**。

2　✕　利用者の居宅サービス計画と看護小規模多機能型居宅介護計画を作成するため、**介護支援専門員**は**必置**とされる。

3　○　看護職員とは、保健師、看護師、准看護師のことである。

4　○　看護小規模多機能型居宅介護費は、事業所と同一の建物に居住する者に対して行う場合と、それ以外の者に対して行う場合の二通りに設定されている。別に、短期利用居宅介護費がある。

5　✕　**看護小規模多機能型居宅介護計画**は**介護支援専門員**が、**看護小規模多機能型居宅介護報告書**は**看護師等（准看護師を除く）**が作成し、主治の医師に提出して密接な連携を図る。

福祉サービス分野

問題 46 (p135)　　　正解　1、5

1　○　クライエントの人格を大切にし、その尊厳を認め、これを温かく承認することを、**受容**という。

2　✕　援助者は、クライエントやその家族が自ら決定することが困難な場合でも、単純に判断能力がないと考えずに、コミュニケーションの方法を工夫したり、他の人々の体験談を話すなどして、**自己決定能力を発揮する機会を拡大していく**。

3　✕　面接を**始める前**に、クライエントに個人の秘密を守ることを伝え、不安を取り除くようにしなければならない。

4　✕　クライエントが攻撃的になったり、暴力に訴えたりしたからといって、それだけの理由で、**直ちに面接を中止することは望ましくない**。相談の専門家として、

できれば予防的に、あるいは巧みにそれらを回避する等、少なくとも事態を悪化させないよう対処することが求められる。

5　○　クライエントと援助者の関係を統括するのは、専門的援助関係の原則であり、最終責任は援助者にあることを自覚して相談に臨まなければならない。

問題 47 (p136)　　　正解　3、4

1　✕　**傾聴**とは、受け手の側の価値観ではなく、**クライエントの固有の価値観に基づき、あるがままに受け止めること**である。

2　✕　**共感**とは、**クライエントの世界をクライエント自身がとらえるように理解すること**であり、クライエントのメッセージを客観視してとらえる「同情」とは異なる。

3　○　この共感の技法を「基本的共感」あるいは「第一次共感」という。

4　○　第二次共感の応答を的確に行うことで、クライエントとのより深い関係性が展開する。

5　✕　肯定的な**直面化**は、クライエントの成長を促す技法であるが、深い共感が形成されていない段階での直面化は、クライエントを攻撃し、指摘するだけにとどまる。また、直面化なしの深い共感はクライエントの次の行動を促すことにならない。

問題 48 (p136)　　　正解　1、4、5

1　○　メゾ・レベルのソーシャルワークでは、グループの力動を活用して、個人の抱える問題の解決をめざす。

2　✕　運動や活動を通して心身機能の低下を防ぐリハビリテーションを重視したアプローチは、**身体的な自立度が低い高齢者の集団**に対して適用される。

3　✕　ワーカーが集団過程（グループプロセス）をなりゆきにまかせることがあってはならないが、**心身の自立度が比較的に高い集団**に対しては、**メンバーのリーダーシップや主体性を最大限に重視**する。

4　○　例えば、同じような喪失体験によって生きがいを失いかけている人たちには、メンバー間の相互支援による効果が期待できる。

5　○　地域の相互扶助機能が低下し、社会的孤立が問題化するなかで、人と人をつなぐメゾ・レベルのソーシャルワークの重要性が改めて認識されている。

問題 49（p137）　　[正解]　**3、4、5**

1　✕　**常勤**とは、勤務時間がその事業所において定められている**常勤の従業者が勤務すべき時間数に達している**ことをいう。非正規職員契約であるか否かは問わない。なお、週40時間の勤務は労働基準法の定める勤務時間の上限である。

2　✕　原則として「週32時間を下回る場合は週32時間を基本とする」とされているが、**育児・介護休業法に規定する所定労働時間の短縮措置**などが講じられている場合は、例外的に**30時間**とすることができる。

3　○　原則として、同一の事業者によって同一敷地内等に併設される事業所の業務につく場合にのみ兼務が可能とされる。兼務する両方の職務について常勤の要件を満たしていると認められる。

4　○　例えば、常勤者が勤務すべき時間数が４週160時間の場合、４週128時間の非常勤者と96時間の非常勤者の常勤換算数は、（128＋96）÷160＝1.4となる。

5　○　原則として、記述のとおりである。例外として兼務が認められる場合は、人員基準の「ただし書き」で示されている。

問題 50（p137）　　[正解]　**2、4、5**

1　✕　2020年改正により、目的地が複数あって居宅が始点または終点となる場合は、目的地（病院等）間の移送や、通所サービス・短期入所サービスの事業所から病院等への移送に係る乗降介助に関しても、同一の訪問介護事業所が行うことを条件に、「通院等のための乗車または降車の介助」を算定できることになった。

2　○　生活援助は、**単身**であるか、家族と同居していてもその**家族が障害や疾病等のため家事を行うことが困難**な場合しか利用できない。居宅サービス計画書の標準様式には、生活援助中心型の算定理由を記入する欄がある。

3　✕　サービス提供責任者は、**利用者の数**（前３か月の平均値）が**40またはその端数を増すごとに１人以上を配置**しなければならない。なお、３人以上のサービス提供責任者を配置し、かつサービス提供責任者の業務に主として従事する者を１人以上配置している場合には、**利用者50人に１人以上に緩和**される。

4　○　生活援助が中心である場合は、①20分以上45分未満、②45分以上の２段階、身体介護が中心である場合は、①20分未満、②20分以上30分未満、③30分以上１時間未満、④１時間以上の４段階である。なお、通院等のための乗車または降車の介助が中心である場合は、所要時間にかかわらず定額の報酬である。

5　○　作成した訪問介護計画は、利用者および居宅介護支援事業所の介護支援専門員に交付する。

問題 51（p138）　　[正解]　**2、4、5**

1　✕　介護支援専門員の配置は義務づけられておらず、（地域密着型）通所介護計画は**管理者が自ら作成する**ことになる。

なお、事業所に介護支援専門員の資格を
もつ者がいる場合には、その者に（地域
密着型）通所介護計画のとりまとめを行
わせるのが望ましいとされる（解釈通知）。

2 ○ 介護職員の配置基準は、サービス
提供の単位の利用者の数に応じて定めら
れている。

3 × **療養通所介護**は、難病の重度要介
護者やがん末期の患者を対象に行われる
医療サービスである。**医療機関に併設さ
れた指定療養通所介護事業所で行われる**
から、通常の指定地域密着型通所介護事
業所が併せて提供することはできない。

4 ○ 療養通所介護事業所の管理者は、
常勤の看護師であって、必要な知識およ
び技能を有する者とされている。

5 ○ 夜間・深夜の「指定通所介護以外
のサービス」とは、**保険外の宿泊サービ
ス**のことである。これは**指定権者（都道
府県知事・市町村長）への届出**が義務づ
けられている。

問題 52（p138）　　　正解　**1、3、5**

1 ○ 認知症対応型通所介護は対象者を
認知症の者に限定し、認知症の特性に配
慮したサービス形態であることから、**一
般の通所介護と一体的な形で実施するこ
とは認められない。**

2 × **若年性認知症の者を受け入れてい
る**事業所もある。若年性認知症の者も対
象とする事業所の設置市町村は、それを
広域的に利用させることが求められる。

3 ○ 併設型はほかに、養護老人ホーム、
社会福祉施設、特定施設に併設される。

4 × 居宅サービス、地域密着型サービ
ス、居宅介護支援等の事業または介護保
険施設等の運営について**3年以上の経験
を有する者**でなければ、共用型の認知症
対応型通所介護を提供できない。

5 ○ 記述のようなサービスは、**共用型**

認知症対応型通所介護となる。共用型は、
認知症対応型共同生活介護事業所のほか
に、地域密着型特定施設、地域密着型介
護老人福祉施設でも行われる。

問題 53（p139）　　　正解　**3、4**

1 × 「小規模」の名称にふさわしく、
登録定員は29人以下とされる。

2 × 居宅サービス計画は、**小規模多機
能型居宅介護事業所の介護支援専門員**が
作成する。

3 ○ 運営基準では、**通いサービスの利
用者が、登録定員に比べて著しく少ない**
状態を続けてはならないとされている。
登録定員のおおむね**3分の1以下**が目安
となる。なお、通いサービスの利用定員
は、**登録定員の2分の1から18人以下**で
定めるものとされる。

4 ○ 介護報酬は、訪問・通い・宿泊の
うちどのサービスを利用したか、何回利
用したかに関係なく、要介護等状態区分
に応じて、**一律に1か月当たり**で算定さ
れる構造となっている。

5 × 居宅療養管理指導は、特定施設入
居者生活介護や認知症対応型共同生活介
護などを利用している場合でも併用でき
るが、小規模多機能型居宅介護では、そ
れに加えて**訪問看護・訪問リハビリテー
ション**を併用することもできる。

問題 54（p139）　　　正解　**1、3、4**

1 ○ 地域密着型に限らず、指定特定施
設の入居者は、**特定施設入居者生活介護**
を利用するか、**他の居宅サービス**を利用
するかを、任意に選択できる。事業者は、
その選択を妨げてはならない。

2 × 協力医療機関は、急変時に対応す
るため**近くにあることが望ましい**が、「同
じ市町村内」という規定はない。また、

協力歯科医療機関については、努力義務（努めなければならない）である。

3　○　他のサービスでは、書面（文書）によることが望ましいという表現だが、（地域密着型）特定施設入居者生活介護では、**文書による**ことが規定されている。

4　○　また、計画作成担当者は、地域密着型特定施設サービス計画を作成した際には、利用者に**交付**しなければならない。

5　✕　地域密着型でない特定施設とは異なり、地域密着型には、**外部サービス利用型のサービス形態はない**。

問題 55 (p140)　　　正解　**1、2、5**

1　○　スロープを設置する工事は、**段差の解消**として、介護保険の住宅改修費の給付対象となる。ただし、**設置工事を伴わないスロープ**の場合は、住宅改修ではなく**福祉用具貸与**の対象となる。

2　○　扉を引き戸に取り替える工事は、介護保険の住宅改修費の給付対象となる。

3　✕　自動ドアにした場合の動力部分の設置は、介護保険の住宅改修費の**給付対象とならない**。

4　✕　昇降機、リフト、段差解消機等、動力により段差を解消する機器を設置する工事は、介護保険の住宅改修費の**給付対象とならない**。

5　○　屋内だけでなく、玄関から門扉までの通路の改修も、介護保険の住宅改修費の給付対象となる。

問題 56 (p140)　　　正解　**1、3、4**

1　○　看護職員は、入所者数30人以下で1人以上、31〜50人で2人以上、51〜130人で3人以上（いずれも常勤換算）配置するものとされている。

2　✕　入所申込者が入院治療を必要とすることは、**サービスの提供を拒むことが**

できる正当な理由とされる。要介護度や所得の多寡を理由にサービスの提供を拒むことは、当然禁止されている。

3　○　新規入所が要介護3〜5に限定されたことに伴い、要介護1・2の特例入所に際しては、入所判定委員会で検討するが、その公正を図るために市町村も関与する。

4　○　また、委員会の結果について、介護職員その他の従業者に周知徹底を図らなければならない。

5　✕　入所者が入院および外泊をした場合には、所定の単位数に代えて、**入院または外泊時の費用**が算定される。この費用の算定は、1か月に6日を限度として行われる。

問題 57 (p141)　　　正解　**4、5**

1　✕　介護老人福祉施設は、入所者の退所に際しては、居宅サービス計画の作成等の援助に資するため、**居宅介護支援事業者に対する情報の提供に努める**こととされている。居宅介護支援事業者にすべてを任せるわけではない。

2　✕　Aさんは、在宅での生活に不安をもちながらも、退所することを考えている。在宅で日常生活を営むことができると認められた場合に、**円滑な退所のための援助を行う**のは、施設の介護支援専門員の責務である。

3　✕　**退所を決めるのは、あくまでもAさん自身**である。入所申込者が多いというような施設側の理由で、安易に退所を促すようなことがあってはならない。

4　○　介護支援専門員がAさんのすべてを把握できているとは限らないので、従業者の間で話し合うことは適切だと思われる。

5　○　Aさんだけでなく、家族の考えも聞き、家族の状況を把握することは適切

な対応である。

問題 58 (p141)　　　正解　**3、5**

1　✕　**施設・事業者の従業者などによる虐待も含む**。なお、この法律で定められている虐待の内容は、身体的虐待・性的虐待・ネグレクト（介護放棄）・心理的虐待・経済的虐待である。

2　✕　**本人が届け出る**ことも規定されている。また、市町村への通報の義務があるのは、生命または身体に重大な危険が生じている場合であり、それ以外の場合は通報は努力義務とされる。

3　○　市町村は、相談・指導・助言や通報・届出の受理、養護者に対する支援等の事務を、地域包括支援センター等に委託することができる。

4　✕　記述の措置をとるのは**市町村**である。都道府県知事には、施設・事業者による高齢者虐待の状況などを公表することが規定されている。

5　○　身体的虐待が67.1%、次いで心理的虐待が39.4%、ネグレクトが19.6%、経済的虐待が17.2%となっている（複数回答・2020年12月発表の厚労省調査による）。

問題 59 (p142)　　　正解　**1、2、3**

1　○　障害者総合支援法の対象者は、身体障害者・知的障害者・精神障害者（発達障害者を含む）・難病患者等である。

2　○　障害支援区分の認定は**市町村**が行う。一次判定はコンピュータ判定であり、二次判定は市町村審査会が行う。

3　○　自立支援医療とは、心身の障害の状態の軽減を図り、自立した生活を営むために必要な医療である。

4　✕　地域生活支援事業には、**市町村が行うもの**と、**都道府県が行うもの**がある。市町村が行う事業には、自発的活動支援事業・意思疎通支援事業などが、都道府県が行う事業には、専門性の高い意思疎通支援を行う者の養成研修事業などがある。

5　✕　原則として、介護保険サービスが障害福祉サービスに優先するが、**一律に介護保険サービスを優先することなく**、利用者の状況に応じて考慮することが必要である。また、障害福祉サービス固有のもの（同行援護、行動援護など）については、障害福祉サービスを利用できる。

問題 60 (p142)　　　正解　**2、4、5**

1　✕　身上監護とは、**契約等の行為を本人に代わって行うこと**であり、身体介護とは全く別のものである。

2　○　市町村長は、本人に四親等内の親族等がいない場合などに、家庭裁判所に後見開始の審判を請求することができる。

3　✕　本人以外の者の請求により、**補助開始**の審判をするには、**本人の同意が必要**である。後見開始と保佐開始の審判は、本人の同意がなくても行うことができる。

4　○　成年後見人は、本人の財産に関する法律行為を本人に代わって行うことができるが、居住用の不動産を処分する場合には、家庭裁判所の許可が必要である。

5　○　任意後見監督人には、任意後見人に不正や権限濫用がないように監督する役割がある。なお、任意後見受任者の配偶者、直系血族、兄弟姉妹や、任意後見受任者本人は、任意後見監督人になることはできない。

第5回 予想問題　解答・解説

介護支援分野

問題1（p145）　　　　正解　**1、3、5**

1 ○　2018年4月1日施行の「地域包括ケアシステムの強化のための介護保険法等の一部を改正する法律」により、介護保険法のほか、医療法、障害者総合支援法、社会福祉法など関連する法律の改正が行われた。

2 ×　2017年改正で介護保険施設として新設された**介護医療院**は、介護療養病床の廃止によって行き場を失う要介護者の受け皿として新設された。医療・看護、介護、機能訓練のほかに**日常生活上の世話を行う**とされ、**生活施設としての機能も兼ねている。**

3 ○　従来「40件以上60件未満」「60件以上」の2段階で逓減制が行われていたが、ICTの活用や事務職員の配置をして、事務処理の負担を軽減することを要件に、「45件以上60件未満、および60件以上」となった（2020年改正）。さらに2023年改正で45件以上を50件以上とする見直しが行われた。

4 ×　それまで「おおむね10人以下」とされてきたが、「**15人を超えない範囲**」とされた（2020年改正）。

5 ○　これまで指定居宅介護支援事業者になることができるのは、地域包括支援センターの設置者に限られていた。2023年改正により、居宅介護支援事業者は、指定介護支援事業者を兼ねることができるようになった。

問題2（p146）　　　　正解　**2、3、5**

1 ×　市町村相互財政安定化事業は、財政単位の広域化を行うことによって、市町村の財政安定と市町村間の保険料格差の是正を図るものである。**国が財源負担を行うことはない。**

2 ○　財政安定化基金の財源は、国・都道府県・市町村が3分の1ずつ負担する。

3 ○　「会議」は、厚生労働省通知に基づいて行われてきた**地域ケア会議**が、2014年改正で介護保険法に位置づけられたものである。介護支援専門員、保健医療・福祉の有識者、民生委員等の関係者、関係機関・団体で構成される。

4 ×　居宅サービス事業者や介護保険施設の指定・指導監督は都道府県が行うが、**地域密着型サービス事業者**や**居宅介護支援事業者**、**介護予防支援事業者**の場合は、**市町村**が行う。

5 ○　この事務は、国も都道府県も行うことができる。

問題3（p146）　　　　正解　**1、3**

1 ○　国民健康保険の被保険者が生活保護を受けるに至ったときは、国民健康保険の被保険者資格を失う。そのため、第2号被保険者に必要な医療保険加入者という要件を満たさなくなるため、介護保険の被保険者資格を失う。

2 ×　第1号被保険者の平均的な保険料と、第2号被保険者の平均的な保険料とが、**ほぼ同じになるように定められる。**

そのために、給付費を23：27に按分して負担するのである。

3　○　住民基本台帳法による届出とは、転入届・転居届・転出届・世帯変更届などである。

4　×　国からの**調整交付金**が５％を超えて交付される市町村では、第１号保険料が給付費に占める割合は、23％より**低くなる**。

5　×　2020年度からの民法改正により、時効の「中断」は、時効の「**完成猶予及び更新**」と改められた。民法150条は記述のように改正されたが、その規定にかかわらず介護保険法では、**徴収金の督促は時効の更新の効力を生ずる**としている。つまり、督促によって新たに２年の時効が進行する。

問題 4（p147）　　　正解　**3、5**

1　×　**福祉用具貸与**は**居宅介護サービス費**の支給対象であり、**特定福祉用具販売**は**居宅介護福祉用具購入費**の支給対象である。

2　×　区分支給限度基準額が適用される地域密着型サービスは、**8種類**である。認知症対応型共同生活介護（短期利用を除く）、地域密着型特定施設入居者生活介護（短期利用を除く）、地域密着型介護老人福祉施設入所者生活介護は、区分支給限度基準額管理の対象外である。

3　○　内容・支給限度基準額（20万円）とも同一である。

4　×　認定の申請前に行われたケアマネジメントについては、**保険給付は行われない**。

5　○　特例特定入所者介護予防サービス費も同様である。

問題 5（p147）　　　正解　**1、3**

1　○　この領収証は、利用者が高額介護サービス費等の支給申請をするときに添付する。

2　×　高額医療合算介護サービス費・高額医療合算介護予防サービス費は、**1年間の利用者負担の合算額**について適用され、被保険者からの申請によって、**介護保険と医療保険から按分して給付される**もののうち、**介護保険の保険者が支給するもの**である。

3　○　高額介護サービス費等や食費・居住費（滞在費）は、所得段階によって負担限度額が定められているので、境界層該当者には、低い基準を適用する措置が行われる。

4　×　食費・居住費（滞在費）の額は、**事業者と利用者の契約**によって決められる。**基準費用額**は、特定入所者介護サービス費等の算定のために定められたものである。

5　×　社会福祉法人による利用者負担額軽減制度の対象には、１割の定率負担のほかに、**食費**、**居住費**（滞在費）、**宿泊費**も含まれる。

問題 6（p148）　　　正解　**2、4、5**

1　×　**介護予防サービスの利用**が必要な場合は、要支援認定を申請して**要支援者に認定されることが必要**である。

2　○　第１号被保険者の場合は基本チェックリストによる判定で該当すると認められれば総合事業のサービスを利用できるが、第２号被保険者は要支援・要介護に認定されていることが必要である。

3　×　市町村は、予防給付で定められていた基準を満たす事業者を指定して行うほか、**緩和した基準によるもの、住民主体で行う取組みを補助するもの**など、さ

まざまな形で行うことができる。

4 ○ 予防給付の介護予防支援と同様に、居宅介護支援事業者に委託することができる。

5 ○ 支給限度基準額を超えて利用した分については、全額が利用者負担となる。

問題7 (p148)　　正解 **2、3、5**

1 ✕ **介護予防把握事業**は、一般介護予防事業で行うものとされる5つの事業の1つであるが、地域の実情に応じて収集した情報の活用により、閉じこもり等の何らかの支援を必要とする者を把握して、介護予防活動につなげる事業である。記述は、**地域介護予防活動支援事業**の内容である。

2 ○ **地域リハビリテーション活動支援事業**は、通所・訪問・住民の運営する通いの場などや、地域ケア会議やサービス担当者会議へ理学療法士等のリハビリテーション専門職の関与を促進する事業である。一般介護予防事業では、ほかに**介護予防普及啓発事業**、**一般介護予防事業評価事業**が行われる。

3 ○ 包括的支援事業のうちの**認知症総合支援事業**として、認知症初期集中支援チームや認知症地域支援推進員の配置を行う。

4 ✕ **在宅医療・介護連携推進事業、生活支援体制整備事業**は、**3**の認知症総合支援事業とともに、2014年改正で包括的支援事業に加わったものである。任意事業ではなく**必須事業**である。

5 ○ **保健福祉事業**は、地域支援事業とは別に、市町村が第1号保険料を財源として行うものである。

問題8 (p149)　　正解 **1、3、4**

1 ○ 国家補償的な給付を行う法律には、

原子爆弾被爆者に対する援護に関する法律などがある。

2 ✕ 介護保険と医療保険から同様の給付が行われる場合には、介護保険からの給付が優先し、**医療保険からの給付は行われない**。

3 ○ 急性期医療が必要になった場合には、急性期病棟に移って医療保険からの給付を受けることになる。

4 ○ 生活保護の他法優先の原理により、介護保険の給付が優先される。

5 ✕ 保険優先の公費負担医療（結核患者の医療など）による給付と、介護保険の給付が重複するような場合には、**介護保険からの給付が優先**し、公費負担医療からの給付は、介護保険の利用者負担部分について行われる。

ポイント

介護保険に優先する法令による給付は、①労働災害に対する補償の給付、②公務災害に対する補償の給付、③国家補償的な給付である。

問題9 (p149)　　正解 **1、3、4**

1 ○ **第三者行為求償事務**とは、第三者行為により保険事故が発生し、市町村が保険給付を行ったときに、第三者から損害賠償金を徴収・収納する事務である。

2 ✕ 関係団体の推薦が必要とされるのは、介護給付等対象サービス担当者または介護予防・日常生活支援総合事業担当者代表委員と**市町村代表委員**である。

3 ○ 事業者・施設の指定権者である都道府県知事または市町村長の承認を得て、これらの権限を行使することができる。

4 ○ 苦情処理の業務の中立性・広域性等の観点から、市町村ではなく国保連の業務とされたものである。

5 ✕ 国保連は、介護保険施設の運営、居宅サービス（介護予防サービス）、地

域密着型（介護予防）サービス、居宅介護支援の事業を**行うことができる**。

問題 10 (p150) 　　　正解 **1、2、5**

1 〇　第1号保険料の徴収は、原則として特別徴収（老齢等年金からの天引き）で行われる。普通徴収は、老齢等年金を受給しない者や受給している年金が18万円未満の低年金者に対して行われるものである。

2 〇　普通徴収の場合に問題になる規定である。

3 ✕　介護給付費・地域支援事業支援納付金として支払基金に納付されるのは、医療保険者が徴収する第2号保険料である。年金保険者が徴収した第1号保険料は、**徴収を依頼した市町村に納付される**。

4 ✕　**直ちに保険給付の支払いが一時停止されるものではない**。滞納者に対しては、①現物給付から償還払いへの支払方法の変更、②保険給付の支払いの一時停止、③滞納保険料と保険給付との相殺の措置が段階的に実施される。

5 〇　滞納者が保険給付を受けるようになった際に、消滅した保険料徴収債権の期間に応じて、給付率を9割から7割に下げ、かつ、高額介護サービス費等の補足給付を支給しない措置をとる（利用者負担3割の者は給付率を6割に下げる）。

問題 11 (p150) 　　　正解 **2、5**

1 ✕　記述は、国民健康保険団体連合会（国保連）に該当する。支払基金は、健康保険法等に基づき、**国民健康保険以外の健康保険（医療保険）の診療報酬について、審査・支払いを行う**。各都道府県に1つずつ事務所があるのは正しい。

2 〇　第2号被保険者の保険料は、介護給付費交付金・地域支援事業支援交付金

として市町村に交付される。

3 ✕　支払基金が各市町村に交付する介護給付費交付金・地域支援事業支援交付金の額は、各市町村の介護給付費と地域支援事業（総合事業）に要する費用の定率負担分（現在は27％）である。**第2号被保険者の住所は関係しない**。

4 ✕　記述は、財政安定化基金の業務である。支払基金の介護保険関係の業務は、**第2号保険料の収納・交付**だけである。

5 〇　支払基金が行う介護保険関係業務に関する報告徴収・実地検査の権限は、厚生労働大臣と都道府県知事にある。

問題 12 (p151) 　　　正解 **1、4**

1 〇　介護保険法において審査請求をすることができる事項のうち、「保険給付に関する処分」に含まれる。

2 ✕　「保険料その他介護保険法の規定による徴収金に関する処分」は、**審査請求をすることができる2つの事項**のうちの1つである。

3 ✕　介護保険審査会は都道府県知事の附属機関として設置されるが、その事務の中立性・公平性・独立性において、**都道府県知事の指揮・監督を受けるものではない**。

4 〇　要介護認定等に係る審査請求事件は、公益を代表する委員で構成される合議体で取り扱う。合議体を構成する委員の定数は、都道府県の条例で定める。審査請求件数が多数になる場合には、複数の合議体が設置される。

5 ✕　介護保険審査会の委員は、被保険者を代表する委員3人、市町村を代表する委員3人、3人以上の公益を代表する委員で構成されるが、**会長は、公益を代表する委員**から委員の選挙で選ばれる。

問題 13 (p151)　　正解　**1、4**

1 ○　被保険者証の交付を受けていない第 2 号被保険者の場合は、医療保険の被保険者証等を提示する。

2 ✕　介護認定審査会は、「要介護状態の軽減または悪化の防止のために必要な療養に関する事項」について意見を付すことができる。しかし、その意見に基づいて**介護サービスの種類の指定を行うことができるのは、市町村**である。

3 ✕　介護認定審査会の意見に基づき、市町村が介護サービスの種類の指定を行った場合には、それ以外のサービスについては**保険給付は行われない**。なお、被保険者は、種類の指定があった場合に、その変更の申請をすることができる。

4 ○　介護認定審査会意見が記載された場合には、被保険者は、この意見に留意してサービスを受けなければならない。

5 ✕　介護認定審査会の意見が被保険者証に記載された場合、被保険者本人が、それに留意してサービスを受けることを求められるほか、**居宅サービス事業者・地域密着型サービス事業者**や**介護保険施設**、**居宅介護支援事業者**も、その意見に配慮してサービスの提供を行うよう努めることとされている。

問題 14 (p152)　　正解　**2、4、5**

1 ✕　新規認定の場合、認定の効力は申請の日にさかのぼって生じるが、**更新認定**の効力が生じるのは、前の認定の**有効期間満了日の翌日**である。したがって、更新認定の効力の発生日は、必ず月の初日となる。

2 ○　改めて申請を行うことなく、みなし認定が行われる。要支援認定を申請して要介護と認定された場合も同様である。

3 ✕　有効期間の短縮や延長は、**介護認**

定審査会の意見に基づき、市町村が行う。

4 ○　事業者・施設には、スムーズな更新が行われるよう、申請が有効期間満了の30日前までに行われるように援助する義務が規定されていることに注意。

5 ○　市町村は、被保険者の介護の必要度が低下したと認めるときは、職権による区分変更認定を行うことができる。

問題 15 (p152)　　正解　**1、5**

1 ○　介護認定審査会は、特記事項や主治医意見書の内容を検討した結果で、一次判定の結果を変更することができる。より短い時間を介護に要すると判断される場合も同様である。

2 ✕　審査対象者の年齢を理由として、一次判定の結果を**変更することはできない**。

3 ✕　以前は記述のとおりであったが、2009年度からコンピュータによる**一次判定で要支援2と要介護1の判定も行われる**ようになった。二次判定では、その妥当性が検討される。

4 ✕　要介護者等の保健・医療・福祉に関する学識経験者によって構成される。**市町村の職員が加わることはない**。

5 ○　審査対象者の資料についても、氏名、住所など個人を特定する情報は削除したうえで、委員に配付することが望ましいとされる。

問題 16 (p153)　　正解　**1、4、5**

1 ○　例えば、訪問介護の運営基準では、「サービス提供責任者は、訪問介護計画の作成にあたっては、その内容について利用者又はその家族に対して説明し、利用者の同意を得なければならない」と規定されている。

2 ✕　記述は逆である。地域との連携を

図る観点から、**同一の建物に居住する利用者以外の者**にも**サービスの提供を行う**ように努めなければならない。多くの居宅サービスに共通する規定である。

3　✕　事業者は、利用者に対するサービスの提供により事故が生じた場合には、市町村等に連絡を行うとともに**必要な措置を講じ**、その事故の状況等について**記録する**こととされている。

4　〇　利用者がサービスを現物給付で受けるためには、利用者が居宅介護支援を受ける旨を市町村に届け出て、利用するサービスが居宅サービス計画の対象になっていることが必要である。居宅サービス事業者は、その援助を行う義務がある。

5　〇　この規定は、要介護者、要支援者の両方を対象とするサービス事業者に適用される。

問題 17 (p153)　　　正解　**1、3**

1　〇　市町村は、厚生労働省令で定める範囲内で、その市町村における**指定地域密着型サービスに従事する従事者に関する基準**および指定地域密着型サービス事業の**設備・運営に関する基準**を定めることができる。

2　✕　原則は市町村の区域内にある事業者であることが必要であるが、区域外の事業者であっても、**事業所所在地の市町村長の同意があれば指定をすることができる**。また、両市町村間の協議により、同意を要しないことについての事前の同意があれば、この同意は必要とされない。

3　〇　都道府県知事は、地域密着型特定施設入居者生活介護についての届出があり、その申請を認めると都道府県計画の達成に支障を生ずるおそれがあるときは、市町村長に対し、必要な助言・勧告を行うことができる。

4　✕　**地域密着型介護老人福祉施設につ**

いても、市町村計画に定めるサービスの供給量をすでに上回っているか、指定することで上回るおそれがあるときは、**指定をしないことができる**。

5　✕　報告・立入検査等、勧告・命令等、いずれも**市町村長のみが行う**。

問題 18 (p154)　　　正解　**1、3、5**

1　〇　更新の申請は有効期間満了の前日までに行えば有効であるが、認定にはおよそ30日を要するので、スムーズな更新を行うために援助をする義務が課されている。

2　✕　計画担当介護支援専門員は、モニタリングにあたり、**定期的に**入所者に面接することとされている。

3　〇　感染症の予防およびまん延防止のための委員会の開催や研修等に「定期的な訓練の実施」が追加された（2020年改正）。

4　✕　秘密保持は、**従業者であった者**にも義務づけられており、施設は、そのための必要な措置を講じなければならない。

5　〇　記録の保存期間は、厚生労働省令ではその完結の日から２年間となっているが、都道府県の条例に委任されてからは、まちまちであり、５年間とするところもある。

問題 19 (p154)　　　正解　**2、4、5**

1　✕　サービスの種類の市町村による指定については、**変更の申請ができる**。介護支援専門員は、そのことを含めて利用者に説明する必要がある。

2　〇　この場合にあっては、事業者はあらかじめその額などについて説明し、利用者の同意を得ておかなければならない。

3　✕　要介護認定は、被保険者**本人の意思による申請**が前提となる。本人の了解、

依頼があってはじめて申請の代行などを行うことができる。

4　○　この文書は、一般に、給付管理票という。

5　○　指定居宅介護支援の提供により事故が発生した場合の対応方法をあらかじめ定めておくとともに、損害賠償保険に加入しておくなどの対策を講じておくことが望ましい。

問題 20 (p155)　　正解　**1、3、4**

1　○　2023年改正で、2分の1から3分の1へ見直しが行われた。例えば、居宅介護支援を40件、介護予防支援を12件受託している場合は、取扱件数は44件となり、45件未満の居宅介護支援費を算定する。

2　×　以前は、記述のような2段階で入院後7日以内の情報提供を評価していたが、2018年4月より、**情報の提供方法は問わない**ことになり、入院後3日以内の情報提供を（Ⅰ）200単位、7日以内を（Ⅱ）100単位と**早期の情報提供を高く評価**することとした。

3　○　医療機関等との連携の回数や医療機関等におけるカンファレンスへの参加の有無によって上乗せが行われる。入院・入所期間中に1回に限り算定され、初回加算との同時算定はできない。

4　○　**運営基準において**記述の説明が義務づけられ、運営基準減算の対象になる。

5　×　**ターミナルケアマネジメント加算**は、**末期の悪性腫瘍**の利用者についてのみ算定できる。頻回な状態変化の把握のために24時間連絡がとれ必要に応じて訪問できる体制を整え、主治医や居宅サービス事業者との連携を評価するものである。死亡日および死亡日前14日以内に2日以上訪問した場合に算定できる。

問題 21 (p155)　　正解　**1、4、5**

1　○　**課題分析標準項目**（老企第29号通知）は、基本情報に関する項目（№1～9）、課題分析（アセスメント）に関する項目（№10～23）より成り、この項目に基づいていくつかの課題分析表が開発されている。2023年10月に改正され、項目名が変わり、例示する内容がくわしくなった。

2　×　記述の2つの項目は、**基本情報に関する項目**に含まれる。

3　×　居住環境（日常生活を行う環境、リスクになりうる状況など）、家族等の状況（本人の日常生活あるいは意思決定に関わる家族等の状況など）は、アセスメントを必要とする項目であり、**課題分析に関する項目**に含まれる。

4　○　主傷病、症状などの「健康状態」とは別に、ケアにおいて問題となるこれらの項目をアセスメントする。

5　○　上記のほか、「ADL」、「IADL」、「認知機能や判断能力」、「コミュニケーションにおける理解と表出の状況」、「社会との関わり」などが課題分析に関する項目に含まれている。

問題 22 (p156)　　正解　**2、4**

1　×　介護支援専門員は、自らの判断だけでサービスの種類等を決定するのではなく、サービス担当者会議等で計画を検討し、**合意できるようチームを調整し、まとめていく必要がある。**

2　○　課題整理総括表は、課題分析表とは用途が異なり、アセスメントとは別に情報の整理・分析を行うものである。

3　×　生活に対する意向については、**要介護者および家族**と十分に話し合い、**両者の意向を踏まえた課題分析の結果をそれぞれ分けて記載する。**

4　○　また、解決する目標については、

長期目標と短期目標に分けて記載し、提供するサービスの選択は短期目標に合わせて行う。

5 ✕ 利用者にとって**自己負担額の算定は重要**である。居宅サービス計画の内容が利用者の自己負担の限度を超えている場合は、回数や時間を減らす、インフォーマルなサポートで補うなど、計画を修正する必要がある。

問題 23 (p156)　　　　[正解] **1、2、5**

1 ◯ 地域包括支援センターは、地域支援事業の委託を受けて介護予防・日常生活支援総合事業その他の事業を行うほか、指定介護予防支援事業者として要支援者に対するケアマネジメントを行っている。

2 ◯ 基本チェックリストは、25項目の質問項目に、はい・いいえで答える形式である。これにより、IADL・運動機能・栄養・口腔機能・閉じこもり・認知機能・うつという7つの領域に関するチェックが行われる。

3 ✕ **要支援に認定されていない総合事業対象者**のケアマネジメントでは、**ケアプランは必要と認める場合のみ作成**し、**サービス担当者会議は開催しないことも考えられる**。

4 ✕ 指定介護予防支援においては、モニタリングは、少なくともサービスの提供を開始する月の翌月から起算して**3か月に1回およびサービスの評価期間が終了する月**ならびに**利用者の状況に著しい変化があったとき**に、**利用者の居宅を訪問して行う**。居宅を訪問しない月は電話等により連絡を実施し、モニタリングの**記録は少なくとも1か月に1回**は行う。

5 ◯ 期間を定めて具体的な目標を設定し、その期間が終了するときには提供されたサービスの評価を行い得るようにする。

問題 24 (p157)　　　　[正解] **3、4、5**

1 ✕ 介護予防ケアマネジメントでは、**アセスメントを行う項目が国から提示されているものではない**。市町村の判断で任意の様式を使用することもできる。

2 ✕ ADL、IADLなど生活機能に関する事項は、**基本チェックリストや認定調査票から得て**、利用者基本情報とともに総合的に収集する。利用者基本情報には、介護予防に関する事項として、生活機能の低下や活動・参加の状況と要因を把握するための記述欄がある。

3 ◯ 記述の4つの領域について、現在の状況をアセスメントして具体的に記述する。

4 ◯ これらの領域における課題を踏まえて、「総合的課題」、「課題に対する目標と具体策の提案」、「具体策についての意向（本人・家族）」を記載する。

5 ◯ 介護予防ケアマネジメントにより提供されるサービスは、予防給付、総合事業によるサービスなどさまざまであり、支援の提供先もさまざまである。

問題 25 (p157)　　　　[正解] **1、5**

1 ◯ 一人暮らしということから、将来を見据えたよい対応といえる。市町村の窓口、地域包括支援センター、家庭裁判所など、支援を行う窓口へ紹介するとよい。身寄りがないなどの理由で申し立てをする人がいない場合には、市町村長に法定後見の開始の審判の申立権が与えられる。

2 ✕ たとえ安全確保のためであっても、介護支援専門員が、介護老人福祉施設への措置入所を**申請することはできない**。また、措置による入所は、虐待事例などの場合に行われるが、この事例では措置入所が適切とは思えない。

3 ✕　Aさんは一人暮らしなので、認知症老人徘徊感知機器が、**意味をもつとは思えない。**

4 ✕　居宅介護支援事業所の管理者は、職権で金銭管理を**行うことができない。**できるのは、成年後見制度の成年後見人等に限られる。

5 ○　訪問介護や認知症対応型通所介護などの導入は、Aさんの安全を守るために有効である。

保健医療サービス分野

問題 26 (p158)　　[正解]　**1、3、5**

1 ○　変形性膝関節症のリスクとしては、肥満やO脚のほか、高齢者、女性、膝の外傷や手術歴がある、X脚などが挙げられる。

2 ✕　高齢者では、**血圧の動揺性が著しく**、1回の測定では高血圧症の有無や程度を**診断することはできない。**

3 ○　慢性肝炎の原因で最も多いのは、ウイルス性肝炎（B型肝炎・C型肝炎）で、ほかにアルコール性肝炎、自己免疫疾患による肝炎などがある。

4 ✕　閉塞性動脈硬化症では、間欠性跛行だけでなく、**進行すると安静時での疼痛が発生**し、壊死に至ることもある。

5 ○　白癬は**白癬菌**の感染によって、皮膚カンジダ症は**カンジダ**の感染によって起こるが、どちらもカビの一種である。

問題 27 (p159)　　[正解]　**2、3、5**

1 ✕　高齢者の場合、肺結核が治療によりいったん治癒しても、細胞性免疫低下のため、**再発することがある。**

2 ○　**潰瘍性大腸炎**は、直腸から連続的に大腸粘膜の炎症が生じて、大腸全体で潰瘍を起こす原因不明の難病である。

3 ○　**加齢黄斑変性症**は、今のところ発症原因が不明の難治性の眼疾患であり、進行すると失明に至る。

4 ✕　関節リウマチでは、**朝は関節がこわばって動きが悪い。**昼頃には動きやすくなるが、夕方は疲れが加わって動きが悪くなる。

5 ○　糖尿病は、インスリンが絶対的に欠乏している1型糖尿病と、インスリン作用の相対的な不足が生じている2型糖尿病がある。高齢者は**2型糖尿病**が多い。

問題 28 (p159)　　[正解]　**2、3、4**

1 ✕　HbA1cの値は、過去**1～2か月**の平均的な血糖レベルを反映している。長期間の血糖レベルを知ることができる。

2 ○　胸部X線検査は、呼吸器疾患だけでなく、心疾患の診断にも有用である。

3 ○　筋肉量が減っている高齢者はクレアチニンの産生が減少するため、腎臓の糸球体濾過率が低下しても血清クレアチニンが上昇しないことがあるからである。

4 ○　CRP（C反応性たんぱく質）は、感染症、膠原病、悪性腫瘍などで**上昇**する。白血球数などと同様に鋭敏な指標である。

5 ✕　γ-GTPは、脂肪肝やアルコール性肝炎の場合に**高値**を示す。

問題 29 (p160)　　[正解]　**2、3、5**

1 ✕　**失行**とは、四肢の運動が可能であり理解も良好であるのに、目的に沿った動作ができない状態のことである。また、**失認**とは、意識障害や感覚器障害がないにもかかわらず、対象物を認知できない状態のことである。いずれも、**意識障害や感覚器障害が原因であるとはいえない**（脳の一部の損傷が原因である）。

2 ○　言語の中枢は脳の左半球にあるた

め、失語症は**右片麻痺**に合併することが
多い。

3 ○ 記憶障害や見当識障害は、認知症
の**中核症状**である。

4 ✕ 不随意運動は、意識したり緊張し
たりすると**増強する**。

5 ○ 記述のほか、ビタミンB$_1$、B$_6$、
B$_{12}$の欠乏や関節リウマチなどによる末
梢神経障害によるしびれや、閉塞性動脈
硬化症による下肢のしびれなど、さまざ
まな原因がある。

問題 30 (p160) 　　　正解 **1、4、5**

1 ○ アルツハイマー型認知症に対して
は、ドネペジル、ガランタミン、リバス
チグミン、メマンチンの4剤がある。

2 ✕ 聴力や視力の低下など感覚器の機
能低下が、認知症の二次的要因となるこ
とは**多い**。

3 ✕ 物の名前がわからなくなるのは、
前頭側頭型認知症の一種の**意味性認知症**
である。レビー小体型認知症では、**リア
ルな幻視、レム睡眠行動障害、起立性低
血圧や失神による転倒**などがみられる。

4 ○ 正常圧水頭症では、記述の**歩行障
害**や血管性認知症に類似した**反応の鈍さ、
尿失禁**が三大症状である。MRIで診断
し、手術で治癒が可能である。

5 ○ 認知症地域支援推進員は、**市町村
や地域包括支援センター**に配置される。
家族等からの認知症に関する総合相談に
応じ、コーディネーターの役割を担う。

問題 31 (p161) 　　　正解 **1、3、4**

1 ○ 摂食・嚥下のプロセスは、①先行
期（認知期）、②準備期、③口腔期、④
咽頭期、⑤食道期となっている。

2 ✕ 食物を咀嚼するのは、口腔期で
はなく**準備期**である。**口腔期**は食塊を咽

頭に運ぶ時期である。

3 ○ 食物繊維が不足するため、便秘に
なりやすくなる。

4 ○ 症状のみられない不顕性誤嚥によ
る肺炎の予防には、寝る前の口腔清掃や
ベッドでの頭部挙上を行う。

5 ✕ さらさらした液体状の飲料は、**誤
嚥（むせ）を引き起こしやすい**。

■ポイント

食事のときの姿勢は、できるだけいすに
座り、頭部と体幹をわずかに**前傾**させる。

問題 32 (p161) 　　　正解 **3、5**

1 ✕ 下肢は、背や腰にくらべて体重に
よる圧迫は少ないが、**踵骨部やくるぶ
しなどの突出部には褥瘡が生じやすい**。

2 ✕ 床ずれ防止用具は、特定福祉用具
販売ではなく、**福祉用具貸与の対象種目**
である。

3 ○ 社会的要因としては、介護力不足、
経済力不足、サービスに関する情報力不
足などがある。

4 ✕ 褥瘡の発生をみたあとでの、周辺
部へのマッサージや軟膏の塗布は、医療
判断を必要とするので、**訪問看護で行う
のが適切である**。

5 ○ 栄養状態の悪化は、褥瘡の原因に
もなる。

■ポイント

軟膏の塗布、湿布の貼付などは、「一定
条件下での医薬品の使用介助」として、医
行為（医療行為）から除外されて介護職が
行うことができるとされているが、褥瘡の
処置のための軟膏の塗布はこれに当たらな
い。褥瘡が発生したあとの処置は医行為で
あり、医療職が行うものである。

問題 33 (p162) 　　　正解 **3、5**

1 ✕ 頓服とは、痛みや発作など**症状が**

出たときに**適宜服用**することである。

2　×　寝たきりの高齢者に薬を飲ませる場合は、**セミファーラー位**（上半身を30度起こした状態）にする。

3　○　処方されたとおりに服薬するのが基本であるが、残薬がある場合は調整を依頼するとよい。

4　×　薬の重複や相互作用を防ぐために、**お薬手帳は1冊にまとめる**必要がある。

5　○　作用時間が長い徐放性製剤に変更することで、服薬回数を減らすことができる。

問題 34 (p162)　　正解　**2、3、5**

1　×　医師の指示を超えて酸素流量を上げると、中枢神経や呼吸中枢が抑制されて、**意識障害（CO$_2$ナルコーシス）を引き起こす危険性**がある。

2　○　膀胱留置カテーテルを使用している場合は、慢性膀胱炎などの尿路感染症を起こしやすい。清潔操作に心がけることも必要である。

3　○　鼻カニューレは食事や会話がしやすいが、口呼吸の場合は効果が乏しく、酸素流量が多い場合は不向きである。

4　×　胃ろうによる経管栄養を行っていても、**並行して経口から食事をとることができる**。これによって経口摂取が可能となれば、管を抜いて胃ろうを閉鎖することもできる。

5　○　下痢の場合、経管栄養剤の注入速度を遅くする。

問題 35 (p163)　　正解　**2、4**

1　×　記述の症状はインスリンの過剰による**低血糖**でみられるものである。ブドウ糖を内服したりジュースを飲んだりして、**速やかに糖分を摂る**。

2　○　悪性腫瘍疼痛管理では医療用麻薬

などの投与が行われるが、終末期の生活をよりよいものにする精神的なかかわりも大切である。

3　×　尿の逆流を防ぐために、**蓄尿バッグは膀胱より低い位置を保つ**ようにする。

4　○　十分な水分摂取が、尿路感染や尿臭、尿結晶を防ぐ。

5　×　パルスオキシメーターの装着は、「医行為ではないと考えられる行為（厚生労働省通知）」に含まれ、**介護職員が行うことができる**。

問題 36 (p163)　　正解　**1、3、4**

1　○　2014年10月から65歳以上の人を対象に定期接種が行われている。5年以内の再接種は禁忌とされ、定期接種の機会は1回のみである。

2　×　インフルエンザの最も有効な予防法は、**ワクチンの接種**である。

3　○　飛沫感染予防策として、患者の2m以内でケアを行う場合は、職員はマスクをし、患者にもマスク着用の協力を求める。

4　○　ケア終了後は速やかに手袋を廃棄して、石けんと流水による手洗いを行う。

5　×　病原微生物に感染しても、**必ず発症するわけではない**。

問題 37 (p164)　　正解　**1、2、4**

1　○　グラスゴー・コーマ・スケール（GCS）では、正常は15点満点、深昏睡は3点となる。

2　○　心筋梗塞はしめつけられるような**胸痛**が一般的だが、痛みが放散し、ある程度広がった領域に出現することもある。

3　×　解離性大動脈瘤では、胸部に**激しい痛み**が生じる。

4　○　人工呼吸がためらわれる場合は、胸骨圧迫を続ける。これらの処置をAED

が到着するまで行う。

5 ✕　記述の対応を行うのがよいとされるのは、心不全の場合である。脳卒中の場合は、**水平に寝かせ**、嘔吐に対応して**体を横に向ける**。

問題 38 (p164)　正解　**2、3、4**

1 ✕　**看取りに関する指針の説明と同意**は、看取り介護の開始の際ではなく、**入所の際に**行わなければならない。

2 ○　看取り介護加算に係る施設基準では、個室または静養室の利用が可能になるよう配慮を行うこととされている。また、常勤の看護師を1名以上配置し、施設の看護職員その他病院等の看護職員との連携により、24時間連絡できる体制を確保することが求められる。

3 ○　看取り介護加算の算定に適合する入所者について、記述の内容を含む3つの要件が規定されている。

4 ○　看取りに関する指針の見直しは、医師、生活相談員、看護職員、介護職員、管理栄養士、介護支援専門員その他の職種の者による協議で行われる。

5 ✕　**看取り介護加算**は、看取り介護を開始した日からではなく、死亡日、死亡日の前日および前々日、死亡日以前4日以上30日以下、31日以上45日以下の4段階で算定される。

問題 39 (p165)　正解　**2、3、4**

1 ✕　令和6年度から行われる健康日本21（第三次）では、第二次に引き続いて**「健康寿命の延伸と健康格差の縮小」**が、基本的な方向の1つとして掲げられている。

2 ○　副作用としての胃腸障害があっても、自覚症状がないことがあるので、便が黒っぽくなっていないかなどの観察も

必要である。

3 ○　また、ノロウイルス感染症の患者の嘔吐物や便を処理する際は、使い捨ての**エプロン・手袋・マスク**を着用する。なお、ノロウイルスは、アルコールやエタノールによる除菌では効果がない。

4 ○　むずむず脚症候群は、レストレスレッグス症候群ともいう。ほかに、閉塞性睡眠時無呼吸や中枢性睡眠時無呼吸も高齢者の不眠の原因となり得る。

5 ✕　廃用症候群は、生活不活発病とも呼ばれるように、身体的要因ばかりでなく、**精神心理的要因や環境的要因によっても起こる**。

問題 40 (p165)　正解　**2、5**

1 ✕　総義歯や局部床義歯は、取り外して義歯用歯ブラシで流水下でよく磨く。このとき、研磨剤入りの**歯磨き剤は義歯床を傷つける**おそれがあるので、義歯専用のもの以外は**使用しない**ほうがよい。

2 ○　脱水にならないよう注意が必要である。

3 ✕　がんの発症と進行にはさまざまな要因があるが、喫煙や食事、肥満、運動などの**生活習慣に大きな関連がある**ことが指摘されている。

4 ✕　運動によって骨組織に荷重がかかり、**骨形成**が促進されるため、骨粗鬆症に**適度な運動は有効**である。

5 ○　ギャッヂベッドや車いすを利用するなどして、可能な限り座位生活を取り入れるとよい。

問題 41 (p166)　正解　**1、2、5**

1 ○　そのほか**末期の悪性腫瘍**の患者の訪問看護も、介護保険では給付されず**医療保険**となる。

2 ○　緊急時訪問看護加算を算定してい

る訪問看護ステーションでは、計画にない緊急時訪問も必要に応じて行われる。

3　✕　訪問看護ステーションの管理者は、原則として**保健師または看護師**でなければならない。

4　✕　訪問看護ステーションには、理学療法士、作業療法士または言語聴覚士を、**実情に応じて適当数**置くこととされている。なお、常勤換算で2.5人以上置くこととされているのは、保健師、看護師、准看護師である。

5　○　特別管理加算は、**特別な管理を必要とする利用者**に対して行われる。真皮を越える褥瘡の利用者のほかに、在宅自己腹膜灌流指導管理、在宅酸素療法指導管理、在宅悪性腫瘍患者指導管理を受けている利用者などが対象である。

問題 42 (p166)　　正解　**1、3、5**

1　○　回復期リハビリテーション病棟入院料は、医療保険からの給付である。

2　✕　訪問看護ステーションの理学療法士等によるリハビリテーションは、訪問看護費として算定されるが、訪問リハビリテーションと同様に、20分以上を1回として**1回につき算定**される。

3　○　算定の条件は異なるが、通所リハビリテーションには、**認知症短期集中リハビリテーション実施加算**もある。

4　✕　通所リハビリテーション計画、訪問リハビリテーション計画ともに、医師および理学療法士等の従業者が障害等の評価を行い、**共同して作成する**ものとされている。

5　○　いずれも訪問系のサービス、通所系のサービスに共通する減算である。

問題 43 (p167)　　正解　**3、4、5**

1　✕　**オペレーター**には、医師、看護師、保健師、准看護師、介護福祉士、社会福祉士、介護支援専門員のいずれかを充てるのが原則である。

2　✕　端末機器を配布するものとされるが、利用者が**携帯電話や家庭用電話で適切にオペレーターに通報を行うことができる場合**には、**この限りではない**とされる。

3　○　夜間対応型訪問介護とも共通する規定である。

4　○　定期巡回・随時対応型訪問介護看護計画は、居宅サービス計画に沿って作成するものであるが、サービス提供の日時等は、事業所の計画作成責任者が決定できる。

5　○　緊急時訪問看護加算は、訪問看護にもある加算である。

問題 44 (p167)　　正解　**1、3、5**

1　○　介護保健施設サービスは、**病状が安定期にある者**を対象とすることが、介護保険法施行規則に定められている。

2　✕　サービスのあり方は、**集団ケアから個別ケアへ**と、しだいに比重が移ってきている。ユニット型を含めたケアの個別化が、これからの施設サービスの指標の1つとなるものと考えられる。

3　○　さまざまなケアに対応する地域に根ざした施設であるといえる。

4　✕　在宅復帰・在宅療養支援機能を推進するため、**在宅強化型**、**基本型**、**その他**（新設）の**三通り**の報酬体系となっている（在宅強化型と基本型には加算の設定があるため、それを含めると五通りとなる）。

5　○　入所期間が1か月を超えると見込まれる者が対象となる。

問題 45 (p168) 　　　正解　2、4、5

1 ✕ 　介護医療院は、**生活施設としての機能を兼ね備える**ものとして創設され、介護や日常生活上の世話も**提供する**。

2 ◯ 　介護医療院は、あらかじめ**協力病院**を定めておかなければならない。

3 ✕ 　この場合は、所定の介護医療院サービス費の代わりに、**1日につき所定の単位数を算定する**。1か月に6日を限度として算定できる。

4 ◯ 　重度認知症疾患療養体制加算には、入所者のすべてが認知症の者である、という要件もある。

5 ◯ 　口腔衛生管理加算の要件は、ほかに、歯科衛生士が介護職員に対し、具体的な技術的助言と指導を行うことなどがある。

福祉サービス分野

問題 46 (p169) 　　　正解　1、3、5

1 ◯ 　個人のまわりには家族システムがあり、その外側には地域社会や国家、さらに国際社会や地球環境があって重層的なシステムを構成している。これらのシステムの機能不全が個人の生活課題に関係してくる。ソーシャルワークは、これらのシステムに働きかけて、個人のウェルビーイングの改善をめざす。

2 ✕ 　**アウトリーチ**は「手を差しのべる」という意味をもつが、福祉の用語としては、**自発的な支援の申し出をしない人に対して、援助機関が積極的に介入して支援すること**をいう。

3 ◯ 　**アドボカシー**は、福祉の用語としては、**権利擁護**という意味で用いられる。

4 ✕ 　**ソーシャルアクション**とは、制度運営の改善などを求めて**行政や世論に働きかけること**である。高齢者介護では、新たな社会資源の開発を呼びかける行動

などが該当する。

5 ◯ 　報告して助言を求める対人援助職をスーパーバイジー、指導者をスーパーバイザーという。

問題 47 (p170) 　　　正解　1、2、5

1 ◯ 　3要素のうちの「**価値**」が最も重要であり、相談援助の全プロセスを牽引するエンジン部分ととらえることができる。

2 ◯ 　1950年代にケースワークの基盤として提示された**バイステックの7原則**は、現在でも基本的な「価値」として位置づけられている。

3 ✕ 　相談面接のプロセスは、始めから方向性が決められているものではない。**相談面接を牽引するものとして「価値」をおくことによって、相談面接の方向性を確かにする**ことができる。

4 ✕ 　「価値」のジレンマとは、主として専門職としての**面接者とクライエントの「価値」の相違からくるジレンマ**である。ソーシャルワークにおける倫理上のジレンマを細かく考察すると、記述のような「専門職としての価値と自己の個人的価値」の間にジレンマが生じることもある。

5 ◯ 　「価値」のジレンマは当然にあるものと理解して、相談面接の過程でそれをどのように克服していくかを考えていかなければならない。

問題 48 (p170) 　　　正解　3、4、5

1 ✕ 　離れた場所にある建物であっても、その建物に居住する**利用者の人数が、1か月に20人以上の場合は減算される**。

2 ✕ 　1人の利用者に対して、2人の訪問介護員が必要とされる場合には、所定の単位数の**200%**に相当する単位数を算

定する。ただし、利用者の身体的理由によって1人では困難な場合などに限られ、利用者または家族の同意が必要である。

3　○　生活援助が中心である場合は、所要時間20〜45分、45分以上の2段階で算定されるため、20分未満では算定されない。

4　○　区分支給限度基準額に含まれない加算には、ほかに介護職員処遇改善加算などがある。

5　○　初回加算は、初回の訪問介護を行った日の属する月に、サービス提供責任者が訪問介護を行うか、同行した場合でも算定できる。

問題 49 (p171)　　正解　**1、2、5**

1　○　外出介助は訪問介護で行うことができるので適切である。

2　○　できる限りおむつに頼らないことは重要である。この場合は、巡回型のサービス形態が適している。

3　×　大掃除は、生活援助の**不適正事例**であり、訪問介護のサービス内容には含まれない。

4　×　褥瘡の処置は、訪問看護等で行う**診療の補助**に該当する。

5　○　移動介助は訪問介護で行うことができる。適切な福祉用具を利用して歩行の自立をめざすのも適切である。

問題 50 (p171)　　正解　**2、3、5**

1　×　「訓練を行う能力を有する者」は、解釈通知において、理学療法士、作業療法士、言語聴覚士、看護職員、柔道整復師、あん摩マッサージ指圧師、はり師、きゅう師の国家資格を有する者とされ、**介護福祉士を充てることはできない**。

2　○　サービスを提供する単位ごとに、専従の看護職員を1人以上、介護職員は

利用者の数に応じて配置する数が決められている。

3　○　利用者が自ら通う場合や家族が送迎を行う場合は、減算が行われる。

4　×　療養通所介護の介護報酬は、**要介護度別ではなく一律で、1か月当たりで**設定されている。以前は所要時間別で設定されていたが、2020年改正で1か月当たりの報酬となった。

5　○　**安全・サービス提供管理委員会**は、地域の医療関係団体に属する者、地域の保健・医療・福祉の分野を専門とする者その他の者から構成される。おおむね6か月に1回以上委員会を開催する。

問題 51 (p172)　　正解　**2、4、5**

1　×　定員の遵守が定められているが、記述の場合には、利用者の処遇に支障がなければ、**静養室においてサービスを提供することができる**。また、災害時等の場合も例外である。

2　○　加算にはほかに、緊急短期入所受入加算、認知症行動・心理症状緊急対応加算、若年性認知症利用者受入加算などがある。

3　×　介護者の介護疲れ、旅行や外出などの私的な理由による利用も認められる。

4　○　ほかに、基準を上回る夜勤職員を配置している場合には、夜勤職員配置加算が行われる。

5　○　運営基準には、利用者から任意に徴収できる費用として、「送迎に要する費用（厚生労働大臣が別に定める場合を除く）」とある。「厚生労働大臣が別に定める場合」とは、利用者の心身の状態、家族等の事情からみて送迎が必要な利用者に送迎を行い、送迎加算が算定される場合である。

問題 52 (p172)　　　正解　**3、4、5**

1　×　利用者が月を通じて、認知症対応型共同生活介護（短期利用共同生活介護を除く）を受けている場合は、その月について**居宅介護支援費は算定しない。**

2　×　夜間・深夜以外の時間帯に、サービスの提供にあたる介護従業者の数は、利用者**3人ごとに1人以上**とされる。

3　○　記述が原則である。ただし、3つの共同生活住居が同一階で隣接していて、安全対策がとられているなどの要件で、事業所全体で2人の夜勤職員とすることが認められる（2020年改正）。

4　○　計画作成担当者は共同生活住居ごとに置くものとされてきたが、2020年改正により**事業所ごとに1人以上**に緩和されたため、3つの共同生活住居があっても1人の計画作成担当者が計画を作成することができる。

5　○　通所介護は、保険給付の対象とはならないが、事業者の負担により、利用者に通所介護を提供するのが望ましいとされている。なお、認知症対応型共同生活介護事業者は、利用者に対して、利用者の負担によりその共同生活住居における介護従業者以外の者による介護を受けさせてはならないとされる。

問題 53 (p173)　　　正解　**1、5**

1　○　健康型は、原則として、介護が必要となった場合は、契約を解除して退去しなければならない。

2　×　計画作成担当者は、**介護支援専門員**でなければならない。計画作成担当者は、**特定施設サービス計画**を作成する。

3　×　生活相談員は**必置**であり、利用者の数が100またはその端数を増すごとに1人以上配置することとされている。

4　×　医師は配置されていないが、ター

ミナル期にあると医師が判断した入居者に対して行う看取り介護について**加算が行われる。**看取りに関する指針の作成、看取り介護計画の作成・説明と同意、看取りに関する職員研修などの要件が定められている。

5　○　外部サービス利用型において、特定施設の従業者により行われるサービスを基本サービスといい、特定施設サービス計画の作成のほかに、利用者の安否の確認、生活相談等が含まれる。

問題 54 (p173)　　　正解　**1、4、5**

1　○　介護老人福祉施設（特別養護老人ホーム）は、介護保険法の施設であるとともに、老人福祉法の措置施設としての役割もある。

2　×　介護保険施設は、サービスの提供の開始に際し、入所申込者の同意を得なければならない。その同意については、書面で確認することが望ましいとされるが、特定施設とは異なり、文書による契約が**義務づけられているわけではない。**

3　×　計画担当介護支援専門員は、入所申込者の入所に際し、その者の心身の状況等を把握しなければならないが、運営基準では、**居宅介護支援事業者に照会してもよい**ことになっている。

4　○　入所者の生活を施設内で完結させてしまうことのないよう、買い物や外食、地域の行事への参加、友人宅の訪問、散歩など、外出の機会を確保するよう努めることが運営基準に規定されている。

5　○　**栄養マネジメント強化加算**の要件は、ほかに、**管理栄養士**を常勤換算方法で一定数以上配置することや、入所者ごとの栄養状態等の情報を厚生労働省に提出していることなどがある。

問題 55 (p174)　　正解　**1、4**

1　○　**工事を伴う手すりやスロープは、住宅改修の対象となる。**

2　×　ポータブルトイレや補高便座などは、「腰掛便座」として福祉用具購入費（特定福祉用具販売）の対象であるが、和式便器から洋式便器への取り替えは、**住宅改修費の給付対象である。**

3　×　原則として**介護保険法の給付が優先**される。

4　○　自動排泄処理装置は、原則として**要介護4・5の人しか利用することができない**（尿のみを自動的に吸引するものを除く）。

5　×　特定施設入居者生活介護、認知症対応型共同生活介護、地域密着型特定施設入居者生活介護、地域密着型介護老人福祉施設入所者生活介護を受けている間は、**福祉用具貸与費は算定しない。**

問題 56 (p174)　　正解　**1、2、5**

1　○　昇降機、リフト、段差解消機等、**動力で段差を解消する機器**を設置する工事は、住宅改修費の給付対象とならない。

2　○　事前申請と事後申請の両方が必要である。

3　×　「住宅改修が必要な理由書」は、原則として居宅サービス計画等を作成した**介護支援専門員または地域包括支援センターの職員**が作成する。保険者が認める場合は、福祉、医療、建築の専門家でもよい。

4　×　要介護等状態区分が**3段階以上上がった場合**には、再度20万円までの支給を申請することができるが、記述のケースでは、要支援2と要介護1は介護の必要の程度を測る目安（段階）が同じ段階に属するため、**2段階の上昇**となり、再度の支給を申請することはできない。

5　○　保険給付の対象となる住宅改修の種類として、**手すりの取り付けや段差の解消**などの5項目に加え、「**その他前各号の住宅改修に付帯して必要となる住宅改修**」という項目が掲げられている。

問題 57 (p175)　　正解　**1、2、4**

1　○　**老人福祉法**に規定する事業や施設の多くは介護保険給付を行う事業者・施設でもある。虐待事例などのやむを得ない事由がある場合に、市町村の措置が行われる。

2　○　**生活困窮者自立支援法**では、必須事業として自立相談支援事業、住居確保給付金の支給を行い、任意事業として生活困窮者一時生活支援事業などを行う。住居確保給付金の受給には、申請日において離職等の後2年以内などの要件がある。

3　×　**サービス付き高齢者向け住宅**は、高齢者の居住の安定確保に関する法律（**高齢者住まい法**）に基づくもので、バリアフリーなど一定の要件を備えた高齢者向け賃貸住宅の供給を促進することを目的としている。そのため、**建設・改修費について国が事業者に一定の補助を行う**ものである。

4　○　要介護認定等の申請には個人番号（マイナンバー）の記載が必要だが、代行申請を依頼された介護支援専門員が、個人番号を書き写したりコピーしたりして収集・保管することは禁止されている。

5　×　**介護休業制度**の対象となる家族の範囲は、配偶者（事実婚を含む）、父母、子、配偶者の父母、祖父母、兄弟姉妹、孫である。通算93日まで3回を上限として分割して取得でき、その間は雇用保険から休業開始時の賃金の67%が介護休業給付金として支給される。

問題 58 (p175)　　　正解　1、4

1　○　この事業は、社会福祉法に根拠をもつ福祉サービス利用援助事業である。

2　×　日常生活自立支援事業は、認知症高齢者・知的障害者・**精神障害者**等のうち判断能力が不十分な者を対象に、福祉サービス利用のための援助等を行う。

3　×　基幹的社会福祉協議会に配置され、初期相談から契約の締結までを行うのは、**専門員**である。**生活支援員**は、支援計画に基づいて具体的な支援を行う。

4　○　日常生活自立支援事業では、契約締結の援助はできるが、本人に代わって契約締結をすることはできない。これを行う場合は、成年後見制度の利用が考えられる。

5　×　都道府県社会福祉協議会に設置された**運営適正化委員会**が、日常生活自立支援事業の適切な運営の監視にあたる。**契約締結審査会**は、本人にこの事業の利用契約の締結能力があるかどうかを審査する。

問題 59 (p176)　　　正解　2、5

1　×　40歳以上65歳未満の者で、特定疾病により要介護または要支援の状態にある者は、介護扶助の**対象者となる**。

2　○　居宅介護支援計画は、原則として生活保護法の指定介護機関の指定を受けた居宅介護支援事業者が作成した居宅サービス計画である。

3　×　生活保護は、健康で文化的な最低限度の生活を保障する制度であることから、支給限度基準額を上回る部分は、介護扶助の**対象にならない**。

4　×　指定介護機関は、介護保険の取り扱いと同様に、介護報酬の請求を、**国民健康保険団体連合会（国保連）**に対して行う。

5　○　第1号被保険者あるいは第2号被保険者で、生活保護を受けている者が、介護保険の給付を受ける際には、自己負担分（1割）が介護扶助の対象となる。また、介護保険の被保険者以外の者（40歳以上65歳未満の医療保険未加入者）で、生活保護を受けている者は、介護保険の給付を受けられないので、全額（10割）が介護扶助の対象となる。

問題 60 (p176)　　　正解　1、4、5

1　○　高齢者虐待防止法には、養護者に対する支援も規定されている。市町村は、緊急の場合には、高齢者が短期間養護を受けるための居室を確保するための措置を講ずるものとされている。

2　×　養護者による虐待については、**高齢者の生命・身体に重大な危険を生じている場合には通報義務があり、それ以外の場合には通報の努力義務がある**。

3　×　養介護施設等の従事者による虐待については、自分が業務に従事している施設等で虐待を発見した場合には、**虐待の程度にかかわらず通報義務**が課せられている。それ以外のときは、生命・身体に重大な危険が生じている場合は通報義務であり、そのほかのときは努力義務とされている。

4　○　通報した者を保護する規定である。

5　○　立入調査を拒む等をした者には、30万円以下の罰金が科される。

切り取ってお使いください

第1回予想問題　解答用紙

■介護支援分野

問題1	①	②	③	④	⑤
問題2	①	②	③	④	⑤
問題3	①	②	③	④	⑤
問題4	①	②	③	④	⑤
問題5	①	②	③	④	⑤
問題6	①	②	③	④	⑤
問題7	①	②	③	④	⑤
問題8	①	②	③	④	⑤
問題9	①	②	③	④	⑤
問題10	①	②	③	④	⑤
問題11	①	②	③	④	⑤
問題12	①	②	③	④	⑤
問題13	①	②	③	④	⑤
問題14	①	②	③	④	⑤
問題15	①	②	③	④	⑤
問題16	①	②	③	④	⑤
問題17	①	②	③	④	⑤
問題18	①	②	③	④	⑤
問題19	①	②	③	④	⑤
問題20	①	②	③	④	⑤
問題21	①	②	③	④	⑤
問題22	①	②	③	④	⑤
問題23	①	②	③	④	⑤
問題24	①	②	③	④	⑤
問題25	①	②	③	④	⑤

正答数〔　　〕

■保健医療サービス分野

問題26	①	②	③	④	⑤
問題27	①	②	③	④	⑤
問題28	①	②	③	④	⑤
問題29	①	②	③	④	⑤
問題30	①	②	③	④	⑤
問題31	①	②	③	④	⑤
問題32	①	②	③	④	⑤
問題33	①	②	③	④	⑤
問題34	①	②	③	④	⑤
問題35	①	②	③	④	⑤
問題36	①	②	③	④	⑤
問題37	①	②	③	④	⑤
問題38	①	②	③	④	⑤
問題39	①	②	③	④	⑤
問題40	①	②	③	④	⑤
問題41	①	②	③	④	⑤
問題42	①	②	③	④	⑤
問題43	①	②	③	④	⑤
問題44	①	②	③	④	⑤
問題45	①	②	③	④	⑤

正答数〔　　〕

■福祉サービス分野

問題46	①	②	③	④	⑤
問題47	①	②	③	④	⑤
問題48	①	②	③	④	⑤
問題49	①	②	③	④	⑤
問題50	①	②	③	④	⑤
問題51	①	②	③	④	⑤
問題52	①	②	③	④	⑤
問題53	①	②	③	④	⑤
問題54	①	②	③	④	⑤
問題55	①	②	③	④	⑤
問題56	①	②	③	④	⑤
問題57	①	②	③	④	⑤
問題58	①	②	③	④	⑤
問題59	①	②	③	④	⑤
問題60	①	②	③	④	⑤

正答数〔　　〕

正答数の数え方

正答数とは、問題文に「～について正しい（適切な）ものはどれか。○つ選べ」という指示があって、選択肢を選んだときに、正解したものの数です。例えば「3つ選べ」とある問題で、３つ正解すれば正答数は「3」、２つ正解すれば正答数は「2」となります。分野別自己診断のデータとなるので、合算しておきましょう。

なお、問題で指示された数に従わずに答えた場合（例えば「２つ選べ」とあるのに、３つ選んだ場合）には、その問題の答えはすべて誤答とします。

※晶文社ホームページで解答用紙がダウンロードできます。

　この表を活用することで、分野別に、現在のあなたの実力を診断することができます。手順に従ってお試しください。

　なお、**この採点方法は、本試験の採点方法とは異なり、合格予想に直接結びつくものではありません。**

① 解答用紙の正答数を、次の数式に当てはめて計算し、正答率を出してください。

分　野	正答数		正答率
■介護支援分野	〔　　　〕	÷ 67 × 100 =	〔　　%〕
■保健医療サービス分野	〔　　　〕	÷ 51 × 100 =	〔　　%〕
■福祉サービス分野	〔　　　〕	÷ 38 × 100 =	〔　　%〕

② ①の正答率により、あなたの現在の実力は、次のように診断されます。

◎正答率90%以上　　　　⇨ **ランクA**

　　　　　　　　　　　評価：この調子でがんばりましょう。達成度は申し分ありません。ただし、間違えた個所のチェックを怠らないようにしましょう。

◎正答率70%以上〜90%未満 ⇨ **ランクB**

　　　　　　　　　　　評価：もう一歩です。ほぼ望ましい水準に達していますが、補強すべき部分があります。特に間違えた個所は、基本に戻って学習しましょう。

◎正答率70%未満　　　　⇨ **ランクC**

　　　　　　　　　　　評価：いっそうの努力が必要です。『ケアマネジャー基本問題集'24』などで、もう一度基本的な学習をされることをおすすめします。

第2回予想問題　解答用紙

■介護支援分野

	①	②	③	④	⑤
問題 1	①	②	③	④	⑤
問題 2	①	②	③	④	⑤
問題 3	①	②	③	④	⑤
問題 4	①	②	③	④	⑤
問題 5	①	②	③	④	⑤
問題 6	①	②	③	④	⑤
問題 7	①	②	③	④	⑤
問題 8	①	②	③	④	⑤
問題 9	①	②	③	④	⑤
問題10	①	②	③	④	⑤
問題11	①	②	③	④	⑤
問題12	①	②	③	④	⑤
問題13	①	②	③	④	⑤
問題14	①	②	③	④	⑤
問題15	①	②	③	④	⑤
問題16	①	②	③	④	⑤
問題17	①	②	③	④	⑤
問題18	①	②	③	④	⑤
問題19	①	②	③	④	⑤
問題20	①	②	③	④	⑤
問題21	①	②	③	④	⑤
問題22	①	②	③	④	⑤
問題23	①	②	③	④	⑤
問題24	①	②	③	④	⑤
問題25	①	②	③	④	⑤

正答数〔　　　〕

■保健医療サービス分野

	①	②	③	④	⑤
問題26	①	②	③	④	⑤
問題27	①	②	③	④	⑤
問題28	①	②	③	④	⑤
問題29	①	②	③	④	⑤
問題30	①	②	③	④	⑤
問題31	①	②	③	④	⑤
問題32	①	②	③	④	⑤
問題33	①	②	③	④	⑤
問題34	①	②	③	④	⑤
問題35	①	②	③	④	⑤
問題36	①	②	③	④	⑤
問題37	①	②	③	④	⑤
問題38	①	②	③	④	⑤
問題39	①	②	③	④	⑤
問題40	①	②	③	④	⑤
問題41	①	②	③	④	⑤
問題42	①	②	③	④	⑤
問題43	①	②	③	④	⑤
問題44	①	②	③	④	⑤
問題45	①	②	③	④	⑤

正答数〔　　　〕

■福祉サービス分野

	①	②	③	④	⑤
問題46	①	②	③	④	⑤
問題47	①	②	③	④	⑤
問題48	①	②	③	④	⑤
問題49	①	②	③	④	⑤
問題50	①	②	③	④	⑤
問題51	①	②	③	④	⑤
問題52	①	②	③	④	⑤
問題53	①	②	③	④	⑤
問題54	①	②	③	④	⑤
問題55	①	②	③	④	⑤
問題56	①	②	③	④	⑤
問題57	①	②	③	④	⑤
問題58	①	②	③	④	⑤
問題59	①	②	③	④	⑤
問題60	①	②	③	④	⑤

正答数〔　　　〕

正答数の数え方

　正答数とは、問題文に「～について正しい（適切な）ものはどれか。○つ選べ」という指示があって、選択肢を選んだときに、正解したものの数です。例えば「3つ選べ」とある問題で、3つ正解すれば正答数は「3」、2つ正解すれば正答数は「2」となります。分野別自己診断のデータとなるので、合算しておきましょう。

　なお、問題で指示された数に従わずに答えた場合（例えば「2つ選べ」とあるのに、3つ選んだ場合）には、その問題の答えはすべて誤答とします。

※晶文社ホームページで解答用紙がダウンロードできます。

第2回予想問題　分野別自己診断表

　この表を活用することで、分野別に、現在のあなたの実力を診断することができます。手順に従ってお試しください。

　なお、**この採点方法は、本試験の採点方法とは異なり、合格予想に直接結びつくものではありません。**

① 解答用紙の正答数を、次の数式に当てはめて計算し、正答率を出してください。

分　野	正答数			正答率
■介護支援分野	〔　　　〕	÷ 65 × 100 =	〔	％〕
■保健医療サービス分野	〔　　　〕	÷ 54 × 100 =	〔	％〕
■福祉サービス分野	〔　　　〕	÷ 36 × 100 =	〔	％〕

② ①の正答率により、あなたの現在の実力は、次のように診断されます。

◎正答率90％以上　　　　　⇨ **ランクA**

　　　　　　　　　　　　　評価：この調子でがんばりましょう。達成度は申し分ありません。ただし、間違えた個所のチェックを怠らないようにしましょう。

◎正答率70％以上〜90％未満 ⇨ **ランクB**

　　　　　　　　　　　　　評価：もう一歩です。ほぼ望ましい水準に達していますが、補強すべき部分があります。特に間違えた個所は、基本に戻って学習しましょう。

◎正答率70％未満　　　　　⇨ **ランクC**

　　　　　　　　　　　　　評価：いっそうの努力が必要です。『ケアマネジャー基本問題集'24』などで、もう一度基本的な学習をされることをおすすめします。

第3回予想問題　解答用紙

■介護支援分野

問題1	①	②	③	④	⑤
問題2	①	②	③	④	⑤
問題3	①	②	③	④	⑤
問題4	①	②	③	④	⑤
問題5	①	②	③	④	⑤
問題6	①	②	③	④	⑤
問題7	①	②	③	④	⑤
問題8	①	②	③	④	⑤
問題9	①	②	③	④	⑤
問題10	①	②	③	④	⑤
問題11	①	②	③	④	⑤
問題12	①	②	③	④	⑤
問題13	①	②	③	④	⑤
問題14	①	②	③	④	⑤
問題15	①	②	③	④	⑤
問題16	①	②	③	④	⑤
問題17	①	②	③	④	⑤
問題18	①	②	③	④	⑤
問題19	①	②	③	④	⑤
問題20	①	②	③	④	⑤
問題21	①	②	③	④	⑤
問題22	①	②	③	④	⑤
問題23	①	②	③	④	⑤
問題24	①	②	③	④	⑤
問題25	①	②	③	④	⑤

正答数〔　　　〕

■保健医療サービス分野

問題26	①	②	③	④	⑤
問題27	①	②	③	④	⑤
問題28	①	②	③	④	⑤
問題29	①	②	③	④	⑤
問題30	①	②	③	④	⑤
問題31	①	②	③	④	⑤
問題32	①	②	③	④	⑤
問題33	①	②	③	④	⑤
問題34	①	②	③	④	⑤
問題35	①	②	③	④	⑤
問題36	①	②	③	④	⑤
問題37	①	②	③	④	⑤
問題38	①	②	③	④	⑤
問題39	①	②	③	④	⑤
問題40	①	②	③	④	⑤
問題41	①	②	③	④	⑤
問題42	①	②	③	④	⑤
問題43	①	②	③	④	⑤
問題44	①	②	③	④	⑤
問題45	①	②	③	④	⑤

正答数〔　　　〕

■福祉サービス分野

問題46	①	②	③	④	⑤
問題47	①	②	③	④	⑤
問題48	①	②	③	④	⑤
問題49	①	②	③	④	⑤
問題50	①	②	③	④	⑤
問題51	①	②	③	④	⑤
問題52	①	②	③	④	⑤
問題53	①	②	③	④	⑤
問題54	①	②	③	④	⑤
問題55	①	②	③	④	⑤
問題56	①	②	③	④	⑤
問題57	①	②	③	④	⑤
問題58	①	②	③	④	⑤
問題59	①	②	③	④	⑤
問題60	①	②	③	④	⑤

正答数〔　　　〕

正答数の数え方

　正答数とは、問題文に「～について正しい（適切な）ものはどれか。○つ選べ」という指示があって、選択肢を選んだときに、正解したものの数です。例えば「3つ選べ」とある問題で、3つ正解すれば正答数は「3」、2つ正解すれば正答数は「2」となります。分野別自己診断のデータとなるので、合算しておきましょう。

　なお、問題で指示された数に従わずに答えた場合（例えば「2つ選べ」とあるのに、3つ選んだ場合）には、その問題の答えはすべて誤答とします。

※晶文社ホームページで解答用紙がダウンロードできます。

切り取ってお使いください

第 3 回予想問題　分野別自己診断表

　この表を活用することで、分野別に、現在のあなたの実力を診断することができます。手順に従ってお試しください。

　なお、**この採点方法は、本試験の採点方法とは異なり、合格予想に直接結びつくものではありません。**

① 解答用紙の正答数を、次の数式に当てはめて計算し、正答率を出してください。

分　野	正答数		正答率
■介護支援分野	〔　　　〕	÷ 67 × 100 ＝	〔　　　％〕
■保健医療サービス分野	〔　　　〕	÷ 52 × 100 ＝	〔　　　％〕
■福祉サービス分野	〔　　　〕	÷ 37 × 100 ＝	〔　　　％〕

② ①の正答率により、あなたの現在の実力は、次のように診断されます。

◎正答率90％以上　　　⇨ **ランクA**

　　　　　　評価：この調子でがんばりましょう。達成度は申し分ありません。ただし、間違えた個所のチェックを怠らないようにしましょう。

◎正答率70％以上～90％未満 ⇨ **ランクB**

　　　　　　評価：もう一歩です。ほぼ望ましい水準に達していますが、補強すべき部分があります。特に間違えた個所は、基本に戻って学習しましょう。

◎正答率70％未満　　　⇨ **ランクC**

　　　　　　評価：いっそうの努力が必要です。『ケアマネジャー基本問題集’24』などで、もう一度基本的な学習をされることをおすすめします。

第4回予想問題　解答用紙

■介護支援分野

問題 1　　① ② ③ ④ ⑤
問題 2　　① ② ③ ④ ⑤
問題 3　　① ② ③ ④ ⑤
問題 4　　① ② ③ ④ ⑤
問題 5　　① ② ③ ④ ⑤
問題 6　　① ② ③ ④ ⑤
問題 7　　① ② ③ ④ ⑤
問題 8　　① ② ③ ④ ⑤
問題 9　　① ② ③ ④ ⑤
問題10　　① ② ③ ④ ⑤
問題11　　① ② ③ ④ ⑤
問題12　　① ② ③ ④ ⑤
問題13　　① ② ③ ④ ⑤
問題14　　① ② ③ ④ ⑤
問題15　　① ② ③ ④ ⑤
問題16　　① ② ③ ④ ⑤
問題17　　① ② ③ ④ ⑤
問題18　　① ② ③ ④ ⑤
問題19　　① ② ③ ④ ⑤
問題20　　① ② ③ ④ ⑤
問題21　　① ② ③ ④ ⑤
問題22　　① ② ③ ④ ⑤
問題23　　① ② ③ ④ ⑤
問題24　　① ② ③ ④ ⑤
問題25　　① ② ③ ④ ⑤

正答数〔　　　〕

■保健医療サービス分野

問題26　　① ② ③ ④ ⑤
問題27　　① ② ③ ④ ⑤
問題28　　① ② ③ ④ ⑤
問題29　　① ② ③ ④ ⑤
問題30　　① ② ③ ④ ⑤
問題31　　① ② ③ ④ ⑤
問題32　　① ② ③ ④ ⑤
問題33　　① ② ③ ④ ⑤
問題34　　① ② ③ ④ ⑤
問題35　　① ② ③ ④ ⑤
問題36　　① ② ③ ④ ⑤
問題37　　① ② ③ ④ ⑤
問題38　　① ② ③ ④ ⑤
問題39　　① ② ③ ④ ⑤
問題40　　① ② ③ ④ ⑤
問題41　　① ② ③ ④ ⑤
問題42　　① ② ③ ④ ⑤
問題43　　① ② ③ ④ ⑤
問題44　　① ② ③ ④ ⑤
問題45　　① ② ③ ④ ⑤

正答数〔　　　〕

■福祉サービス分野

問題46　　① ② ③ ④ ⑤
問題47　　① ② ③ ④ ⑤
問題48　　① ② ③ ④ ⑤
問題49　　① ② ③ ④ ⑤
問題50　　① ② ③ ④ ⑤
問題51　　① ② ③ ④ ⑤
問題52　　① ② ③ ④ ⑤
問題53　　① ② ③ ④ ⑤
問題54　　① ② ③ ④ ⑤
問題55　　① ② ③ ④ ⑤
問題56　　① ② ③ ④ ⑤
問題57　　① ② ③ ④ ⑤
問題58　　① ② ③ ④ ⑤
問題59　　① ② ③ ④ ⑤
問題60　　① ② ③ ④ ⑤

正答数〔　　　〕

---- 正答数の数え方 ----

　正答数とは、問題文に「～について正しい（適切な）ものはどれか。〇つ選べ」という指示があって、選択肢を選んだときに、正解したものの数です。例えば「3つ選べ」とある問題で、3つ正解すれば正答数は「3」、2つ正解すれば正答数は「2」となります。分野別自己診断のデータとなるので、合算しておきましょう。
　なお、問題で指示された数に従わずに答えた場合（例えば「2つ選べ」とあるのに、3つ選んだ場合）には、その問題の答えはすべて誤答とします。

※晶文社ホームページで解答用紙がダウンロードできます。

　この表を活用することで、分野別に、現在のあなたの実力を診断することができます。手順に従ってお試しください。

　なお、**この採点方法は、本試験の採点方法とは異なり、合格予想に直接結びつくものではありません。**

① 解答用紙の正答数を、次の数式に当てはめて計算し、正答率を出してください。

分　野	正答数			正答率
■介護支援分野	〔　　　〕	÷ 67 × 100 =	〔	％〕
■保健医療サービス分野	〔　　　〕	÷ 52 × 100 =	〔	％〕
■福祉サービス分野	〔　　　〕	÷ 40 × 100 =	〔	％〕

② ①の正答率により、あなたの現在の実力は、次のように診断されます。

◎正答率90％以上　　　　　⇨ **ランクA**

　　　　　　　評価：この調子でがんばりましょう。達成度は申し分ありません。ただし、間違えた個所のチェックを怠らないようにしましょう。

◎正答率70％以上〜90％未満 ⇨ **ランクB**

　　　　　　　評価：もう一歩です。ほぼ望ましい水準に達していますが、補強すべき部分があります。特に間違えた個所は、基本に戻って学習しましょう。

◎正答率70％未満　　　　　⇨ **ランクC**

　　　　　　　評価：いっそうの努力が必要です。『ケアマネジャー基本問題集'24』などで、もう一度基本的な学習をされることをおすすめします。

第5回予想問題　解答用紙

■介護支援分野

問題 1　① ② ③ ④ ⑤
問題 2　① ② ③ ④ ⑤
問題 3　① ② ③ ④ ⑤
問題 4　① ② ③ ④ ⑤
問題 5　① ② ③ ④ ⑤
問題 6　① ② ③ ④ ⑤
問題 7　① ② ③ ④ ⑤
問題 8　① ② ③ ④ ⑤
問題 9　① ② ③ ④ ⑤
問題10　① ② ③ ④ ⑤
問題11　① ② ③ ④ ⑤
問題12　① ② ③ ④ ⑤
問題13　① ② ③ ④ ⑤
問題14　① ② ③ ④ ⑤
問題15　① ② ③ ④ ⑤
問題16　① ② ③ ④ ⑤
問題17　① ② ③ ④ ⑤
問題18　① ② ③ ④ ⑤
問題19　① ② ③ ④ ⑤
問題20　① ② ③ ④ ⑤
問題21　① ② ③ ④ ⑤
問題22　① ② ③ ④ ⑤
問題23　① ② ③ ④ ⑤
問題24　① ② ③ ④ ⑤
問題25　① ② ③ ④ ⑤

正答数〔　　〕

■保健医療サービス分野

問題26　① ② ③ ④ ⑤
問題27　① ② ③ ④ ⑤
問題28　① ② ③ ④ ⑤
問題29　① ② ③ ④ ⑤
問題30　① ② ③ ④ ⑤
問題31　① ② ③ ④ ⑤
問題32　① ② ③ ④ ⑤
問題33　① ② ③ ④ ⑤
問題34　① ② ③ ④ ⑤
問題35　① ② ③ ④ ⑤
問題36　① ② ③ ④ ⑤
問題37　① ② ③ ④ ⑤
問題38　① ② ③ ④ ⑤
問題39　① ② ③ ④ ⑤
問題40　① ② ③ ④ ⑤
問題41　① ② ③ ④ ⑤
問題42　① ② ③ ④ ⑤
問題43　① ② ③ ④ ⑤
問題44　① ② ③ ④ ⑤
問題45　① ② ③ ④ ⑤

正答数〔　　〕

■福祉サービス分野

問題46　① ② ③ ④ ⑤
問題47　① ② ③ ④ ⑤
問題48　① ② ③ ④ ⑤
問題49　① ② ③ ④ ⑤
問題50　① ② ③ ④ ⑤
問題51　① ② ③ ④ ⑤
問題52　① ② ③ ④ ⑤
問題53　① ② ③ ④ ⑤
問題54　① ② ③ ④ ⑤
問題55　① ② ③ ④ ⑤
問題56　① ② ③ ④ ⑤
問題57　① ② ③ ④ ⑤
問題58　① ② ③ ④ ⑤
問題59　① ② ③ ④ ⑤
問題60　① ② ③ ④ ⑤

正答数〔　　〕

正答数の数え方

　正答数とは、問題文に「〜について正しい（適切な）ものはどれか。○つ選べ」という指示があって、選択肢を選んだときに、正解したものの数です。例えば「3つ選べ」とある問題で、3つ正解すれば正答数は「3」、2つ正解すれば正答数は「2」となります。分野別自己診断のデータとなるので、合算しておきましょう。
　なお、問題で指示された数に従わずに答えた場合（例えば「2つ選べ」とあるのに、3つ選んだ場合）には、その問題の答えはすべて誤答とします。

※晶文社ホームページで解答用紙がダウンロードできます。

　この表を活用することで、分野別に、現在のあなたの実力を診断することができます。手順に従ってお試しください。

　なお、**この採点方法は、本試験の採点方法とは異なり、合格予想に直接結びつくものではありません。**

① 　解答用紙の正答数を、次の数式に当てはめて計算し、正答率を出してください。

分　野	正答数		正答率
■介護支援分野	〔　　　〕	÷ 65 × 100 ＝	〔　　　％〕
■保健医療サービス分野	〔　　　〕	÷ 56 × 100 ＝	〔　　　％〕
■福祉サービス分野	〔　　　〕	÷ 41 × 100 ＝	〔　　　％〕

② 　①の正答率により、あなたの現在の実力は、次のように診断されます。

◎**正答率90％以上**　　　　⇨ **ランクA**

　　　　　　　　　　　　評価：この調子でがんばりましょう。達成度は申し分ありません。ただし、間違えた個所のチェックを怠らないようにしましょう。

◎**正答率70％以上～90％未満** ⇨ **ランクB**

　　　　　　　　　　　　評価：もう一歩です。ほぼ望ましい水準に達していますが、補強すべき部分があります。特に間違えた個所は、基本に戻って学習しましょう。

◎**正答率70％未満**　　　　⇨ **ランクC**

　　　　　　　　　　　　評価：いっそうの努力が必要です。『ケアマネジャー基本問題集'24』などで、もう一度基本的な学習をされることをおすすめします。